I0148004

FRANCISCO, NO EL SANTO

Una Historia Verdadera

Escrito por

Floriana Hall

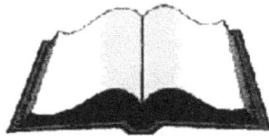

CCB Publishing
British Columbia, Canada

Francisco, No El Santo: Una Historia Verdadera

Copyright ©2009 por Floriana Hall
ISBN-13 978-1-926585-71-0
Tercero Edición

Library and Archives Canada Cataloguing in Publication

Hall, Floriana, 1927-
Francisco, no el santo : una historia verdadera / escrito por Floriana Hall – 3rd ed.
Translation of: Francis, not the saint.
ISBN 978-1-926585-71-0
1. Hall, Floriana, 1927-. 2. Fathers and daughters--Biography. I. Title.
HQ755.85.H335718 2009   306.874'2092   C2009-907267-X

Traducido por: Frederico Martin-Del-Campo

Editorial: CCB Publishing
              British Columbia, Canadá
              www.ccbpublishing.com

Este libro se dedica a la memoria de mí querida madre.
Siento yo que nos observa desde el cielo.

NUESTRA MADRE FUE LA MAS FINA

Nuestra madre fue el pegamento que sujetaba nuestra familia
para estar juntos,
Su amor se extendió más allá de cualquier desastre que
capeáramos,
Estuvo allí por nosotros cuando cualquier cosa se torciera,
Nos reíamos con ella, y a veces llorábamos,
Porque la vida está llena de revoltijos y giros ---
Enfermedad, fracasos, abandono, y luego ganarse el dinero.
Ella nos empujaba cuando penas nos sucedieran,
Y nos escuchó con paciencia a las opiniones de todos.
Cuando la comida era escasa, nos daba su porción ---
Tener una madre tan cariñosa era tener gran fortuna.
Nos encorajaba que seamos lo mejor que lo pudiéramos ser,
Fue nuestra inspiración, la cabeza de nuestra familia.
Ahora que nó existe, Seguiremos sus enseñanzas,
Las lecciones que nos enseñó nos tendrán alcanzando
Por mesetas altas, desinterés, y bondad
Para imitar nuestra madre, por ser lo más fino.

Agradecimientos

Gracias a mí esposo, Bob, nuestros hijos, Cindy, David, Bobby, Marlene y Joyce, y nuestros nietos, Philip, Shaun, Ryan, Eric, Nikki, Mike, Shelley, Tom y Heidi por ser parte de mí vida y por darme algo de que escribir que vale la pena.

Gracias también a mis hermanos, Roberto y Frank, por su aportación y a todos mis parientes y buenos amigos quienes apoyaron mis esfuerzos y permanecen en mi vida, aún después de la muerte.

Gracias a mis parientes quienes descubrí después de que este libro primero se escribió.

Tengo que incluir mi Madre y Padre en darles las gracias, también: mi madre por ser casi la santa que lo fue, y mi padre por vivir una vida extraña la cual me dio una razón para escribir este libro.

Ninguno de sus hijos querían ser como el. Eso le da a ver que no siempre era "Como padre, como hijo." ¡Actualmente lo contrario! Y uno de los propósitos de este libro era asegurarle a todos que nunca deberían llevar decepciones de la niñez a la madurez o culpar su juventud por cualquier pena como adulto.

También, nuestra vida durante la Gran Depresión y la Segunda Guerra Mundial es una parte de la historia. La Historia a veces se define como lo que ocurrió en el pasado o lo que pudiera haberse pasado. Este libre es una compilación de mis memorias como la hija mayor de la familia. Mis hermanos tendrán otras versiones de su vida por su lugar en la familia.

Gracias especiales a nuestra hija, Cindy, quien es maestra de la primaria del quinto año, por haberme pedido que escribiera mi primer libro, CAMBIO PEQUEÑO, y por asistir con editar todos mis libros:

CAMBIO PEQUEÑO

LAS ARENAS DE LA RIMA

LAS AVENTURAS DE FLOSSIE, ROBBIE, Y JUNEY

DURANTE LA GRAN DEPRESIÓN

CUENTOS PEQUEÑOS FUERA DE LO ORDINARIO

CORAZONES MEJORANDO

REUNIENDO GARBOS

SELECTAS ARENAS DE RIMA Y RAZÓN

Gracias a los miembros del RINCÓN DE POETAS, cual fundé y coordino cada mes en la biblioteca de las Cataratas de Cuyahoga, y gracias a Val Moirano, el coordinador de la biblioteca de las Cataratas de Cuyahoga por su ayuda y apoyo.

Los libros del Rincón de Poetas cuales yo ensamblé y edité son:

ATRAVEZ DE NUESTROS OJOS, Poemas del hermoso Noreste de Ohio

POPURI DEL RINCÓN DE POETAS

TOCANDO LOS CORAZONES DE GENERACIONES

VOCES EN VERSO – Tejiendo Palabras

Prefacio

En una carta fechada Mayo 13, 1970, mata sellado Erie, Pensilvana, mi padre, Francisco Martín Hanocek, escribió - "Podría escribir un libro sobre mi mismo y estarás asombrada." Como el nunca escribió el libro, me encargaré de escribirlo de su parte, aunque habrán partes que faltan. Publiqué mi libro de niños, Cambio Pequeño, en 1997, pero no pude incluir todos los datos y hechos como los conocía. Llamé a mi padre Ben en Cambio Pequeño porque pensaba que era apropiado relatar sus acciones con Benedict Arnold, quien fue un traidor de su patria, tal como Francisco fue un traidor de su familia. Las cartas que mi padre me escribió desde 1970 hasta 1972 serán textuales. El vivió en Erie, Pensilvana por tres años, pero su residencia antes de eso no se sabia por nuestra familia. No habíamos oído de el por muchos años.

En sus cartas, se retrataba como religioso, y creo yo que le hubiera gustado ser lo, pero el no podía abstenerse de su lujuria por las mujeres. Quisiera dar le el beneficio de la duda que el choque de la tranvía que experimentó en 1932 resultó en un tumor del cerebro, el cual causó que cambiara su personalidad, pero no estoy segura que sea cierto.

Nadie lo sabe excepto su Creador.

Capítulo 1

Mi padre, nació Francisco Martín Hanocek el 12 de Noviembre 1905, en Pittsburgh Pensilvana, hijo de Victor y Eliza Hanocek, fue uno de las personas mas complejas que he conocido. Era capaz de chantajear con su simpatía, y repelando los con sus acciones. El no era un alcohólico ni se sabia de el que tomaba o fumaba, pero era un abusivo en el hecho de que nos abandonó {sus tres hijos por Margaret Ann Bruenner} constantemente dejándonos sin comida o dinero. Otra forma del abuso era sus promesas rotas. Cuando fuimos niños soñando de ciruelas azucaradas, recibíamos carbón en nuestras medias de Navidad.

Sus mentiras hacia sus otros hijos por Ellen, especialmente hacia sus hijas, les causó mucho dolor en el corazón, tal como sus mentiras de mi. Yo de veras no sabía de las mentiras que les contó sobre mi hasta después de que conocí mi hermanastra años mas tarde. La conocí en una reunión de autografiar libros para *PAPI FUE UN MAL NIÑO,* la primera versión de este libro.

Al fin, lo perdoné, pero uno no puede olvidarse de la verdad. Yo nunca permanezco en el pasado, excepto que no tenga mas remedio al escribir nuestra historia.

Francisco fue uno de seis hijos de Victor y Eliza nacidos en este orden: Theresa, nació en 1894; Peter, 1897; Paul, 1901; Mark, 1903; Francisco, 1905; y Matthew, 1908.

Victor Hanocek, padre de Francisco, el hijo de Anton y Janna Hanocek, fue un sastre quien trabajó en un grande almacén, Boggs & Buhl, al centro de Pittsburgh. Fue también un escritor por uno de los periódicos de Pittsburgh. Anton nació en Osek, Bohemia, y murió en 1888, después de

1

inmigrarse al los Estados Unidos. Janna nació en Litchlav, Bohemia, y murió en 1910.

Victor se casó con Eliza Lichawz, o Liz como la llamaba, en Abril de 1893, en la iglesia de San Weneslaus. Liz se enfermo´con pulmonía cuando Francisco tenia apenas cuatro años. Se murió el 29 de Noviembre, 1909, dejando Victor con los seis hijos para que el los educara y mantuviera solo.

Victor se volvió amargado y malo después de perder su esposa quien quiso con cariño. Nunca fue una persona facil, pero tuvo mucha dificultad tratando con lo que el Destino le dejó, aunque el fue un hombre religioso. Aparentaba ser un devoto Católico y nunca faltaba ir a escuchar misa cada domingo aun después de que muriera.

Theresa, su hija mayor, tenía casi catorce años cuando perdió a su madre, pero Theresa era fuerte y actualmente se hizo responsable de la casa para su padre. Fue una tremenda tarea, especialmente con tantos varones. Francisco extrañó a su madre y fue un cargo con su rebeldía. Theresa hizo lo mejor que pudo, y fue una hija excepcional por aguantar a su padre de mal humor, hacer todos los quehaceres y cocinando, y por tratar de cuidar y disciplinar sus hermanos.

No ayudaba que Victor pensaba como un anticuado, y creía en la disciplina dura y en modos viejos de la crianza de los hijos. Por instancia, cuando Francisco quería aprender la natación, Victor lo llevó a unos de los puentes sobre el Río Allegheny, y lo ordenó que brincara. Aunque fue muy valiente, Francisco vaciló. Victor luego levanto Francisco, quien tenia seis años, y lo echó al río -- y como tenía que nadar o hundirse, el nadó. Así es como el padre de Victor se lo enseño, y lo que era bueno para Victor, era bastante bueno para su hijo, de tal manera pensaba Victor.

La familia Hanocek vivieron sobre la calle Goettman en una casa de dos pisos con un porche hundido, dos pasos abajo de la banqueta. La cocina y la sala eran combinadas y muy grandes. Habían cuatro recámaras en el segundo nivel. Victor y Theresa tenían sus propias recámaras, pero los niños tenían que compartir las otras dos. Nunca tuvieron muchos pleitos de almohada porque Victor les prohibía tonterías después del primero. Los muchachos no les gustaba también tener que recoger todas las plumas, y las nalgadas no les parecía tampoco.

Victor aún fue gentil con Theresa porque le recordaba a Liz, y sintió empatía por ella como tenía tanto trabajo que hacer además de sus tareas escolares. Victor no estuvo preparado para buscarse otra madre para sus hijos; su profunda pena era inconsolable.

Francisco fue un hijo terco y malvado y le cansó la paciencia a Theresa día tras día. El quería salirse con la suya en la casa en la escuela. Las monjas de la escuela de Su Santo Nombre quedaron desconcertadas por encontrar una solución para su retraso habitual, faltar a la escuela, desbaratando sus clases, rezongando y, negándose a cumplir con sus tareas. Francisco odiaba la escuela y la disciplina estricta, y cuando aprendió como manipular sus maestras para que lo expulsaran de la escuela, aceleró su comportamiento odioso.

Las monjas llamaron a su padre y se quejaron de Francisco muchas veces, y Victor tuvo que tomar un palo y garrotear Francisco, pero todo fue en vano. Francisco, muy contrario a sus hermanos, no le temía a su padre. Victor se rindió ante lo que hacer con Francisco y no protestó cuando la escuela lo expulsó después del cuarto año.

Victor empezó a frecuentar a Dolores Severja en 1915, y se casaron el 8 de Noviembre, 1916. Dolores luego se encargó de la casa y quehaceres y Theresa luego se casó poco después con Fred Burton.

Dolores fue buena para la cocina y mantuvo la casa limpia,

y los niños la aceptaron de buena gana. Francisco creía que era buena, pero ambos sabían que el era su propio jefe, o pensaba que lo era.

Francisco trabajó en varios lugares desde que cumplió los diez años, y le gustaba trabajar para ganarse el dinero para comprar una bicicleta, una motocicleta, y después un carro. Empezó a manejar a los doce años, y después se interesó en moto-carreras y carreteras de fosa. Tomó muchas caídas con un grano de sal, pero también tuvo algunos accidentes serios. Actualmente, tuvo un accidente como adolescente que lo llevó casi a la muerte. Su hermana, Theresa, lloró cuando lo visitó en el hospital porque creía que había sufrido daño del cerebro. Se recuperó con tiempo, y ella nunca estuvo positiva si de veras sostuvo daño en la cabeza. Durante los años siguientes, se preocupaba si el accidente tuvo algo que ver con el comportamiento extraño de Francisco. Era duro, y a Francisco le gustaba saber que así pensaban de el en ese respeto.

El tenía un poco de interés en la religión Católica, pero nunca lo siguió con mucha fidelidad. Tuvo algunas aventuras amorosas con diferentes mujeres y muchachas de su edad, y pensó nada de eso. "Nomas haciendo lo que viene naturalmente," presumía el con sus amigos varones.

Empezó a trabajar con Armour & Compañía a los diez y ocho años, vendiendo carne a varios carniceros y tiendas. Tenia el don de la plática, el cual un vendedor necesita para ser destacado, y lo usó para granjearse a todos que le compren los productos de su compañía. Algunos dueños de tiendas empezaron a decirle "Hans," un apodo de Hanocek, y años después, a veces de burla nos referíamos hacia el como "Hans," o "Huntz," especialmente cuando estábamos decepcionados de el, lo cual seguido pasaba.

Francisco frecuentó a una chica nombrada Margie Dill por un tiempo, pero no estuvo enamorado de ella. Un día mientras caminaban arriba de la calle Lowrie, sobre la loma de Troya al norte de Pittsburgh, el notó que una de sus amigas, Claire Bruenner, con una compañera atractiva.

"Hola, Claire, ¿Como estás?" le preguntó Francisco cuando se acercaron las dos chicas.

"Muy bién, Francisco. Te quiero presentar a mi hermana, Peggy."

"Hellooo, Peggy, me da gusto conocerte," dijo el, mientras que pensara, *¡Santos spiritos, que belleza! Tengo que conocerla mejor.*

Peggy contestó, "Estoy feliz con conocerlo también," mientras que pensar, *El es guapo, y me gustan sus hombros anchos.* Pudo distinguir por la manera que la miraba que se interesó en ella.

Después de las introducciones, Francisco, Margie, Peggy, y Claire se pusieron a platicar, y luego se fueron.

Francisco siguió pensando en la dulzura de Peggy, su cabello negro bello y sus ojos azules claros, y figura delgada. Caminó sobre la calle Lowrie varias veces pasando su casa, y una semana después, al fín tocó la puerta de su casa.

Por casualidad Peggy abrió la puerta, y no demostró mucha sorpresa al ver a Francisco. Lo invitó adentro de su casa para que conozca sus parientes.

Los parientes de Peggy, Richard Allen Bruenner, y Clarissa Grace Duvall, se habian casado en 1903. Richard era de ascendencia Alemán, y Clarissa de ascendencia Francés y Alemán. Sus ancestros vivieron en Alsace-Lorraine.

Los recién casados se acomodaron en una casa de ladrillos de tres pisos sobre la calle Lowrie donde criaron seis hijos: Richard, nacido en 1904, Margaret, nacida el 25 de Mayo, 1906, Claire nacida en 1908, Patrick, nacido en 1910, Arthur, nacido en 1914, y Grace en 1919.

Richard y Clarissa pudieron mantener su familia en

comodidad relativa, con eso de que tuvo buen trabajo con el correo. Empezó como cartero, y luego lo promovieron a jefe de la oficina de correos después de algunos años.

La familia Bruenner eran todos muy religiosos. Las tres hermanas de Richard fueron monjas: Sor Margaret, Sor Alphonsus, y Sor Bernadette. También tenia una prima quien se recibió como monja, y un primo que se hizo sacerdote.

Richard fue un buen esposo y padre, aunque en años después empezó a beber cerveza en la cantina local. Tal vez se dejó convencer por el alcohol porque Clarissa lo repudió después del nacimiento de Grace. Ella no quería tener mas hijos. Richard empezó a dormirse en el piso de arriba y ahogaba sus decepciones con el licor.

Clarissa era una mujer buena, religiosa quien buen cuidó a sus hijos. Mantuvo su casa limpia y ordenada. Los Alemanes son notables por su limpieza.

Muchos de los residentes de las lomas de Troya fueron ascendientes de ancestros Alemanes. Mantuvieron banquetas y calles limpias y usualmente tenían pequeños jardines, cultivando tomates, pimientos, geranios y gardenias.

La loma de Troya, una meseta aproximadamente 300 yardas de ancho, tiene precipicios parados sobre los dos lados. Colocado casi 400 pies arriba de la Isla de Herr con una vista dominante del Río Allegheny, tiene como 2,000 pueblerinos. Es una vecindad vieja y casi insolada. No existen pasadas, ni cortes caminos o atajos hacia cualquier lugar.

Clarissa estuvo preocupada cuidando sus seis hijos, cosiendo toda la ropa con su maquina de coser de pedal, preparando el pan de cada día, trapeando los pisos, lavando, etcetera, pero siempre le quedaba tiempo para su jardín. Tenia un enrejado de rosas, y sembraba maíz cada año. También preparaba chorizo estilo sauerkraut que mantuvo en una vasija que tenia atrás sobre el porche cerrado.

Un día que estaba cosiendo, la aguja accidentalmente se le atravesó por el dedo índice mientras que pisaba el pedal. Desafortunadamente, se le infectó el dedo, y como no había medicación apropiada, le entro la gangrena. Le amputaron su dedo bajo el nudillo.

Clarissa quiso a todos sus hijos, pero parecía favorecer a Margaret, quien le decían Peggy. Peggy era tan dulce y obediente y nunca les causó preocupaciones a sus parientes, aunque Claire y Pat si. Claire era actualmente una buena hija, pero tenía un sentido de humor irónico que su madre no completamente entendía.

A Claire le encantaba ropa nueva, y le suplicaba a su madre por casi todo lo que veía en Michaels, un almacén chico sobre la loma de Troya. Se había enamorado con un sombrero de borde largo en la ventana, y le suplicó a Clarissa por el incesantemente. Peggy no le pidió por el sombrero realmente, pero Clarissa, tratando de enseñarle a Claire una lección, se lo compró a Peggy. Como resultado, Claire quedó muy decepcionada, y nunca se olvidó del incidente de cual se quejó y repitió muchas veces durante todos sus años.

El joven Rick fue un hombre quieto que parecía interesarse con ser sacerdote. Construyó un altar y lo cubrió con un trapo blanco, y fingía consagrar el pan. (Católicos creen que cuando el pan se consagra, se convierte en el Cuerpo de Cristo.} Los otros hijos pretendían ser sus parroquianos. Niños usaron sus imaginaciones en los días antes de la tecnología.

Peggy y Claire corrían muchos recados para sus parientes. Una vez que nevaba muy fuerte, se fueron a la carnicería para comprar salchichas para la cena. Mientras que caminaban con mucha dificultad de regreso a la casa, el paquete se rompió y las salchichas empezaron a caerse sobre la tierra. Dos perros grandes las seguían, y comenzaron a tragarse las salchichas. Cuando se acercaban a la casa, pocos quedaban.

Las muchachas se agobiaron por lo que sus parientes pudieron haberles dicho sobre las salchichas que faltaron. Clarissa y Richard estuvieron mirando por la ventana a sus hijas, y no podían contener la risa al verlas frenéticamente huyéndose de los perros. No las regañaron, y se alegraron que no las hirieron.

Richard se vestía de Santa Claus en traje rojo para la Navidad cada año. Le advirtió a Pat que debería ser buen hijo o no iba recibir regalos. Pat se asustó mucho y su comportamiento a mejoró por un tiempo.

Cuando Peggy y Francisco se estaban enamorando, Pat escondió sus zapatos sobre el techo trasero en la nieve, y no se encontraron por varios días. Peggy tuvo que usar zapatos viejos y desgastados para la cita.

Pat, junto con sus travesuras y sentido de humor, era inclinado musicalmente y podía tocar la guitara y el piano con nomás escuchar la melodía. Nunca había un momento aburrido en el hogar de los Bruenner.

Después de graduarse de la escuela de Su Sagrado Nombre, Peggy se matriculó en una escuela comercial por dos años. Fue sobresaliente con la mecanografía y la taquigrafía, y obtuvo una buena posición de secretaria en el Centro de Pittsburgh.

Mientras caminaba a la casa de su trabajo algún día cruzando el puente sobre el Río Allegheny, se fijó en una envoltura extraña de goma de mascar sobre la banqueta, lo recogió, y descubrió $100 metidos adentro. Se alborotó mucho porque en aquel entonces cien dólares era mucho dinero. Siendo un persona honesta, decidió anunciarlo en los periódicos de Pittsburgh. Después de que pasó una semana y nadie reclamó el dinero, Peggy se deleitó en quedarse con el.

Cuando Francisco entró al hogar de los Bruenner, Peggy lo presento ante su madre y padre. Clarissa y Richard lo recibieron cordialmente, pero con un poco de cautela porque Clair le había mencionado a su madre que ella creía que Francisco Hanocek le gustaba flirtear.

Francisco preguntó, "Supone usted que pueda escoltar a su linda hija para cenar la noche de mañana?"

Richard contestó, "Si, pero asegurarme que me la regresa a su casa antes de la media-noche."

"Oh, no se tiene que preocupar, yo me encargo de cuidar la bién."

Peggy caminó con Francisco a la puerta. Estuvo feliz que había parado y la invitó a salir, porque ella estuvo pensando en el desde que se la presentaron.

Y el también igual. Francisco supo que el debería tomar las cosas lentamente con Peggy, y actualmente así lo quiso. Estuvo engatusado, y el pensar con el matrimonio, con tiempo, fue un incentivo para que se comporta por lo bueno.

Cuando regresó llamando por Peggy la próxima noche, le dijo a ella que se veía bella. El notó lo delgada que se veía con su vestido azul de seda, que resaltaban sus ojos azules claros y grandes y su cabello, negro como un cuervo. *Oh, que labios tan sensuales*, pensó el, *No puedo esperarme para besar los*.

Así comenzó su noviazgo, lo cual duró todo un año. Tomaban caminatas largas y frecuentaban el cine. Les encantaban películas de Rudolph Valentino y Lillian Gish. El verano se pasó en excursiones y en picnics en el parque del Norte. Bailaron el *Charleston* en las fiestas de amigos. Se sentían muy cómodos juntos, y les gustaba visitar ambas familias.

Después de todo, Peggy permaneció un poco aprensiva sobre los varones en general porque fue testigo cuando su tío Jake abusó físicamente y verbalmente de su tía Esther. Tío

Jake fue el cuñado de su madre. Peggy se había prestado como voluntaria para ayudar a la tía Esther después de que parió su sexto bebé. Peggy se pasó el fin de la semana con la familia, y el tío Jake hizo que su tía Esther se levantara para cocinar le un pastel dos horas después del parto, aunque Peggy se ofreció para hacer lo. También se tragó seis panques para el desayuno mientras que les permitía solamente uno a sus cinco hijos. Peggy se preguntaba como su tía Esther soportaba tío Jake y su crueldad.

Peggy se daba cuenta del problema de su padre con el alcohol, también, aunque sus parientes no se ponían a discutirlo constantemente. Tendría que pensarlo bién por su parte para casarse.

Cuando Francisco al fin le propuso el matrimonio a Peggy, ella lo vaciló por un tiempo, pero, porque lo queria tanto y el era tan persistente, al fin lo aceptó. Compró un bello vestido blanco de satín, y Francisco le compró un anillo medio caro, y se casaron el 24 de Noviembre, 1926, en la iglesia de Su Sagrado Nombre sobre la loma de Troya en Pittsburgh. Clarissa y Richard les hicieron un chico desayuno como recepción, invitando la mayoría de sus familiares.

Capítulo 2

La unión del par fue placentero para los dos, especialmente desde que Francisco fue un amante experimentado y ardiente. Peggy pronto superó su timidez, y fueron muy feliz. El primer hogar de los jóvenes recién casados fue un apartamento dos puertas de la residencia de Victor Hanocek. Después de seis meses, se mudaron a un apartamento de segundo nivel sobre la calle Cowley. Peggy estuvo embarazada con su primer niño, así es por eso que necesitaban dos recámaras.

Peggy tuvo un embarazo saludable, y ella y Francisco ansiaban por el nacimiento de su bebé. Clarissa y Richard esperaban que tuvieran una niña.

La bebé se esperaba para el 29 de Septiembre, 1927, pero no tuvo partos hasta por las diez de la noche, el primero de Octubre. Francisco corrió a la casa del Doctor Woodhall a la vuelta de la cuadra para traerlo. Constantemente llovía.

El Doctor Woodhall tenía problema como tomado, y actualmente estuvo borracho cuando llegó Francisco. Francisco estuvo un poco confundido por lo que hacer, pero decidió tratar de desembriagarlo con café. Cuando arribaron al apartamento, Francisco seguía trayéndole tasa tras tasa de café.

El doctor examinó a Peggy y sabía que iba ser una noche muy larga. Peggy nomás pesaba cien libras, e iba dar luz a un bebé muy grande. Permaneció ella mas o menos calmada a pesar del dolor y preocupación por la embriaguez del Doctor Woodhall, y escucharon la lluvia pegando contra el marco de la ventana.

Rezó que ella y su bebé estuvieran saludables.

Al amanecer las contracciones se aumentaron y el bebé

estuvo preparada, pero Peggy era tan pequeña, el doctor tuvo que hacer una incisión mas grande de lo normal. Sin embargo, el bebé no salió hasta que tuvo que usar *forceps* para sacarla forzosamente. Instantáneamente gritando con ojos abiertos, la niña de nueve libras llegó a la escena. Se calló pronto después de que cortaran el cordón, y la envolvieron en una cobija y la pusieron en manos de Francisco porque Peggy estuvo sangrando de más. Doctor Woodhall le cosió la incisión, sin realizar en su estupor que le estuvo pegando el nervio principal contra su matriz.

El doctor lavó la niña y la puso en su cuna junto a la cama de sus padres. La niña, todavía sin nombre, permaneció despierta sin llorar por un largo tiempo. Por supuesto, cuando si llegó a llorar, Francisco la levantó y la acomodó en los brazos de Peggy. Peggy se había dormido por un rato, pero de luego estuvo preparada para establecerse con su hija.

Se quedó mirando la niña, poniéndose a contar sus dedos de pie y mano, y supo que era perfecta. "Gracias a Dios," murmuró mientras que le besaba su chico fardo de alegría, quienes pensaba nombrar Virginia.

"Vamos nombrándole Virginia," le llamó a su esposo.

"Quisiera nombrarla Margaret por ti," respondió Francisco. "Se parece a ti excepto que tiene pelo rubio is es muy huera."

"Está bién, papi, si eso es lo que de veras quieres, pero vamos también usando tu segundo nombre para la suya. ¿Como te gusta Martina?"

Margaret Martina Hanocek parecía como un nombre largo, así es que mi papá empezó a decirme "Queridita," desde que era infante.

Mis parientes no sabían que iban a experimentar un año sin dormir, que yo iba estar despierta por la mayor parte del tiempo. Me dijeron muchas veces a través de los años que duro era para ellos continuar con su rutina regular sin poder dormir mucho. Decían que yo no lloraba mucho pero me gustaba ponerme a ver mis alrededores nuevos y a mis papás después de amamantar me, en lugar de dormir. Yo nomas dormía cinco minutos cada vez -- mi madre y padre estuvieron exhaustos. "Por seguro esta niña dormirá de pronto," los dos se aseguraban. Ellos de veras no pensaban que su niña padecía de cólico porque sonría por la mayor parte y era muy observante de todo. Después de todo, yo continuaba teniéndolos despiertos todas las noches. Mi abuela, Clarissa, estuvo deleitada con ayudar por unos días y tomó placer en establecerse con su primera nieta. "Voy a llamarle Meg, si les parece a ustedes, Peggy. Dos con el apodo de 'Peggy' seria muy confuso después de tiempo, yo creo."

"Oh, está bién con migo, madre, y pienso que tienes razón."

Peggy y su madre siempre se llevaban bién, y mantenían una relación especial la cual Peggy esperaba desarrollar con su nueva niña bebé. Peggy tomaba siestas mientras que Clarissa ayudaba con entretenerme y hacía algunos quehaceres. Clarissa me arrulló, abrazó, y besó mientras que pensaba, *Gracias, Dios, por darme chiquita Meg, una nieta tan bonita y llena de vida, pero por favor permite la dormir por el bíen de Peggy y Francisco.*

¡Porqué es que no pude dormir por un año? Nadie sabe por lo cierto, pero no aparentaba que padecía de cólico porque no lloraba mucho, ni actuaba como si estuviera sufriendo dolor, pero si me gustaban las vistas. Mi madre y padre tomaban turnos quedándose despiertos toda la noche conmigo. Era feliz mientras que me alimentaban y me cuidaban, y permanecí largos ratos sin llorar, pero estaban desgastados con cansancio. Empecé a gatear y a sentarme sola a los seis meses, y empecé a caminar y hablar a los nueve meses.

Eran tan orgullosos de mi, su hija precoz, pero a veces sentían echarme de la ventana del segundo nivel y luego correr hasta abajo para agarrarme.

Privación de sueño a veces puede resultar en trabajo mal hecho en el empleo, pero Francisco siempre fue consiente de su trabajo, e hizo lo mejor que pudo. La vida era a veces agotada durante ese año para los dos de mis parientes.

Cuando al fin empecé a dormir en la noche, todo regresó a lo normal. Mi Tía Grace y Tío Pat nos visitaban muchas veces para jugar conmigo.

Pat, quien siempre me quiso y estuvo orgulloso de mis logros, nos acompaño a la cinema. Yo empecé a gritar "Hielo cortado, hielo cortado," cuando el camión del heladero en la película se paraba. Pat pensaba que yo era tan risueña para una niña que otras notaran, y todos en el teatro se divirtieron.

En el 23 de Octubre, 1929, mi hermano, Zachary Mark nació. Zachary, o Zach como le llamábamos, fue un guapo niño de once libras y se parecía que tenía tres meses al nacer. Era un bebé dormilón, gracias a Dios, para mis padres. Dos años después, el 24 de Septiembre de 1931, Francisco Martín joven nació, pesando nueve libras. Zach era pelinegro con ojos azules, pero el joven Francisco era rubio y huero como yo. Empecé a llamarle al joven Francisco "Juney," un apodo de Joven. Zach me llamaba "Sissie," tan pronto que empezó a hablar, y desde entonces fui conocida como "Sissie", o "Sis" por los dos lados de la familia, excepto por mi abuela Bruenner quien todavía me llamaba Meg.

Peggy siempre fue una persona calmada hasta que tuvo sus hijos, pero luego se hizo muy nerviosa después del parto de Juney. Estuvo perdiendo peso rápidamente, y no podía comer para ganar mas peso. Muchas pruebas se le hicieron, y el doctor determinó que su nervio principal fue pegada a su matriz. Tal vez si lo hubieran descubierto después de que yo nací, lo pudieran haber corregido. Pero, tal como estuvo, nada se podía hacer. Su peso siguió cayendo. El doctor le dijo a Francisco que ya no tuviera relaciones con ella porque otro embarazo la podía matar. En todo caso, eso es lo que le dijo, y a todos. Peggy jamás le ha hablado al doctor de esto, así es que tomó la palabra de su marido. La vida dejó de ser igual para los dos.

Yo de veras no me acuerdo mucho de esos primeros años, o que mi mamá fuera nerviosa, pero si me acuerdo de un incidente que ocurrió cuando todavía vivíamos en la calle Cowley. Yo tenía tres años y rumbo a una fiesta de cumpleaños con la amiga de Peggy, Edith, cuando el bonito anillo que mi madre me había dado se cayó y rodio al alcantarilla. Aunque me sentía bonita en mi vestido de lavanda que mi abuela Bruenner me compró para mi cumpleaños, también sentía tristeza. Me acuerdo de haber visto por la ventana la fiesta deseando tener todavía el anillo en mi dedo, pero, por supuesto, gocé del pastel y nieve, como todos los niños lo hacen.

Capítulo 3

Nuestra familia se mudó a un apartamento de segundo nivel sobre Monte Troya cuando cumplía yo casi los cinco años. Mi Abuela Bruenner me compró un saco lindo de terciopelo azul y un sombrero igual para mis cumpleaños. Simplemente me encantaba y me deleitaba usarlo por la primera vez. Todos íbamos a visitar a mi abuela ese día en Octubre.

Corrí a descender los escalones para esperar a mi mamá, papá, y a Juney. Zach, quien ya estuvo presente, preguntó, "Sissie, ¿quieres jugar 'casa' conmigo?"

Yo le contesté, "No, Zach, ahorita no quiero."

Zach se enojó, levantó un ladrillo, y lo aventó, pegándome arriba de mi ojo derecho. Sangre se derramó sobre mi saco y subí los escalones de inmediato. Peggy y Francisco trataron de arrestar la hemorragia, pero sin éxito, luego me llevaron de prisa a la farmacéutico local quien me aplicó un antiséptico con venda apropiada. La herida dejó una cicatriz pequeña, pero estuve mas agobiada por la pérdida de mi saco de terciopelo azul mas que nada. Me recuperé pronto, de todas maneras.

Toda mi vida, no importando que pasara, jamás me dejé detener demasiadamente con negativos. Es buena cosa, porque muchos iban porvenir. Pero, mi naturaleza feliz, junto con oración y el pensar de manera positiva, me permaneció risueña.

Nuestra familia pronto se mudó a un dúplex grande en el primer piso sobre el Monte Troya. Tenía un porche grande en frente y Francisco construyó una puerta para que mis hermanos y yo pudiéramos jugar sin que se preocuparan mis padres de que Juney se cayera de los escalones. Existía un callejón de ladrillos sobre cual Zach y yo patinábamos por arriba y abajo junto a la casa. No teníamos cuidado por un tiempo.

Peggy se hizo mas nerviosa y continuó a perder tanto peso que el doctor le sugirió que pasara un año en una casa de convalecencia para recuperarse.

Peggy se quejó con Francisco, "Yo no quiero dejar mis hijos. Deseo que supieran como separar mi nervio." Rezó y rezó por ayuda. La contestación que necesitaba para mejorarse para seguir cuidando sus hijos. A regañadientes, hizo arreglos para que fueran amparados por sus abuelos.

Después de que se fue nuestra madre, Zach y yo nos quedamos con nuestra abuela Hanocek, y Juney se quedó con los abuelos Bruenner. Zach y yo extrañamos nuestra dulce madre y nuestro hermanito. Francisco también extraño Peggy y Juney, y nos llevó a visitar a Juney una vez por semana. Mi abuela Bruenner tomo excelente cuidado de Juney, y tío Rick lo adoraba. Juney siempre se sentaba en su silla alta comiendo galletas de vainilla cuando lo visitábamos. Todos lo abrazamos y lo besamos mientras machacaba las galletas sobre la mesita de la silla alta.

"Abuela, ¿podríamos Zach y yo por favor quedarnos con usted, también?" Le pregunté.

Abuela nos dio unas galletas, y contestó, "Como quisiera cuidarlos a todos, pero estoy demasiada vieja para eso. Los quiero todos mucho, y espero que me comprendan."

Traté de comprender, pero extrañaba tanto a mi mamá, y hubiera preferido quedarme con mi abuela Bruenner, quien quise mucho también. Quedarnos con nuestro abuelo Hanocek era difícil porque me daba miedo. Nos disciplinaba, e hice por comportarme excepcionalmente bién.

El abuelo Hanocek tenía una regla {para disciplinar} que nomás no era justo, así es que Zach y yo aprendimos tempranamente en la vida que la Vida no era justa, pero uno tiene que sonreír y aguantarlo. Nuestro abuelo nos castigaba a los dos si cualquiera de uno hacia algo que el creía ser malo.

Durante un día del Verano caluroso, mientras que jugábamos en frente de la casa de nuestro abuelo en la calle Goettman, Zach se juntó con un círculo de niños cantando el nombre de Dios en vano. Yo nomás me quedé allí parada, porque sabía que Zach se negaría a escucharme. Abuelo irrumpió de la casa y jaló a Zach por dos escalones al porche hundido. Abuelo Hanocek estuvo enfurecido y nos forzó a hincarnos sobre ganchos de ropa un una silla mientras que jugaba con su violín por quince minutos. Estuvo tan doloroso, y no pude entender porqué era tan malo. Apenas pudimos caminar cuando permitió al fin que podíamos levantarnos, y lloré durante esa noche por mi madre y me preguntaba porqué tuvo que irse por tan largo tiempo.

Nuestro padre si nos visitaba cada noche después de trabajar, pero temíamos platicarle lo tan feo que era vivir con el abuelo por miedo a sus represalias. Dolores aun fue buena, y nos preparaba bolas de masa guisada deliciosas de ciruela, durazno, y de manzana, y se encargó de nuestras necesidades.

Le seguimos pidiendo ver a nuestra madre, pero papá siempre nos decía que el hospital/casa no permitía que niños visiten. Era un periodo muy solitario. Aunque no la vimos por todo un año, nuestro Padre si la veía seguidamente. Gradualmente ganó peso y se le amenoró lo nervioso.

Un día cuando nuestro padre entregaba la carne, un tranvía le pegó sobre la calle Lowrie cerca del hogar Bruenner. Tenía una caja pesada sobre su hombro y no pudo ver ni oír el tranvía acercarse cuando cruzaba la calle para su carnicería. Lo aventaron y se atropelló la cabeza con fuerza contra el borde de la banqueta. Se negó a que lo llevaran a un hospital. Parecía que desde ese día su personalidad y moralidad cambiaron. Siguió fiel con Peggy hasta después del incidente de la tranvía, cuando empezó a notarse de otras mujeres.

Una mujer en particular lo dejó hechizado. Su nombre era

Rebecca Klein y trabajaba en la carnicería de nuestro padre. Tres de sus dedos en la mano derecha le faltaban, como se los había accidentalmente cortado cuando cortaba la carne. Ponía su pulgar y su dedo meñique de una manera para camuflar la herida, y no se notaba.

Lo que Francisco notó fue su rostro bonito y redondo, y su figura llena y voluptuosa, y cuando le hablaba en Hebreo, ella también lo notaba. Francisco tuvo que aprender hablar seis diferentes idiomas a demás del Ingles cuando entregaba su carne a varias tiendas étnicas. Parecía tener un instinto natural para los idiomas, y era un poco fluente en hablar el Bohemio, Polaco, Alemán, Italiano, Español, y el Hebreo. Sabiendo los idiomas le ayudaban ser un vendedor excelente quien se ganaba una vida substancial durante esa época. Todos estaban contentos con ver un hombre quien llamaban *Hans*.

Rebecca Klein se hizo un persona prominente en nuestras vidas por muchos años. Francisco le dijo que era el casado, pero su esposa estaba enferma y no le permitían tener relaciones conyugales con ella. Rebecca sinceramente se enamoró de Francisco, al tanto de ser obsesionada con estar junto a el, aunque ella supo que lo que hacía era malo.

Peggy no tenía idea que su esposo estuvo teniendo un enredo amoroso y estaba ansiosa por regresar con su familia. Se sintió saludable de nuevo. Zach y yo regocijamos con aprender que nos reuniéramos otra vez con nuestra madre después de una ausencia de todo un año, y apenas podíamos esperar para largarnos de la casa de nuestro abuelo y su crueldad.

La reunión estuvo lleno de lágrimas, emocionante, y feliz. "Mommy, Mommy," todos le gritaron, "¡te extrañamos tanto!"

Peggy tuvo lágrimas en sus ojos mientras que nos abrazaba a cada uno y respondió, "Los extrañe a todos también, mas de lo que se imaginan, y estoy tan feliz regresar a la casa otra vez.

Todos han crecido tanto."

Nuestra familia vivía en el Monte Troya por solamente unas semanas después de eso, y Francisco anunció, "He perdido mi trababjo, pero he encontrado otro trabajo de ventas, así es que vamos a mudarnos a Midway, Pensilvana, durante la semana próxima. Les gustará Midway a todos, porque se ubica en el campo."

La economía cayó en espiral por la Gran Depresión, así es que Francisco tuvo suerte con haber encontrado otro empleo inmediatamente. Mucha gente no pudo encontrar empleo durante esos años de la Depresión.

Capítulo 4

Nos mudamos a Midway en el verano de 1933, y vivimos en una casa chica de marco blanco con un porche de frente y un césped. La casa se ubicaba al cruzar la carretera de un curso de golf pequeño, un verdadero cambio de las calles ocupadas de Pittsburgh. Francisco no ganaba mucho dinero con su nuevo trabajo, pero siempre teníamos bastante de comer al mayor del tiempo.

Nosotros los hijos no nos dábamos cuenta de la Depresión y lo que significaba, pero después nos dijeron que la bolsa de valores cayó hasta el fondo durante el Jueves Negro del 24 de Octubre, 1929, cuando precios cayendo causaron un pánico entre dueños de acciones comerciales que los mandó a todos vendiendo sus intereses. Era el principio de la masiva crisis económica que les cambió la vida a millones por diez años, incluyendo las nuestras.

Me acuerdo que gente hablaba negativamente del Presidente Herbert Hoover, quien creía que no era el deber del gobierno interferir con los negocios. Mucha gente le echó la culpa por los problemas crecientes. Familias perdieron sus hogares, y granjas y ranchos cayeron en posesión de los bancos, y subastados a quienes ofrecían el mejor precio. Se encontraban bloques largos de gente, llamadas "colas para recibir alimentos gratis," esperando horas para recibir comida gratuita de misiones o de agencias del bien-estar.

Pan nomás costaba cinco centavos por una barra, pero si comían, alguna gente no podía pagar sus cobros de electricidad de un dolar por mes. Y cuando podían tener pan, lo embarraban de grasa, y lo confeccionaban con azúcar. A veces comíamos pan de esta manera también. No sabía tan mal como suena. Los niños de la próxima casa también comían lo mismo. Jugábamos con ellos, una niña, un varón de nuestra misma edad, a lo largo del verano.

Nuestro papá no estuvo allí por mucho del Verano, supuesta mente luchando para ganarse la vida, pero era parte de la razón por su ausencia. Pasó algún tiempo con Rebecca, sin que lo supiera nuestra mamá.

Peggy se supone que no debería tener relaciones sexuales porque si se embarazaba, podría ser fatal, pero me acuerdo que mis padres se abrazaban cariñosamente. A los siete años, yo de veras no sabía lo que estuvo pasando, y nadie les explicaban las cosas a los niños durante esos días.

Tío Rick viajó por ferrocarril cada fin de semana desde Pittsburgh hacia Midway porque se enamoró con la mejor amiga de Peggy, otra Edith, quien vivía cerca de nosotros. Edith nos visitaba cada día, y a veces le ayudaba a Peggy hacer galletas y a cuidarnos, los niños. Fue tan buena amiga, y todos la quisimos. Tío Rick y Edith querían casarse en el futuro, pero le hicieron saber que eventualmente se iba quedar siego, o tal le contó el doctor, decidió que no quería ser cargo para ella. Tío Rick usó lentes gruesos durante ese tiempo.

Todos quisimos al tío Rick, porque el jugaba golf con nosotros, y nos daba dinero cada vez que visitaba. Pretendía sacarlos de su oreja. Los días calientes del verano se disminuyeron al Otoño.

Peggy y Francisco discutieron por donde mandarme a la escuela, como no existía una Católica cerca de allí. Decidieron preguntarle a la abuela Bruenner si estaba dispuesta a cuidar me durante la semana para que pudiera yo asistir a la escuela de Su Sagrado Nombre; entonces durante los fines de semana, tenía que conmutar a Midway con tío Rick. Abuela dijo que le daría mucho gusto ayudar conmigo.

Yo pensé que sería divertido vivir con mis abuelos, tía

Grace y tío Rick. Y así lo fue. Abuela me llevó a la escuela el primer día, preparó buena comida, y me compró vestidos decentes.

Quería mucho la escuela, especialmente el aprender a leer y escribir y hacer las matemáticas. Realicé que era la mejor de mi salón, y le caía bién a la maestra y tuve muchas amistades. Tía Grace nomás era ocho años mayor que yo, y la admiraba y dependía de ella. ¿Que mas podía esperar una niña de la vida? Hasta me gustaba limpiar los escalones y el corredor cada Sábado en la mañana antes que tío Rick y yo nos íbamos hacía Midway por el ferrocarril. Abuela era tan buena conmigo, no me pesaba ayudarla con los quehaceres. Durante los Viernes en la noche, me llevaba a jugar Bingo en la sala de Su Sagrado Nombre, y ganó varias veces. Yo me gané un par de fundas para almohada bordadas una vez, una canasta de comida en otra, y dinero varias veces.

Nomás existía un problema -- los arreglos para dormir. Yo me dormía apretada entre mi abuela y tía Grace y como estuve acostumbrada a dormirme sola, no pude recuperar el sueño mucho. Me despertaba cada hora o dos.

El primer fin de semana en Octubre, cuando tío Rick y yo regresamos a Midway, mi madre y Edith tuvieron una fiesta de cumpleaños de sorpresa esperándome -- el primer y única fiesta de cumpleaños que tuve en mi vida. Mi madre me hizo un pastel de chocolate con una capa dulce blanca y le proporcionó siete velas sobre el. Edith preparó decoraciones, y canastitas de papel llenas de dulces. Invitaron a ocho de los niños que vivían por la comarca quienes me dieron la bienvenida con un fuerte "¡Sorpresa!" mientras que tío Rick y yo entramos a la sala de estar.

Jugamos, *pegarle la cola al burro*, juegos de adivinanzas, girar la botella. De veras que no quería besar a los muchachos en sus cachetes cuando la botella paraba en frente de ellos, pero lo hice de todas maneras para dar les gusto a todos. Les di las gracias por todos sus regalos de libros, cintas para el pelo, juegitos, y ropa, y especialmente a mi madre y a Edith.

"Mom, este fue el día mas divertido de mi vida," le dije.

"Pues gracias mucho a ti, y a ti también, Edith, por haber ayudadme preparar esta fiesta, uno que siempre recordaré."

Peggy les había educado bién a sus hijos. Etiqueta era muy importante, tanto como el rezar. "Siempre digan por favor y gracias, con su permiso, y perdónenme cuando la ocasión lo requiere. Pongan el tenedor a la izquierda del plato cuando preparen la mesa, y el cuchillo y cuchara a la derecha.

"Si, mamá," todos le contestábamos, y lo recordamos.

Nos enseñaron a rezar antes de comer, y nuestra madre se arrodillaba con nosotros junto a una cama para rezar todos juntos cada noche antes de que nos acostáramos.

Abuela hizo todo para granjearme por los tres meses que viví con ella, y todo iba bién en la escuela, pero luego empecé a sufrir una enfermedad al fondo de mi estómago, una dolencia para permanecer con mi familia de nuevo en Midway. Me desesperaba especialmente por estar con mi querida madre. De veras fue devastador el extrañar mi casa y familia, un sentimiento que es difícil describir con precisión.

Abuela me preguntaba, "¿Que te pasa, corazón dulce -- no te estas comiendo la comida?"

"Perdón, Abuelita, pero extraño a mi madre terriblemente. Nomás no tengo ganas de comer."

Me abrazó y me dijo que le hablaría a mis padres sobre mis sentimientos y solucionar el dilema. Cuando tío Rick y yo llegamos a la casa ese próximo Sábado, mi papá anunció que nuestra familia se iba mudar a McKees Rocks, Pensilvana, en una semana, porque se ubicaba mas cercanamente por su nueva ruta de ventas de carne. Me sentí tan afortunada que

Dios entendió mis necesidades automáticamente, y le resé por dar le las gracias.

Capítulo 5

Cualquier persona que ha ido a Pittsburgh sabe lo tan majestuosos que son los cerros para ver. Algunos son tan parados que uno se pregunta cuantos carros podrían navegar hacia los precipicios, o cuantas casas se pueden construir al lado. Un vista de los cerros de McKees Rocks hacen que los cerros de Pittsburgh sean payos en color, especialmente la loma sobre cual vivíamos, la mas parada de esa cuidad pequeña.

Tuvimos un apartamento grande en el primer piso que pensábamos que era muy único por las puertas que se resbalaban entre los cuartos. Fuimos regañados muchas veces por estar jugando con las puertas. Existía un baño afuera y atrás de la casa, tal como lo teníamos en Midway.

La escuela pública de Forest Hill se ubicaba solamente unas pocas cuadras de nuestra casa, y por eso mi madre allí me matriculó. La señorita Miller, mi maestra de primer grado, y yo nos hicimos amigas de inmediato. Tenía una expresión sonriente en su cara que me sentía con confianza y le regresaba las sonrisas. Cuando examinó los transcritos de mis calificaciones, su ojos se alumbraron. En pocos días realizó que era adelantada de los otros estudiantes. Siempre levantaba la mano para contestarle sus preguntas, y constantemente me llamaba.

De veras que la quería, la escuela, y los nuevos amigos que hice. Caminaba a la casa con Bernice y Alice después de la escuela y pasamos tiempo en cada uno de nuestros hogares. Bernice era poquita gorda, pero una de las mas geniales muchachas en nuestro salón. Nadie se burlaba de ella sobre su peso. Alice era linda con sus rulos rubios largos y su personalidad risueña. Todos en el salón eran amistosos y cordiales con cada uno de los demás. Walter Hart, uno de los niños en mi clase, me hablaba mucho y me traía dulces, cuales me comía durante el recreo cada día. Walter era bueno con todos sus compañeros de clase, pero se engatusó con migo, y me pedía combar conmigo y algunos otros de los estudiantes. Cantábamos cancionetas como *"Mabel, Mabel, set the table,"* y me deleitaba con el ritmo. Desde que empecé a gatear, adoraba oír las rimas de la niñera que nuestra madre nos leía. Ahora que podía leer y escribir, empecé a escribir poemas cortas. Algunos de ellos eran muy simples, y eran variaciones de "Rosas rojas, violetas azules, azúcar es dulce, y también eres tu." Yo sobre impuse, "Tu me quieres a mi, y yo te quiero a ti." O, "Dios sabe todo lo que hacemos."

La señorita Miller y los niños en ese salón me hacían sentir que allí pertenecía, Y pensé que nunca me quería ir de McKees Rocks.

Zach, Juney, y yo tuvimos mucha diversión los tres meses que vivimos allí. Papá trajo a la casa un pequeño carro verde de pedal para los varones, y se fueron a probarlo en alta velocidad bajo la loma a la vuelta. Trajo también a la casa una muñeca que compró por $1.50. El nombre de la muñeca en forma de infante era "Snoozie", pero decidí re-nombrarla "Phronsie" porque yo vi ese nombre en un libro que había leído y me gustó. Pasé tiempo arrullando la única muñeca que tuve en mi vida en la mecedora chica de mimbre que mi abuela Bruenner me compró para la Navidad.

Papi estuvo en casa la mayor parte del tiempo mientras que vivíamos en McKees Rocks, y nuestra familia parecía completa.

Aun, todavía visitaba a la Rebecca ocasionalmente en el curso de su ruta. Siempre encontraban tiempo para estar solos, y su romance se calentaba.

27

Cuando supe que mi padre estaba cambiando de empleo otra vez solamente después de tres meses en McKees Rocks, estuve muy decepcionada. No me quería ir de allí, y aunque no tenía voz en los asuntos de mis padres, me quejé de todas maneras. Mamá se disculpó, pero que así era la vida.

Le dije a la señorita Miller y a mis amigos allí que estaba por irme, y se sorprendieron y me dijeron que lo sentían mucho y que me iban a extrañar.

"Nunca te olvidaré," le dije cuando me despedí de todos.

Papá se fijó que estuve triste cuando les ayudé empacar nuestras cosas, y trató de consolarme,

"Te gustará Turtle Creek, porque se ubica en el campo. Habrá espacio para mantener un perro, y prados sobre cuales pueden jugar y retozar."

Así es que nos mudamos otra vez. Cuando desempacamos, realizamos que todos nuestros fotos infantiles, excepto unos pocos de Zach y Juney, faltaban. Papi no regresó a McKees Rocks para recuperar los, si es que en actualidad los dejamos allí. Mencionó que la caja tal vez se había caído del camión de mudanzas. Para nuestra madre, y para mi, esos eran memorias preciosas que perder que nunca se podrían reemplazar.

Pronto acepté Turtle Creek, aunque existía la trauma de mudanza de un lugar que de veras me gustaba para empezar de nuevo. Empecé a sonreírme y me preguntaba que aventura nos esperaba de esta nueva casa y la escuela.

Capítulo 6

Nuestra nueva casa era grande de marco blanco que tenía pompa en el pozo sobre el fregadero de la cocina, e inodoro exterior. Era grande ver el sacate verde exuberante en la yarda grande, y la variedad de árboles en la yarda trasera, al tanto que nos parábamos sobre el porche trasero. Habían lechos de rosas, robles, arces, abetos, y manzanos silvestres. Rosas eran las flores favoritas de toda mi familia. Abuela Bruenner tenía una enredadera de rosas bellas en su yarda pequeña cada año. La fragancia de una rosa siempre es reconfortante e intoxicante, y tiende a saturar los sentidos. El prado arriba del cerro desde la yarda trasera era tan   tentador que mis hermanos y yo corríamos al rededor de las huellas hechas por el tractor del vecino la primera cosa después de ubicarnos allí. Mi papi tenía razón, iba regocijar en el campo.

Habían decepciones, de todas maneras. El agua que corría desde la pompa en la cocina sabía a sufre y apestaba a huevos podridos. Zach y yo teníamos el quehacer de cargar cubetas de agua buena del pozo desde la casa de un vecino al cruzar la carretera de tierra. Papi les había pedido compartir su agua de pozo con nosotros, y generosamente nos acomodaron.

Las cubetas eran tan pesadas que tirábamos un poco de agua cuando nos arrastrábamos sobre el camino largo desde el pozo y al cruzar la carretera de tierra. Durante algunos días tuvimos que sacar agua dos veces porque tomábamos mucha agua, y mamá nos preparaba te de hielo.

Usamos el agua del pozo para lavar trastes, ropa, y para bañarse. Yo les ayudaba con los trastes y la ropa sucia. Mamá llenaba una tina redonda con cubetas de agua hervida y tomábamos turnos con refregar la ropa sobre la tabla de lavar.

Seguidamente nos rascábamos los nudillos sobre las crestas de la tabla de lavar tratando de lavar los calcetines, y nuestras manos parecían ciruela-pasas por el jabón de lejía. No me importaba con ayudarles con los quehaceres porque quería tener a nuestra madre contenta y me gustaba mantenerme limpia.

Siempre anticipaba los Sábados cuando nuestra madre llenaba las tinas grandes de limpiar con agua tibia y me dejaba a mi bañar me primero, y luego Zach se bañaba, y mamá ayudaba a Juney. Siendo la mayor de los hijos, recibía favores especiales.

La escuela no daba problema, y era emocionante el tomar el camión a la escuela Católica. Abuela Bruenner me compró un vestido blanco bonito con un velo para mi Primera Comunión. Después de la ceremonia, nuestros familiares se juntaron en nuestra casa para celebrar con buena comida, juegos, y risa. Dos semanas después, la maestra me escogió a mi para coronar la cabeza de María mientras cantaba el coro "Alabar Santa Reina entronada en el Cielo, Oh María." Al coronar a María Reina de Mayo, sentía que era un gran honor. Todas las niñas esperaban ser escogidas para esa celebración, y quedé deleitada cuando la maestra me escogió a mi. Caminé lentamente y solemnemente por la nave con mis manos dobladas, subí dos escalones, y puse la corona sobre la cabeza de Maria mientras cantaba el coro, "Ave, Santa Reina entronada en el Cielo, Oh María." Por supuesto, yo entendía que la estatua existía nomás para recordárles a todos de María, y que Católicos no idolatran las estatuas.

De pronto era Verano. Papi trajo una perra que era en parte perro pastor. Existía atrás una casa para perros en la yarda trasera para ella. La nombramos Shep y corríamos y jugábamos en los campos y prados con ella. Tiempo después, Shep le dio luz a siete cachorros y cada uno de nosotros se quedo con uno de ellos. Yo escogí uno que era blanco y negro cual la nombré, "Trixie." Papi regaló los cuatro que quedaban a los vecinos. Desafortunadamente, pocas semanas después, Trixie corrió a la carretera y fue matada por uno que se dio la fuga tras atropellar la. Sentimos tanta tristeza al perder a Trixie, porque era tan curiosita y amigable. No lloré, pero, por lo usual, mientras maduraba, me guardaba los sentimientos. Por alguna razón, jamás me puse a pensar demasiadamente en la mala fortuna y rápidamente resumí mi naturaleza feliz.

Nuestra familia viajó a Pittsburgh durante algunos fines de semana para ver a los abuelos. Papi tenía un carro verde con un asiento trasero abierto. Tomamos turnos sentándonos en el asiento trasero abierto gozando la brisa que nos volaba el pelo.

Visitas para ver los Bruenner siempre eran un placer, como nuestra abuela siempre preparaba buena comida, y si no tenía algo horneado, mandaba a Zach y yo a la panadería para comprar pastelitos y panecillos magníficos. También íbamos de compras al mercado, a la carnicería y a veces a la tienda de dulces.

Abuela nos decía, "Meg, consígueme una docena de donas o bolillos por diez-y-nueve centavos, una caja de con-fleis por diez centavos, diez libras de patatas por veinte-cinco centavos, y una jara de crema de maní por trece centavos. Tendrás suficiente dinero para comprar dos libras de chuletas a la carnicería --creo que cuestan diez-y-seis centavos por la libra. Zach, por favor ayuda tu hermana cargar las bolsas."

Los dos le contestamos, "Si abuela." Me encantaba andar de compras, especialmente para comida, y Zach no se quejaba tampoco.

Siempre gozábamos de un banquete cuando regresamos. Mi abuela era una cocinera excelente, y parecía que le daba placer servir sus comidas. Era un poco abarrotado en la cocina, pero manejamos acomodarlos a todos en la mesa. Como niña me acuerdo lo que pensaba. Tal vez deberían tumbar la pared de la cocina y agrandar lo usando el cuarto enclaustrado ajuntado. Mi abuela si tenía su máquina de lavar en el cuarto del porche, pero había espacio para actualmente convertirlo en dos cuartos. Yo no tenía concepto de lo que podía costar.

Al regresar a la casa, tomamos turnos durmiendo a lo largo de la parte de arriba del asiento trasero. Era muy cómodo después de un día largo ver las estrellas mientras que me arrullaba el sueño.

Durante el verano, mi padre me preguntó, "Querida, ¿quieres aprender a manejar el carro?"

"Supongo que si," le contesté. No estaba segura si me iba gustar el manejar, aunque yo era venturosa. Manejamos sobre una carretera arterial quien nadie conocía, y mientras que estuve sentada sobre sus rodillas, fuimos zigzagueando sobre la carretera, asustando a Zach y a mi misma. Cuando Zach tomó su turno, mantuvo un camino directo. Papi le ayudó a Juney, quien se deleitó porque le encantaban los carros. Existía un carro junco rosado parcialmente sumergido a lo bajo del arroyo que lo fascinaba. Lo llamaba el "carro chocante," y se emocionó cada vez que pasábamos yardas de juncos, gritando, "Carros chocados, carros chocados." Un día que parramos, llevamos a Juney a sentarse en uno de los carros dañados y el fingía manejar lo.

Papi a veces estuvo ausente durante la semana, pero estuvo en casa los fines de semana por la mayor parte. Empezó a sentir remordimientos en su consciencia por sus reuniones con Rebecca. Sentía por ella pero no entendía como podía estar enamorado de dos mujeres al mismo tiempo. Después que varios meses pasaron, ella estuvo profundamente enamorada de el y quería estar con el mas seguido.

Francisco quedó desconcertado cuando Rebecca empezó a hacerle demandas. El no quería herir a Peggy porque era tan dulce y risueña como compañera, una de las personas mas generosas que jamás había conocido. Se sintió atrapado por sus propios emociones sexuales. El sabía que Peggy estría en peligro si se embarazaba de nuevo, pero comenzaron a tomar riesgos cuando pensaban que era seguro hacerlo. Eso no era suficiente para el, pero rezaba que lo fuera.

Pasé un fin de semana con los abuelos Bruenner y todos los parientes. Tuvieron un picnic de familia en el parque que tenía arroyo para la natación. Les pedí permiso para nadar en el arroyo, como si supiera hacer lo. Poco podía realizar que iba a experimentar uno de las ocurrencias mas influyentes de toda mi vida, una que me moldó espiritualmente.

Me remové la ropa exterior, y me fui vadeando en el agua fresca vestida solamente con mi ropa interior de una pieza. Me aventé como para nadar. Siempre fui una niña positiva, pero tal vez a los siete años, simplemente no pensé en las consecuencias. De repente me fui disparándome dentro de un túnel de luz, formado como una cornucopia. Fue sin duda uno de los momentos mas pacíficos de mi vida. Palabras no pueden describir la emoción increíble de contenta completa que me envolvió. No me acuerdo de haber luchado para emerger por aire, nomás el sentirme completamente relajada. Podía ver la apertura del túnel y la gente en blanco con manos abiertas esperando para saludarme. *No, si eran ángeles*, pensé, y de buena voluntad extendí mi mano hacia ellos.

La próxima cosa de lo que me acuerdo era vomitando agua acostada en el sacate junto al arroyo. Una joven de diez-y-seis años me había sacado del agua al río abajo.

"¿Donde estoy?" pregunté, gargajeando a la vez. De primero creí que estaba soñando, así es que no les platiqué nada de lo que había sentido y visto. Pero luego mis parientes me hicieron prometer no decirle a nadie, especialmente a mis padres, que casi me ahogué. No querían meterse en líos.

Entonces lo mantuve como secreto por muchos años, pero tuvo un efecto definitivo sobre mi enfoque en la vida. Me hice mas devota hacia mis creencias, sentía mas cercana a Dios, y me di cuenta de una joven edad el no temer le a la muerte.

Durante el Otoño, se me desarrolló una infección en los riñones, acompañada de fiebre, tuve que correr al excusado de afuera constantemente. Mi mamá me arrimó una cubeta junto a la cama y me dijo que tomara mas agua. Tomé, resé, y no tuve miedo y finalmente la infección se curó.

Tío Rick nos visitó durante la mayor parte de fines de semana. Me enseño a jugar las cartas de "66", un juego Alemán de apostar. Se sentía genial poder jugar con los adultos de su nivel.

Zach, Juney, y yo pasamos algunos días corriendo entre el prado de arriba con Shep y los cachorros, y empecé a envenenarme a causa de las malas hierbas. Me rascaba por todas partes y tuve un rato muy difícil tratando de evitarlo. Mamá me aplicó loción de calamina, pero la comezón fue tan intensa que resé que nunca me pasará algo así de allí en delante. Zach también se contagió, y los dos nos parecíamos a conejos rosados. Me acuerdo haber pensado que me gustaba vivir en el campo, pero tal vez pensé también que no estuvo de acuerdo con nosotros.

Nuestro padre nos trató bondadosamente de primero cuando vivíamos en Turtle Creek. Todo el Verano le supliqué llevarme al parque de Kennywood, una feria no lejano de nuestra casa, pero actualmente mas cercano a Pittsburgh.

"Papi, por favor, por favorcito, llévame a subirme a la montaña rusa," le supliqué.

Su contestación siempre era, "Haber, querida, veremos."

Durante un Domingo en Agosto hizo precisamente eso Y el y yo nos subimos a la montaña rusa trece veces de una volada! Estuve tan feliz y le dí las gracias muchas veces. Me encantaba la emoción de la pista tan parada y las curvas rápidas mientras que el viento me llenaba de júbilo. Me compró una manzana endulzada cual yo pensaba que era un gran gusto. Me gustaba estar con el durante ese día.

Mi papá trajo a la casa una gallina viva para la cena un día, la llevó al sótano, y le cortó la cabeza. Bajé por los escalones para ver que era la conmoción, y para mi disgusto vi a la gallina correr para arriba y abajo y haciéndose ruedas sin su cabeza. Grité {era yo tan melindrosa} y me regresé al primer piso. Se me hizo difícil comer me la gallina esa noche.

Antes de que empezara la escuela, perdió su empleo como vendedor de carnes, pero consiguió otro cerca de Wilmerding, Pensilvana. Tenía la carisma para convencer a sus empleadores que el era el mejor para el trabajo.

La única cosa que era difícil de mudarnos desde Turtle Creek era el tener que dejar nuestros perros con los vecinos. Los extrañaría tanto!

Empacando siempre era un quehacer duro, especialmente como lo tuvimos que hacer muchas veces. Envolvíamos todos los trastes y cosas de mesa en papel, junto con otras cosas fácil de quebrar, y catalogamos todas las cajas. Luego les limpiamos la casa para los nuevos inquilinos. Cuando llegamos a nuestra destinación, lavamos todo lo que nos rodeaba, de arriba hasta abajo antes de desempacar otra vez. Aparte de todo esto, el mudarse parecía como una aventura para mis hermanos y para mi. Yo empecé a anticipar conocer nuevos lugares y conociendo nuevos amigos. No tenía idea que Wilmerding permanecería para siempre como mi ciudad favorita en cual vivir en Pensilvana, y que la vida se iba poner mas difícil con las mudanzas que seguían.

Capítulo 7

Nos mudamos a Wilmerding poco antes que empezara el año escolar. Estuvimos todos deleitados con la nueva casa y ambiente. La casa de dos niveles que rentaba nuestro padre tenía un exterior grande de ladrillos con un grande porche en frente. Había una cocina mas o menos grande, comedor, sala de estar, cuatro recámaras, un baño, y un sótano. Estuvimos especialmente entusiasmados con las facilidades modernas así podíamos bañarnos mas seguido. Atrás de la casa había un arroyo rumoroso y bosque donde podíamos jugar e irnos en caminatas.

La vida estuvo maravillosa. Recogíamos violetas en el bosque y se los presentábamos a nuestra querida madre. Parecía estar feliz porque pensamos en ella.

Le dijo a nuestro papi, "Francisco, estoy contenta que nos encontraste una casa tan apropiada. Espero que podremos quedarnos aquí por mucho tiempo."

Mi madre me enroló en la escuela Católica de San Aloisio, la cual se ubicaba de distancia corta. La maestra del segundo año, Sor Lucia, le caí bién de inmediato, y vice versa. Era, sin duda, la monja mas dulce que había yo conocido. Ella era muy joven y bonita en su hábito negro con el cuello tieso blanco.

Durante algunos fines de semana tío Art y su esposa, tía Loretta, nos visitaban. Mamá preparaba cenas deliciosas, y después de comer, seguidamente jugábamos las cartas de "66." Durante una visita, tío Art perdió sus llaves del carro, y pasamos como una hora buscándolos. Finalmente los encontró en el césped cubiertos de sacate. Después de que se fueron, permitieron quedarnos afuera en el oscuro para cazar luciérnagas en tarros con tapas dentadas.

A mi nomás me gustaba la escuela en Wilmerding, especialmente con la Sor Lucy adorándome. Era tal reacción positiva como lo era McKees Rocks con la señorita Miller.

Un día, Sor Lucy me preguntó, "Meg, ¿quieres aprender como tocar el piano? Yo podría dar te lecciones gratis después de tus estudios."

Yo le contesté emocionadamente, "Me encantaría eso -- gracias, Sor, pero no tenemos piano en la casa."

"Tu podrás practicar aquí cada día después de tus estudios."

"Eso sería genial."

Sor Lucy pasó media hora cada semana enseñándome las fundamentales del saber tocar el piano, y practicaba por media hora durante los otros cuatro días. Me sentía muy afortunada y quería sobresalir con las teclas de marfil. Traté de tocar el tocador-piano de mi abuela Bruenner de oído como lo podía hacer tío Pat, pero no adquirí ese talento natural, desafortunadamente.

Tía Grace había tomado lecciones de piano, pero a los quince años decidió que ya no le interesaba, así es como Abuelita nos regaló su piano. Estuve eufórica con tener el piano en la casa y hacía mis ejercicios por una hora cada día después de mis estudios. Mi meta era algún día tocar "Edelweiss"de manera tan linda como lo tocaba mi tía Grace.

En la escuela, nos presentaron con el libro de catecismo, lo cual nos ayudó entender la religión Católica. Me acuerdo haberlo memorizado sin queja. Sor Lucy nos preguntaba, ¿Porqué es que Dios los creó?" Yo me levanté la mano, y cuando Sor me llamó, le contesté, Dios me hizo para conocerlo, amar lo, servir lo en este mundo, y para ser feliz con el para siempre en el próximo."

Como la Navidad se acercaba y todo parecía irnos bién, pensaba preguntarles por unos regalos especiales por ese año. Le mencioné a mi madre, "Quisiera tener un escritorio de cubierta enrollable y un trineo para la Navidad."

Ella respondió con una sonrisa, "Santa Claus tal vez te pueda traerte lo que quieres, porque haz sido una buena muchachita."

Yo había sospechado por un rato que mis padres eran "Santa Claus" y mis sospechas fueron confirmadas cuando me dí cuenta fijándome por el ojo de la cerradura de una puerta cerrada y pude ver parte de un trineo y un escritorio. Yo sabía que no debía decírselo a Zach ni a Juney.

La Navidad en Wilmerding fue una ocasión alegre. Papá nos trajo a la casa un árbol grande pino cual decoramos con bolas coloridas bonitas y otras decoraciones que habíamos hecho en casa. Ensartamos palomitas de maíz y pegamos rollos colorados de papel ajuntados para circular el árbol, el cual decoramos durante la Noche Buena, una tradición de la familia. También tomamos rompope. Sabía tan delicioso, dulce, espeso, y como almíbar.

Durante el día de Navidad, los trineos, uno para cada niño, se encontraron bajo el árbol juntos con los otros regalos ¡El escritorio de cubierta enrollada era tal como lo quería! Había ropa que nos regalo la abuela: mi favorita era un bello vestido azul de tela escocesa por cual me engatusé, y me lo puse muchas veces.

Asistimos a la Misa, y tuvimos una cena con pavo asado con todas las guarniciones al atardecer. Mamá preparó camotes, salsa de arándano de casa, patatas machacadas, jugo de carne asada, estofado, y pastel de calabaza. Nos maravillábamos como la vida podía ser mejor. Pero también ya habíamos aprendido el no dar los buenos tiempos por sentado y nomás ser agradecidos por ellos.

Poco después de las festividades, Francisco le preguntó a Peggy, "¿Quieres que te consiga alguien para ayudarte con la cocina y los quehaceres? Yo se de alguien que está buscando trabajo como criada."

Peggy le respondió, "No, Francisco, no es necesario. Yo me puedo ocupar de todo sola."

Francisco se puso muy nervioso. Rebecca le había llorado y suplicado quedarse con ella, pero el no quería abandonar a Peggy y los niños. Rebecca sabía que estaba en el mal con tratar de romper un matrimonio, especialmente donde existen hijos en la situación, pero fue como si Francisco la dejó hechizada y ya no podía pensar coherentemente. Estuvo tan feliz cuando supo que el quería que se mudara al hogar de los Hanocek como criada para permanecer juntos de alguna manera. Sería mas facil para el que el estar viajando de lugar en lugar.

Contra las protestas de Peggy, trajo a la tal Rebecca dentro de nuestra casa y se metió al cuarto de huéspedes. Creímos de pronto que era la criada. Actualmente, fue muy buena con nosotros y le ayudó a Peggy con todos los quehaceres. Yo se que nos queria a los niños.

Peggy permaneció un poco sospechosa de los motivos de Francisco desde el principio, como fue tan insistente en dar le empleo a Rebecca. Pronto notó claves de su interés en Rebecca, y los encontró besándose un día detras de su espalda. Se quejó con Francisco, "Yo quiero que se largue Rebecca de aquí."

Francisco le suplicó que lo perdone y dijo que nunca volvería a pasar. Yo no comprendí exactamente lo que estaba pasando, pero me puse secretamente de parte de mi madre porque ella siempre daba el aspecto que sabía todas las razones por todo.

Mamá no se salió con la suya esta vez. Escuchamos a nuestros padres discutir y gritar, especialmente Papi, en voz alta, prácticamente cada noche después de que nos habíamos retirado. Eso nos agobió mucho, pero Peggy quedo muy apenada que Francisco la había traicionado y a sus votos de matrimonio. Ella no quería saber que difícil era para el con eso de no hacer el sexo constantemente, y que estaba enamorado de Rebecca. Para su desgracia, Rebecca se quedó.

Mis padres fueron llamados a mi escuela para una conferencia con la Sor Lucy y el director sobre promoviéndome al tercer año. Me habían probado con matemáticas de división y multiplicación el día anterior y pude hacer el trabajo del tercer y cuarto año en Marzo de 1936. No me importaba moverme al próximo año, aunque nunca me aburría en la escuela, tal como nunca me había aburrido en toda mi vida. Nadie pensaba en la palabra aquel entonces, nomás se mantenían ocupados.

Quedé sorprendida y contenta que fui escogida otra vez para coronar a María como Reina de Mayo. Me puse mi vestido de comunión, que todavía me quedaba, y me sentí honrada al tanto que subí los escalones para dejarle una corona de flores sobre la cabeza de la estatua de María. Empecé a recitar el Rosario ese año, y siempre me he sentido cerca a María.

A lo tanto que me preocupaba la escuela, yo tenía las terceras mas altas calificaciones en el tercer grado después de solamente tres meses en esa clase. Extrañé a la Sor Lucy cuando se terminó el año escolar para el Verano.

Rebecca se fue inmediatamente después de que se concluyera la escuela, y otra vez la vida quedó en paz y en confort. Todos se enfadaron de pelear y sintieron que nos iba a afectar. Peggy aun sospechaba que no habíamos visto el fin de Rebecca,

Ella había retornado a Pittsburgh, pero nuestro papá estuvo fuera de la casa muchas veces durante ese Verano. Se entrevistó par un trabajo con Armour & Co., y por su éxito en vender carne, lo volvieron a contratar. El quería estar cercano a

Rebecca otra vez.

Tuvo problemas con encontrar una casa decente para nosotros porque ahora estaba manteniendo dos familias. Así es como acabó rentando un apartamento pequeño en Etna para nosotros por tal de ahorrase dinero. Etna era un suburbio de Pittsburgh rodeado por la industria.

En Agosto, cuando mi papá anunció, "Nos vamos a mudar de nuevo próximamente," Yo me puse a pensar *Oh, no, otra vez.* Yo no quería dejar Wilmerding y a Sor Lucy y mis amigos de la escuela. Pero teníamos que aguantarnos con lo que la vida nos daba, y no pudimos cambiar ni una cosa. El hecho que nuestro padre siempre parecía tener suerte con los trabajos ayudaba, pero no podíamos prever lo que Etna nos iba a traer.

Capítulo 8

No me gustó Etna desde el momento que vi la área tan congestionada y el apartamento ajuntado con el callejón. No tenía yarda, y los cuartos eran muy apretados. Nuestros muebles se tenían que guardar en la sala de estar, así tuvimos que vivir en la cocina y en una recámara. El único factor a su favor del apartamento era que tenía un baño. Apenas podíamos entrar en la recámara cual estuvo repleto con tres camas separadas y un tocador para ropa. Cada uno tenia un cajón en el tocador para guardar nuestras pertenencias, nuestra ropa, calzones y calcetines.

Francisco le había dicho a Peggy que el notaba que se veía desconforme con los arreglos de vivir. "Esto es solamente por una temporada."

Una temporada se convirtió en un año. Papi se ganaba un poco mas que los sueldos normales de $500 dólares por año, pero no trabajo por mucho allí. Seguía teniendo un dolor en su lado derecho pero no quería ir con el doctor. Se permanecía fuera de la casa por el mayor parte. Empecé a preguntarme que a donde estaba y sospechaba que se quedaba con Rebecca. Mi madre supo que se quedaba con ella, y mejor paró de protestar tanto por eso.

Un día que estuvo fuera, el dolor se intensificó tanto que se manejó al Hospital General de Allegheny en Pittsburgh. Su apéndice se había reventado y le tuvieron que hacer un apendicetomía de emergencia. Eso ha estado muy apurado. Su recuperación tomo casi un año, durante cual casi no lo vimos.

Mamá nunca se quejó con nosotros de su ausencia. Ella, como los demás, pensaba demasiado en lo que tan vacíos quedaron nuestros estómagos durante ese año. Francisco nos había comprado cincuenta libras de patatas, te, harina y tomates de lata. Mamá se ponía a cocinar pan en la casa, y, si alguna vez han probado pan hecho en casa fresco del horno, sabe uno lo tal satisfactorio que puede ser. Nuestra dieta consistía de te caliente y pan para el desayuno, una rebanada de pan el almuerzo, y patatas fritas cubiertas con pocos tomates de lata, pan, y te caliente para la cena. A pesar de la poca variedad en nuestra dieta, fuimos niños saludables. Zach y yo caminamos como una milla a la escuela Católica entre intersecciones con mucho tráfico y cruzando la vía férrea. Naturalmente, me lucí en la escuela y tuve algunas amistades quienes siempre me pedían que las acompañara a la fila de leche para el almuerzo. Aunque mi boca se hacía agua para la leche, les dije, "Está bién, prefiero agua."

Cuando me quejé con mi mamá, "Quisiera que tuviéramos leche que tomar para el almuerzo en la escuela," ella respondió, "Lo siento, tendrás que aguantarte porque nomás no tenemos dinero para la leche." Las cosas se mejorarán eventualmente, y luego tendrás toda la leche que puedas tomar."

El optimismo de mi madre se me pegó como el pensar de manera positiva y la esperanza usualmente se le pegan, así jamás volví a mencionar la falta de leche para el almuerzo.

Todos extrañamos a Wilmerding, el sacate verde, la escuela, la comida, y días de felicidad. Sin embargo, nos sentíamos mas cercanos hacía los otros aun con adversidad. Sabíamos que nuestra mamá nos quería, y nosotros la queríamos a ella. Sentíamos empatía por cada uno. Mamá no nos besaba ni nos abrazaba mucho, como fue la costumbre aquel entonces, pero nos sentíamos que nuestros padres nos querían y respetaban. La mayoría de niños no eran el centro de atención y respetaban a sus padres y otros mayores de edad. Cuando me pongo a pensar del pasado, yo no le cambiaría ni una cosa de nuestras relaciones con nuestra madre, excepto que tal vez nos hubiera abrazado un poco mas seguido. Estoy segura que aun hay otros que piensan lo mismo.

Como Etna era una área suburbana de Pittsburgh, tomábamos el tranvía o la inclinación al cerro de Troya para visitar a los abuelos, Tía Grace y al tío Rick. Podíamos caminar al carro de la inclinación que arrastraban arriba del cerro grande a un ángulo tenso de cuarenta-siete grados. Los otros niños Bruenner ya se habían casado. Tía Claire se casó con Warren Strickland, una policía de Wisconsin, y tuvieron dos hijos, Wayne y Wade. Wayne siempre cargaba una trompeta de juguete o tal vez una real con el. Nació con talento musical.

Tío Pat se casó con Elsa Shindler y vivían en el segundo piso de la casa de nuestra abuela. Tío Art se casó con Loretta Maher y vivieron en un apartamento de arriba a cruzar la calle de sus padres.

Algunas veces me quedaba la noche con mi abuela. El próximo día nos llevaba a mi tía Grace y a mi a Michael's, el pequeño almacén sobre el cerro Troya, para comprar me ropa que necesitaba, especialmente abrigos, sombreritos, y zapatos. Zach y Juney sintieron un poco excluidos porque mi abuela me otorgaba tanta atención y me compraba ropa. Ocasionalmente, les compraba zapatos a los nietos pero por un dólar. Yo me sentía de maravilla por como mi abuela me trataba, pero a la vez sentía lástima por mis hermanos porque no recibían tanto como yo. A los nueve años no sabía que hacer yo de todo eso. Tal vez no existía nada que podría haber hecho. Casi nadie hablaba de sentimientos aquel entonces, especialmente niños. Éramos, mas o menos, vistos pero no escuchados. y lo comprendimos.

Mi abuela y tía Grace no estuvieron completamente enteradas de las circunstancias en cuales nos dejaron. Supieron que Francisco tuvo el apendicetomía, pero mi mamá nunca les platicaba a sus parientes todos los hechos, o que mal la situación de financiás se había puesto. Tal vez mi abuela tenía algo de idea, porque nos preparaba buenos almuerzos satisfactorios cuando la visitábamos. Mandaba a Zach y a mi a las tiendas para comida extra para que hubiera bastante para todos.

Tío Rick trabajó en una factoría cerca de la área donde vivíamos y paraba a vernos ocasionalmente después del trabajo. Nos entregaba diez o veinte-cinco centavos para comprar nieve o un postre de helado con plátano. Quisimos al tío Rick, como todos los nietos Bruenner lo querían, porque nos daba dinero a todos.

Ese Invierno, el 20 de Diciembre, a nuestro abuelo Bruenner se le pegó la pulmonía y se murió. Toda la familia asistió a su funeral. Me imaginaba a mi abuelo en el cielo, porque fue básicamente una buena persona y practicaba su religión. Exactamente una semana después, mi abuelo Hanocek tuvo un infarto en la iglesia y se calló. Se nos hizo extraño a todos, que hubiera fallecido adentro de la iglesia, y nos preguntamos si era el digno del cielo.

Victor Hanocek les dejó su pequeña herencia a sus hijos. Francisco tuvo una gran idea: comenzaría su propio comercio de carnicería y empaque con el dinero. Se largó de Etna para buscar un edificio adecuado que le alcanzara el dinero. Durante el tiempo que estuvo fuera de casa, mi mamá nos llevó a visitar los Bruenners sobre la inclinación. Eso fue emocionante, y el alboroto continuó hasta después que arribamos con nuestra abuela. Nos pidió que chequeáramos el horno y ver si necesitaba mas carbón. Juney comenzó a gritar cuando se fijó en el overol del abuelo colgado en el tendedero en el sótano. Mi abuela todavía no había guardado las pertenencias de mi abuelo.

Peggy logró calmar a Juney, pero Zach y yo pensamos en

un plan para seguir asustando al Juney. Nos vestimos de sábanas, y lo correteamos arriba y abajo de los escalones del corredor gritándole "Boo, Boo!" El seguía llorando, y nuestra mamá tuvo que regañarnos por estar atormentando nuestro hermanito. Se escondió detrás de las faldas de nuestra madre aun mas después de nuestras burlas. Paramos de tratar de asustarlo. Nosotros, como muchos niños, no comprendimos lo traumatizante que lo es que se burlen de de uno.

Francisco arribó después de un par de semanas y nos avisó que había encontrado un edificio adecuado para su negocio cercano a Kittanning, Pensilvana.

"Empiecen a empacar, y nos mudaremos dentro de dos semanas," nos informó. Estuvimos mas que felices el haber podido irnos de Etna, y tuvimos muchas ganas de mejores cosas. No nos podíamos imaginar que pudiera ser peor.

Una poema que compuse algunos años después abarca todo lo que sentía sobre la falta de leche para tomar con el almuerzo cuando apenas sobrevivíamos en Etna:

LA FILA DE LECHE

Los niños durante el almuerzo parados en la fila
para comprar medio-litro del elixir del cielo --
Ese placer por un año no será suyo,
Pan, sin leche, su única levadura.
"Ande, únase con nosotros," nos señalaban --
Ella, con falda limpia y blusa,
Ellos nunca consideraban,
Ella nunca tuvo una casa próspera,
Ella deseaba tomar su lugar en la fila,
Boca seca después de comer pan blanco plano,
Salivando por la leche para lavar nos lo --
Hacia la fuente de agua se dirigía en lugar de ese.

Una inteligente de nueve años, al frente de la clase,
Depresión, padre no trabajar, apéndice reventado,
Guardaba todo en su alma, muchacha bonita joven,
Maravillando como es que se podía empeorar,
El año pasó, aprendió a aceptarlo,
Jugando durante el recreo, sonriendo, un cuidador --
De alguna manera, algún día, supo que sobre-pasaba
La pobreza y beber del río de leche.

Capítulo 9

Kittanning no fue peor al principio, por lo pronto. Cuando nuestra familia manejaba abajo del cerro al cruzar el puente, un sentido de relevo nos dejó abrumados y vimos la cuidad extendida construida sobre los cerros. La calle mayor tenía muchas tiendas, mercados, teatros, y Isaly's, una tienda de helados.

Continuamos a subir el cerro, volteando al llegar a la cima, y manejamos una distancia corta hacia nuestro apartamento nuevo a la izquierda de la vía pública. La estructura de ladrillos tenía garajes grandes subterráneos y un apartamento chico al lado derecho que amparaba una señora vieja quien cuidaba muchos gatos.

Papi nos llamó, "Hemos rentado el apartamento de arriba. Todos ayuden para cargar los muebles y las cajas," y así lo hicimos. Estuvimos sorprendidos en torno agradable al ver que grande era el apartamento, con una cocina, un sala y comedor combinada, tres recámaras y un baño -- un gran mejoramiento de las acomodaciones de Etna.

Mi papi me preparó un catre para dormir en el cuarto de mis padres hasta que podía comprarme una nueva cama doble. Pero no pude dormirme porque empecé con comezón por todo el cuerpo. Creía que algo me mordía, pero mientras que prendían las luces, no se veía nada. Chinches eran los culpables, probablemente llegando desde el repleto apartamento de la vieja de abajo.

Papi rompió el armazón y marco de la recámara y los fumigó con insecticida. También fumigó los colchones, y de veras que trabajó. Jamás tuvimos chinches después de ese episodio.

A mi no me gustaban insectos de cualquier tipo, pero, por su puesto, a los niños si, y me fastidiaban ocasionalmente con diferentes especies.

Una semana después, papi trajo a la casa una nueva cama doble y gocé mi recámara por un tiempo. Usé mi escritorio enrollado para componer poesía y escribir cuentos y para hacer mi tarea. En mi cuarto estuvo la mecedora que mi abuela Bruenner me compró, sobre cual estuvo puesta mi muñeca, Phronise. De veras que ya no jugaba con ella. Estaba lista para otras cosas, como mis estudios y amigos de la escuela Católica de Santa María.

Descubrí que Jean Colucci vivía en una casa, un par de cuadras de nuestra casa, y comenzamos a caminar juntas a la escuela y nos hicimos las mejores amigas. Hablábamos y nos reíamos durante el estrecho de toda la milla. Jean tuvo el mejor sentido de humor, y se reía de la escuela y de cosas cotidianas de la familia. También me hice mejor amiga de Jean Moore, quien vivía cerca de la escuela de Santa María. Yo sobre-salí en todos los cursos de la escuela y tenía una alta auto-estimación. Zach también hizo bién en sus estudios, y nos estimaban mucho.

Francisco trabajó diligentemente al construir su negocio de empacadora de carne, y tuvo altas esperanzas que fuera exitoso. Tuvo que usar toda su herencia para empezar lo. Sin embargo, a causa de la Depresión, poca gente tenía dinero para derrochar, entonces les extendió demasiado crédito. El negocio lucho para mantenerse a flote, y, después de pocos meses, fracasó. Contribuyendo al fallecimiento era el hecho que un ladrón entró al apartamento un día cuando nadie estuvo en casa y se robó dinero y cheques cuales nunca se recuperaron.

Francisco entonces obtuvo un trabajo trabajando con el WPA, la administración de Obras en Progreso originado por el Presidente Franklin D. Roosevelt para establecer dos millones de obreros en proyectos como la construcción de edificios para escuelas y hospitales, demolición de barrios pobres, control de diluvios, calles, etc. El trabajo construir carreteras por Pensilvana Y Ohio no se daba mucho a ganar, y Papá estuvo ausente la mayor parte del tiempo otra vez. Paró en Pittsburgh para ver a la Rebecca y pedirle que se juntara con la familia de nuevo -- fuera mas fácil para el al respeto del dinero. Ella se demoró un poco y preguntó, "¿Que no sería un cargo para Peggy?"

El le contestó, "Tal vez, pero sería la única manera de que podría manejar lo, y te extraño. Te recogeré después de un par de semanas."

Entretanto, caminamos a la tienda con mi madre para comprar algunas provisiones que nos alcanzara. Había una cárcel por la cima del cerro, y algunos prisioneros gritaban vulgaridades groseras cuando pasábamos. Mamá dijo enfáticamente, "Cierra tus oídos a todo eso."

Después de una semana, había poco de comer en la casa. Mamá me mandó a la gasolinera a cruzar la calle de tierra para pedirles una barra de pan al crédito. Era algo que yo no quería hacer, pero tuve que si quería algo de comer. Mamá siempre le pagaba al encargado a lo largo.

En las atardeceres cercas de la Primavera, comenzamos a jugar *patear-el-bote* con los niños vecinos al bajar la calle de tierra. Jugábamos casi todos los días después de nuestros estudios hasta el atardecer. Durante algunos días nos enfadamos de jugar *patear -el-bote*, nos vestimos en la ropa vieja de nuestra familia y fingíamos presentar obras de teatro. Siempre me gustaba ensayar papeles de una madre o maestra.

Cuando Francisco se regresó a la casa, Rebecca lo acompañaba. Ella quedo devastada cuando vio a la Rebecca, y preguntó, "¿Que hace usted aquí otra vez?"

"Francisco insistió que yo me mudara con usted y

ayudarla."

Mientras tanto, nosotros, los niños, no comprendimos lo que estuvo pasando, pero nos encogimos cuando regresaron los argumentos mientras nuestro papá estuvo en casa. Rebecca se dormía conmigo, pero yo prefería dormir sola y teniendo la cama y el cuarto para mi misma. Durante una noche que mi padre pensaba que estaba bién dormida, se metió a la cama, y yo no estaba segura de lo que estuvo pasando, pero los escuchaba a Rebecca y a el diciendo cosas en el oído y moviéndose. Estuve demasiada petrificada para hablar. El próximo día, mi mamá y papá tuvieron un agarre terrible. Estoy segura que mi mamá protestaba el hecho de que se salió de la recámara durante la noche. Se puso violento, y le pego a mi mamá en la cara, y la aventó a través del cuarto. Mamá estuvo llorando, y nosotros los hijos nos asustamos demás. Nunca lo habíamos visto en tal cólera. Afortunadamente, mi madre no quedó muy herida. No discutieron mucho después de eso porque mi mamá también le tuvo miedo.

Jamás volvió a meterse en mi cama después de eso, pero estoy segura que Rebecca y el tuvieron tiempo para encontrarse solos en otro lado. Estuvo ausente por la mayor parte, supuestamente trabajando fuera de la ciudad por el WPA.

Cuando llegó el Verano, los niños nos divertíamos jugando a cruzar la carretera principal sobre los cerros tremendos los cuales escondían cuevas pequeñas, y arriba tenían prados grandes. A los niños les encantaban manzanas silvestres y se tragaron suficientes para satisfacer su hambre, pero a mi me pego una reacción intestinal cuando me las tragué, y entonces los evité por la mayor parte de las veces.

De vez en cuando, mientras Francisco regresaba a la casa, mi madre y Rebecca se ponían a cocinar donas de casa, o tal vez las freían con grasa. Los confeccionaban con azúcar de polvo, y nosotros los niños nos imaginábamos que nos habíamos muerto y volamos al cielo, eran tan deliciosas. Mi madre y Rebecca parecían llevarse bién cuando mi padre permanecía fuera de la casa. Después de que regresaba, los pleitos empezaban de nuevo.

Nuestro padre copió la noción de su padre que todo niño que era desobediente, iba a dar le sus nalgadas. Parecía que siempre recibía yo nalgadas por algo que cometían mis hermanos, y yo lo resentía, especialmente porque me agarraba a través de sus rodilla, bajaba mis calzoncillos para que me pegara con su zapatilla. A los nueve años, me daba mucha vergüenza. Estoy segura que Zach y Juney sentían lo mismo.

A mi no me gustaban los condimentos, especialmente la mayonesa, y mi padre se burlaba de mi por eso. Un día, me persiguió al rededor de la mesa diciendo, "Querida, tienes que probar la mayonesa en tu sándwich". El cuchillo estaba cubierto de mayonesa y yo no quería que me forzaran a comer mayonesa, entonces como podía correr mas rápidamente que mi padre, me escapé fuera de la puerta y abajo de los escalones, cruzando la carretera, y me metí en una cueva en donde me escondí toda la tarde. Al crepúsculo fue cuando pensaba regresar a la casa, o papá era capaz de bajarme los calzoncillos otra vez y nalguear me, y a mis hermanos.

Mientas tanto de mi ausencia, mi mamá tuvo una discusión muy seria con el sobre su método de castigo. Ella de alguna manera lo convenció que no nos castigara de tal manera tan angustiante, especialmente porque estaba yo madurando. Ella sabía que estuve perturbada.

Cuando cautelosamente regresé a la casa, lentamente arrastrándome al subir los escalones, con aprensión a su nivel mas alta, quedé sorprendida que no me agarró para castigarme de su manera usual tan cruel. Estuve agradecida que abandonó esta práctica tan denigrante, porque yo empezaba a comprender que mi cuerpo era mi propiedad privada y no quería exponerlo hacia cualquier persona.

Poco después de ese incidente, mi padre me tomó al lado y trató de explicarme las realidades de la vida. El notó que comencé a desarrollar pechos. Yo de veras no me interesaba oír de las funciones del cuerpo y me comporté sin cuidado por convertirme en mujer. Me preguntaba porqué el me dirigió la tema en lugar de mi madre. Cuando comenzaron mis periodos menstruales algunos años después, no me dio miedo al ver la sangre. El no me había explicado mucho sobre esa función, pero bastante para que supiera que era una ocurrencia normal para las mujeres.

Mi madre ni le había dicho a mi tía Grace sobre la menstruación -- de hecho, nadie le había avisado lo que se le esperaba. Cuando tuvo su primera experiencia menstrual, pesó que se había cortado, y se baño con agua fría. Eso le causó una reacción hormonal que la volvía loca, y se sintió enferma por una semana, temerosa y ansiosa, probablemente lo que la mujer moderna de hoy en día dice que es PMS, el síndrome pre-menstrual. No estoy segura quien le dijo a tía Grace al fin sobre las realidades de la vida durante esa semana, pero finalmente tuvo la experiencia de menstruación normal la semana siguiente.

Cuando nuestro papá llegó a la casa después de sus ausencias usuales, le dio a nuestra mamá una cantidad pequeña de dinero para que pague la renta, etc., y quedaba un poco para la comida, muchas veces. Ella mandó a mis hermanos y a mi al mercado de A&P donde compré buenas gangas -- comida por cinco centavos -- como el arroz, sopas, frijoles espagueti, zanahorias, pan, fideos, sal, macarrones, y papel para el inodoro. También compré oleo de Nutly, dos libras por veinte-nueve centavos, harina, veinte-cinco libras por ochenta-cinco centavos, y de vez en cuando algunos plátanos, seis libras por veinte-cinco centavos.

Estuvo genial revolviendo el aceite amarillo y el saborizante con el porción blanco del oleo Nutly, y sabía tan rico para chuparse los dedos con pan hecho en casa, o pan de la tienda cuando se acababa la harina.

Un día, mi padre nos trajo un perro a la casa y lo nombramos "Rover." ¡Era padrísimo el tener otro perro! Desafortunadamente, Rover comenzó a echar espuma por el hocico durante el Verano. Papá lo aisló en el balcón de nuestro apartamento, y llamamos a la policía. El policía mató a Rover con una pistola mientras que todos lo vieran. Que acontecimiento era tener que ver algo así. Desde entonces siempre temía las armas.

Otra cosa traumatizante ocurrió durante ese Verano. Nosotros los niños nos gustaba subir el árbol arriba del cerro a la izquierda de nuestro apartamento. Un día de Verano agradable, Juney y yo estuvimos sentados sobre la rama cuando se partió, dejándonos rodeando al caer, mientras tanto agarrando el cuello de Juney en la rama fracturada. Juney comenzó a gritar y llorar y me sentía terrible cuando descubrí que se había quebrado el hueso de su cuello. Mi padre si me culpó por el accidente, y lloré también, y a sollozar, "Lo siento, no sabía que la rama se iba a quebrar, pero si debía haber cuidado mejor a Juney."

Por la primera vez, mis padres llevaron uno de sus hijos a ver un doctor. El doctor le puso un molde sobre el brazo de Juney para estabilizar el hueso de cuello, y así se quedó por seis semanas. Permaneció atormentando en absoluto porque se le desarrolló eczema, una enfermedad de la piel inaguantable que provocaba mucha comezón, bajo el molde.

Mi padre eventualmente se hizo sensitivo al hecho que la presencia de Rebecca le causaba a mi madre tanta infelicidad, Y cuando realizó que le estuvo afectando a sus hijos, decidió regresar la Rebecca a Pittsburgh. Por supuesto, el tenía intención de seguir viendo la.

Lavé y sequé los trastes cada día después de la cena. Mamá cocinaba comidas ligeras sobre una estufa de carbón, y la pipa caliente de la estufa permanecía ardiente por un buen rato. Durante una noche tarde en el Otoño, en tanto que estuve colgando el fregadero detras de la estufa, me atropellé sobre mis propios pies y caí con mi brazo izquierdo contra la pipa de la estufa. Grité cuando el fuego me quemó toda la piel de mi brazo.

El dolor estuvo espantoso. Mamá me puso vaselina por toda la quemadura, pero no me llevó con el doctor. Se me hizo difícil dormir de noche. Mamá seguía envolviendo mi brazo con vendas -- me parecía a una momia -- y regresé a la escuela dos días después. Cada día el dolor estuvo menos intenso y sorprendentemente, mi brazo se mejoró sin dejar huella de cicatriz. Había rezado mucho, así es que figuré que mis oraciones se habían contestado.

La Navidad estuvo por venir cuando mi padre me preguntó si quería ir a la casa de una amiga para jugar con las muñecas de su hija. Estuve deleitada. Yo no se que le dijo a mi mamá. El próximo día, Sábado, manejamos al cerro de Las Ardillas, un suburbio rico de Pittsburgh.

En tanto que entramos a la casa por el lado de la casa, nomas que alguna ropa en el piso junto a la escalera subiendo al segundo piso.

Papi mencionó, "Oh, la criada recoge la ropa que los niños avientan abajo de los escalones y la lava." Yo no me fijaba en ninguna persona,, y me guió al sótano que estuvo repleto de todos clases de juguetes. Había una mesa y sillas, platos, un servio de te, muñecas, juegos, carros, camiones, un juego de tiro con arco, un tren, animales de peluche, y algunas galletas y limonada para mi sobre la mesa.

Me dejó sola allí y me divertí mucho jugando con todos los

juguetes geniales nuevos; nuevos para mi, al cabo. Cuando retornó después de una hora, me tuvo que jalar de la escena para regresar a la casa. Al tanto de regresar, le pregunté, "Papi, ¿piensas tu que pueda quedarme con la mesa y las sillas y los platos o el servicio de te para la Navidad?" Me prometió adquirirlos para mi. Temía preguntarle si la criada era Rebecca, pero supuse que si lo era.

Poco tiempo después, Papi llevo al Juney a visitar otro amigo quien vivía arriba de una funeraria. Dejó a Juney en un cuarto con ataúdes vacíos mientras que subía al segundo piso. Pobre Juney se quedo temblando en sus botas porque estuvo oscuro en el cuarto. Eso fue una cosa cruel que hacerle a un niño pequeño quien se asustaba por todo. Juney se puso alegre al ver a papi cuando bajó los escalones después de media hora para regresar lo a la casa. Nunca averiguamos a quien visitó mi padre -- ¿pudo haber tenido otra amiga?

Cuando llegó la Navidad, pensé si tal, por alguna vez, mi papi guardará su promesa. El año anterior, todo lo que recibimos en nuestras medias navideñas fue carbón, una naranja, dulces, y nueces. Por supuesto, recibimos algunos juguetes también. De niña, siempre me preguntaba porque nos daban carbón, porque nos comportábamos básicamente bién. El carbón supuestamente debía indicar que no éramos buenos hijos. Tiempo después, le averigüé que nomás era para rellenar lo. No había dinero para juguetes, o dulces y fruto seco para esa Navidad. Deseaba por un juego de te para poder tener una reunión de te con mis amigas.

Mis hermanos gozaban los inviernos en Kittanning. Después de los estudios en los fines de semana, íbamos en trineo bajo la loma parada, una cuadra corta de nuestra casa. No existía mucho tráfico, y a todos nuestros amigos les encantaba la velocidad cuando bajábamos de la loma. Los niños hasta trataron de pararse sobre sus trineos -- ¡Que diablos temerarios! En particular me gustaba que el viento me aventara el pelo y la nieve soplando sobre mis ojos cuando me acostaba sobre el trineo y aceleraba al bajar la loma. Me estimulaba los sentidos durante esa edad de joven. Hasta con una brisa gentil, sentía la presencia de Dios. Fuera como si me estuviera abrazando.

Después de la escuela, me fui a la casa de Jean por lo menos una vez por semana. Compartíamos un tentempié, y luego nos salíamos a jugar. Tratamos de esquiar sobre lomas no grandes cerca de su casa. Compartía sus esquís con migo. Otras veces, gozábamos caminar en la lluvia con paraguas, y brincando desde troncos de árboles para tener la ilusión de volar tal como la Mary Poppins.

Juney estuvo asistiendo la escuela de St. Mary's para aquel entonces. Un día subió la mano para pedir irse al baño, pero la maestra lo ignoró de primero. Cuando al fin le dirigió la palabra, ella le dijo, "No, tendrás que esperar algunos minutos para el recreo." Entonces lo llamó al pizarrón para contestar algunos problemas de adición. Mientras que estuvo parado allí, su vejiga explotó y se mojó. Los otros niños lo notaron y comenzaron a reírse. Tuvo que sentarse el resto del día en pantalones mojados cual era muy incómodo. Quedó mortificado por todo el incidente y le dijo todo a nuestro papi cuando llegó a la casa.

Francisco quedó furioso que su hijo lo habían avergonzado tanto. Se fue de primero en la mañana para quejarse. La monja se disculpó, como estuvo intimidada por la actitud de Francisco. Después de eso siempre dejaba que Juney se fuera al baño siempre que se lo pedía.

Yo era un poco flaca a los diez años de edad, pero nadie se burlaba de mi excepto mi papi. El me llamaba "palos-de-frijol" porque tenía piernas tan delgadas. Se me hacía tan malo que me llamara con tal apodos -- no era mi culpa que poco teníamos de comer. Por lo menos ninguna otra persona me insultaba con llamar me nombres.

Aunque yo estuve al frente de la clase, me estimaron en la escuela. Nadie demostraba celos. Estimaba mis compañeros de la escuela y ellos lo sabían. Sonriendo y riéndome era parte de mi naturaleza, Y me encantaba hablarles a todos y sentía que ellos se sentían tan cómodos como yo con ellos. Me gustaba preguntarles cosas de sus personas y los hacía sentirse importantes. Nunca les quería platicar de mi situación familiar, aunque es posible que les platiqué a lo largo de mi misma.

En la primavera, todos nos esperaba una cosa especial. Zach tenía un amigo en su clase, y su padre manejaba una cinema ubicado por el centro. Invitó a toda la escuela para ver películas clásicas gratuitamente. Cada semana nos invitaron a ver una película diferente, como *Tom Sawyer, Rebecca of Sunnybrook Farm, Snow White,* y mas y mas. La cinema levantaba el ánimo porque por un rato podíamos escaparmos a un mundo mágico del fingir. Me imaginaba que era Becky Thatcher en *Tom Sawyer,* o Rebecca en *Rebecca of Sunnybrook Farm*, con la actuación estelar de Shirley Temple. Shirley Temple era de mi edad mas o menos y era tan curiosa. Sus películas eran mis favoritas, y podía cantar y bailar claque como una profesional.

Un día después de una película, mis hermanos y yo compramos conos de nieve en Isaly's por diez centavos. Le mordí a un pedazo de vidrio, y nomás lo aventé a la basura. No le dije a mi padre porque seguido hablaba de demandarle a alguien por cualquier ofensa. Me parecía como un desperdicio de dinero.

Después de ver otra película, oímos las sirenas afuera y salimos del teatro. Les dije a mis hermanos, "Vamos para ver lo que está pasando." Muchedumbres de gente corrieron hacia el rededor de la cuadra y las seguimos. Al tanto de girar la esquina, vimos nubes de humo salir del hotel al cruzar la calle. Era el mismo hotel en donde vimos acróbatas sobre la cuerda floja de techo en techo de un edificio al otro lado de la cuadra. Era asombroso ver el fuego, y de alguna manera fascinante al ver los bomberos rescatar los huéspedes de la ventana del tercero piso. Resé que no se cayeran de la escalera. Afortunadamente, nadie se hirió.

Los días perezosos del Verano se acercaron de nuevo. Mamá dejaba su porción de comida muchas veces para que nosotros sus hijos tuviéramos algo para sostenernos. Zach y Juney se llenaban con manzanas silvestres.

Estuve interesada con el aprender como manejar una bicicleta. Mientras que visitaba a Jean Moore, su vecino, Steve, andaba en su bicicleta de veinte-seis pulgadas, Yo le pregunté, "Steve, ¿me podrías prestar tu bicicleta?"

"Desde luego, Meg, nomás tener cuidado," me contestó.

"Si, lo tendré, "dije yo agradecidamente.

Con mi confianza en mi misma de costumbre, me fui sobre la bicicleta, balanceándola si lo hubiera manejado siempre. Anduve sobre la hasta la próxima calle cuando de repente realicé que no sabía como parar la. Había un carro acercándose atrás de mi, y en frente de mi habían dos carros estacionados. Decidí chocar contra el carro estacionado en frente de mi. Le pegué contra el trasero, y literalmente me fui volando de la bicicleta. Afortunadamente, no me herí seriamente y la bicicleta no se dañó de ninguna manera. No me di cuenta que estuve sangrando por mis partes privadas, como había chocado contra la barra antes de caer.

Corrí para mi casa después de entregar la a Steve su bicicleta, y no podía entender el alboroto que mi madre hizo por la hemorragia. Decidí pasar el resto del Verano jugando los *jacks*, brincando la rueda, jugando *hopscotch* con la vecina niña del primer piso. Zach, Juney y yo jugamos canicas y también ellos los colectaban. De alguna manera le sabía a la gimnasia, caminar con las palmas de mis manos y pararme sobre la cabeza. Me encantaba fingir que yo era Shirley Temple y trataba de imitar sus bailes de claque. Nos ocupamos con quehaceres, jugando, leyendo, o boleando nuestros zapatos. Durante algunos Sábados, Mamá nos daba un centavo para comprar dulces a la tienda ubicada una milla de la casa. Comprábamos diez caramelos por un centavo, cordeles largos de regaliz, bolas de chicle, chupones de chocolate y otros antojitos.

Nos divertimos de mas cuando tía Claire y sus hijos, Wayne y Wade, nos visitaron ese Verano. Tía Claire bromeaba todo el tiempo y era muy divertido tenerla allí. Tuvimos un picnic sobre el prado al otro lado de la cuadra, y nos reímos mucho durante la semana que estuvieron con nosotros.

Ocasionalmente, cuando papi regresaba a la casa, nos manejaba a Pittsburgh para visitar a tía Grace, tío Rick, tío Pat, y a tía Elsa, y sus hijos, Bonnie y Patrick. Todavía vivían en el segundo piso de la casa de mi abuela. Visitándolos era ciertamente un placer como mi tío Pat siempre me daba complementos, como "te ves muy bonita, Sissie" o, "Tu eres tan lista." Me sentía realmente querida cuando estaba en su compañía y yo lo quise en torno.

Cuando me quedé el fin de semana con mi abuela, tía Grace, quien admiré y quise mucho, también, me llevó al centro en el tranvía para ir de compras en Kaufmann's o Boggs & Buhl, o en otras tiendas. Tía Grace era hermosa a los diez-y ocho años con su pelo rubio, ojos azules grandes, y dulce personalidad. Mientras tanto caminamos por el centro, un fotógrafo tomó nuestra foto un día y tía Grace se lo compró, y luego me lo dio.

De alguna manera, nunca se lo mencioné a mi tía Grace de las circunstancias horrendas en cuales nos quedamos. Estoy segura que mi abuela nos había ayudado si lo hubiera sabido. Todos se quedaban silenciosos en aquellos tiempos. Aunque mi madre y padre no nos prohibieron de hablar de nuestra pobreza, nosotros probablemente estuvimos demasiadamente desconcertados o orgullosos para mencionarlo. Fue en Kittanning que primeramente noté que papi constantemente tomaba bicarbonato de soda. Decía que sufría de dispepsia. No estuve exactamente segura que es lo que quiso decir, pero figuré que era como dolor del estómago y gas porque siempre hacía ruidos corporales. A veces decía, cuando me alejaba de el con una expresión de disgusto, "Mejor afuera que atorado." *Es tan grotesco,* pensé yo. Cada día que estuvo en casa, me preguntaba, "Traerme un poco de bicarbonato de soda, querida." Le revolví una cucharadita de bicarbonato de soda en un vaso de agua y se lo entregué. No me fijé entonces que la mayoría de humanos tienen problemas de vez en cuando con gastritis, pero las mujeres no se alborotan tanto. ¡Tal vez muchachos y hombres si!

Me acuerdo que lloraba mucho, especialmente cuando regresaba a la casa. Le pedía perdón por todos sus pecados carnales, llorando, "Estoy tan arrepentido, Peggy, lo siento tanto, por favor perdona me. Jamás lo volveré a hacer." Mi madre lo perdonó setenta veces por siete, probablemente porque no podía soportar ver lo sollozando -- estoy segura que realmente no le creía nada. Del divorcio nunca se escuchaba aquel entonces, una mujer Católica devota especialmente no pensaría en esas cosas. ¡Ay, la vergüenza de todo eso!

Francisco realmente deseaba ser fiel, y hasta pensaba que era un buen Católico. Asistía a la Misa y iba a la confesión. ¿Pero de que bién le hace a uno si comete los mismos pecados seguidamente y recibe absolución con el rezar el Padre Nuestro y la Ave María veinte veces? La confesión es buena para el alma, pero debe ser sincera.

¿Fuese sincero mi padre de sus sentimientos para sus hijos? De su propia manera, trató de demostrarnos amor. Me abrazaba ocasionalmente, jamás de manera sexual. Pensé yo que tal vez sentía afección por nosotros, pero no era suficiente para detenerlo de otras mujeres. ¿Será que los hombres de veras piensan en sus hijos cuando tienen una aventura amorosa con otra mujer? Lo dudo, porque durante ese tiempo nomás piensan en su propia satisfacción. Papi también dijo años después, "Si yo me excito por una mujer, no tengo conciencia."

Sin embargo, no puedo decir que Francisco nunca tuvo compasión para la gente. Francisco paraba a ver sus hermanos y su hermana, Theresa, ocasionalmente, cuando iba a Pittsburgh. Su hermana le dijo que la esposa de su hermano Mark, también nombrada Theresa, exhibía señas de enfermedad mental. Su comportamiento se descontroló un día cuando empezó a corretear sus tres niños chicos al rededor de la mesa de la cocina con un cuchillo de trinchar. Mark sintió que no tenía opción pero dejarla en un asilo mental.

Francisco sintió tanta pena por todos los demás, especialmente Theresa, y la visitaba en la institución. Nos platicó que nadie la visitaba, por eso hacía el esfuerzo de ver la de vez en cuando.

Paró a ver su hermana y a su esposo, Fred Burton, y sus hijos, mas que a cualquier otras personas, excepto a Rebecca, en Pittsburgh. Se sentía mas cercano a su hermana porque ella fue una figura maternal para el. Le discutía de sus problemas con el dinero y le pedía prestado cuando sentía la desesperación. Theresa era una persona buena y lo escuchaba atentamente con sus problemas. El estuvo cuidadoso de no mencionar Rebecca por miedo que ella desaprobara y que lo regañara.

¿Que era lo que le lo convertía en la oveja negra de la familia? El único que se desvió de sus votos matrimoniales, dejó a sus hijos sin bastante que comer. ¿Era porque el hijo en particular fuera mas sensitivo a lo que ocurría en su ambiente? Yo creo que todos nacimos con ciertos genes, con una cierta tendencia de ser mas sensitivo/a y responder de una manera negativa a las circunstancias en cuales nació, buenas o malas. Perdiendo su madre a la edad tierna de cuatro años tal vez le afectó a Francisco mas que a sus hermanos/as. Aunque Francisco no fumaba, el lo probó de joven, y no le gustó. Raramente tomaba bebidas alcohólicas, ni le maldecía a nadie despotricaba, ni tomaba el nombre del Señor en vano. A veces contaba chistes un poco vulgares, pero nada como los cuentan la generación de hoy. De veras que no quería ofender a Peggy -- era bastante que la Rebecca permanecía en el retrato. No reconocía que eso era el peor jugueteada de todos, y no era uno gracioso. Hombres debían ser monógamos, pero desafortunadamente, no todos lo son. Tal vez puedan querer dos mujeres al mismo tiempo. Y, tal vez existen mujeres que sientan lo mismo. Yo nomás nunca comprendí el "porque" de todo eso, pero ya sabía que estaba contenta con no ser hombre.

Francisco siguió frecuentando a la Rebecca cuando estaba en Pittsburgh, y su familia quedó horrorizada con la situación. Secretamente esperaban que el tomaría la opción y que fuera la Rebecca. Pero tuvo problemas con eso, porque quería a las dos mujeres. Le angustiaba que tenía que mentir y estar en escondidas, pero siempre logró hacer esa mera cosa.

Empezamos el año nuevo escolar en St. Mary's otra vez, pero algunas semanas después, papá anunció, "Tengo un nuevo trabajo vendiendo piezas de panadería en Pittsburgh, así es que nos vamos a mudar dentro de poco.

Mamá quedó un poco contenta tener la oportunidad de mudarse y volver a sus raíces y estar cerca de su familia de nuevo. Papi también estuvo deleitado porque iba quedarse mas cercano a Rebecca y su primera familia en la misma locación.

Aunque nosotros los niños estuvimos contentos en Kittanning,
Y extrañaríamos a nuestros amigos, y la escuela St. Mary's,
aceptamos la mudanza sin quejas.

Capítulo 10

Francisco había localizado un apartamento de arriba sobre la calle Goettman, ubicada en el área del Norte. La Calle Goettman se acababa cerca de la casa antigua del abuelo Hanocek, pero después de cruzar un campo que tenía una piscina por el cerro Troya, uno se encontraba sobre una extensión de la calle Goettman. El apartamento que ubicaba directamente al otro lado de la calle en donde vivía la familia del tío Paul Hanocek, el hermano de Francisco. Paul vivió en el primer piso con su esposa Hanna, e hijos Brenda y Paul chico. Nuestro apartamento no tenía césped, nomás un callejón de ladrillos entre casas. La gente que vivía en el primer piso tenían una hija, Jane, cinco años mayor que yo. Jane y yo nos hicimos amigas inmediatamente. Nos sentábamos sobre los escalones de frente durante los atardeceres y nos poníamos a hablar de la escuela, las películas, y todo lo demás.

La familia que vivía directamente detrás de nos, a una distancia de cuatro pies de pavimento de ladrillos, no eran vecinos usuales. Su apartamento era sucio, tenían cucarachas y chinches, sus hijos permanecían cochinos, y algunos de ellos mojaban la cama. Entré su apartamento nomás una vez, y el olor fuerte de orines se me hizo insoportable. Su madre no les cambiaba las sábanas por muchos días y yo jamás los volví a visitar. Lo Alemán dentro de mi {gente limpia} no comprendía como es que podían vivir de tal manera.

Nosotros los niños nos matricularon en la escuela de Su Santo Nombre. Yo estuve en el sexto año, Zach en el tercero, y Juney en el primero. Sor Margaret, tía de mi madre, quien perteneció a la orden de Nuestra Dama, enseñaba el octavo grado allí. Mantenía cuidado sobre nosotros, revisando nuestras calificaciones, y la queríamos aunque fue un poco rigurosa. Nomás medía como cinco pies de altura, pero tenía una voz autoritaria. En algunos fines de semana la visitábamos en el convento y ella parecía ser mas tierna durante nuestras visitas. Por seguido nos regalaba dulces de chocolate cuales guardaba en su cajón del tocador junto con bolas de alcanfor, cuales usaba contra las palomillas. Aunque deseábamos los chocolates, no podíamos comer no los como olían y sabían a bolas de alcanfor. Pretendíamos ser agradecidos por los dulces para no ofender los sentimientos de nuestra tía, pero los tirábamos después de regresar a la casa. Aunque tenía mucho conocimiento la Sor Margaret, nos preguntábamos ¿porqué es que no sabía que no debía poner bolas de alcanfor en el mismos cajón de los dulces? También nos preguntábamos ¿porque nuestra madre no le decía? -- tal vez la estaba protegiendo contra la vergüenza, también.

Nuestro padre manejaba un camión para la compañía de panadería, vendiendo pasteles, tartas, empanadas, rollos, bizcochos en forma de taza, pan y galletas. Explicó sus ausencias frecuentes debidas a una ruta larga en Pensilvana. Mamá debía saberlo que parte del tiempo se quedaba con la Rebecca. Nunca se puso a discutir sus problemas con nosotros, pero parecía herida y preocupada casi todo el tiempo, especialmente cuando la miseria que le entregaba mi padre se acababa y el no se encontraba ni por ningún lado.

Cuando se enfrentó hacia el al llegar a la casa, negó la aventura amorosa, o le pidió que lo perdonara. Todavía se ponía a llorar y prometía que jamás volvería a ver a la Rebecca otra vez. ¡Que Farsa!

Mientras tanto, Zach, Juney, y yo caminamos a la escuela e iglesia de Su Santo Nombre a lo largo de una milla de nuestro apartamento, cruzando el campo a la calle Goettman donde pasamos la casa de Peter, el hermano de nuestro padre. Pedro y su esposa, Abby, tuvieron dos hijas, Lucinda May, conocida como May, y Bárbara. May tenía un año mas que Barbara, y Barbara tenía un año mas que yo. Paramos de vez en cuando para verlas.

Yo gradualmente llegué al frente de mi clase y quedé contenta con mis nuevas amigas. Nunca había tenido un resfriado, pero comencé a toser sin cesar durante ese invierno. La tos persistente me agobió en la escuela pero, por supuesto, nadie me había llevado al doctor ni hacer algo para una cita. Mamá si se puso a coser cebollas y azúcar, los cuales los preparaba en un jarabe muy efectivo para arrestar la tos a cierto alcance.

Cuando la Navidad llegó al cerro de Troya, nuestro premio fue una nueva dieta de galletas de anise, y ponqué de frutas, que Francisco no pudo vender. A lo largo del tiempo, el ponqué de frutas quedaba mas duro para tragar, y prácticamente nos atragantamos con las galletas de anise. Durante algunos días tuvimos espagueti, o lentejas, a demás de ponqué de frutas y galletas de anise, pero durante otros días nada.

Con la Primavera acercándose, comenzamos a patinar por la calle después de nuestros estudios, y durante los fines de semana con nuestros primos Brenda y Paul.

En la escuela de Su Sagrado Nombre, nos exigían asistir a la Misa cada día. Hablando por mi misma, no me importaba. Me gustaba siempre ir a la iglesia aunque a veces me ponía a dormir. Oraba por muchas cosas: Que mi madre se sintiera mejor, que mi padre se quedara mas con nosotros en casa, por mas comida, y por otras personas que estaban enfermos. Estuve feliz y optimista como si pasara nada de la situación

Francisco hizo lo mejor para alejarse de Rebecca por un tiempo, dejándose vencer por su lujuria otra vez para el Verano. Se llevan dos para tener relaciones ilícitas, y sus deseos, uno para la otra, no se podían sofocar con buenas intenciones por cualquier lado.

El tiempo caliente llegó, y con el una lavadora eléctrica nueva de Sears por $35.00. ¡Que bendición era poder ver ropa poniéndose limpia mientras que el agua se hacía gris, la lavadora agitando la mugre que se saliera en lugar de nuestras manos refregando sobre las tablas duras de lavar! Habían dos rodillos de mano que retorcía el agua de la ropa mojada. Era un quehacer facil estar dándole vuelta a la manivela, y luego enjuagando la ropa, y otra vez retorciendo los por los rodillos. Colgábamos la ropa para secarse en el baño de arriba, cual era espacioso. Mantuvimos la lavadora en el rincón de la grande cocina rectangular. La sala de estar era mas que adecuada y tenía una entrada al corredor y los escalones abajo por la puerta de la calle. Sin embargo, usualmente entrábamos por la escalera trasera a la cocina. Habían tres recámaras, así yo tuve mi propio espacio.

Durante días sumamente calientes, Zach, Juney y yo caminábamos a la estación de bomberos localizada fuera de la calle Lowrie, una cuadra pasando la escuela de Su Sagrado Nombre, para compartir en lo divertido de correr entre los regaderas para refrescarnos. Acordonaban toda una calle para entretener a los niños sobre la loma de Troya.

Otros días descendíamos la calle Lowrie para visitar a la abuela y la familia del tío Pat. Tío Pat trabajó para Westing-house, y tía Grace trabajó en el teatro de la arcada. Mientras visitábamos, nuestra curiosa prima Bonnie manejaba su triciclo en la yarda trasera chica. Bonnie nomás tenía dos años y no podía pronunciar su apellido "Bruenner" apropiadamente, diciendo que su nombre era "Bonnie Bloomer." Pensamos que eso era gracioso.

Un día que mis hermanos le preguntaron a tía Elsa si podían usar el triciclo de Bonnie como nunca tuvimos uno, ella les contestó, "Ustedes son demasiados grandes para usarlo, podrían quebrarlo." En realidad, si eran demasiados grandes, pero quedaron decepcionados, y nunca se les olvidó.

Algunos sábados cuando Peggy tenía diez centavos para cada uno de nos, caminamos muchos piso de escalones al teatro Arcada para ver a tía Grace en la taquilla. También pudimos ver una película, una caricatura, y una secuela de los PILLOS PEQUEÑOS, mas las noticias del mundo, y el beneficio mejor de todos, una barrita de dulce.

No tuvimos seguidamente veinte-cinco centavos para ir a nadar en la piscina local, pero cuando lo teníamos, lo gozamos inmensamente. Los dos muchachos parecían naturales para la natación, y yo no era tan mezquina.

Otro retozo del Verano era ir al Parque del norte cada año para gozar un picnic de la familia. Papá si se encargó de eso aunque no nos tocó ir al parque de atracciones. Mamá preparaba "Frickadelions" (hamburguesas revueltas con huevo, cebollas, y migas de pan, y luego fritos a la perfección). Papá compró una sandía, y le agregó galletas de anise que quedaron a la carta. Mamá también rebanaba tomates para agregarle a la delicadez de los sándwiches. Ese Verano en particular, Mamá se le olvidó los panes para las hamburguesas. Papá le gritó en voz alta sin para, "Pendeja, ¿como se te olvidaron los panes para las hamburguesas? Todo el picnic es una desperdicia."

Pensé yo, tu eres el pendejo, por gritarle a nuestra dulce madre que siempre te aguanta. Mi disgusto por el estuvo a un nivel alta aquel entonces, porque empecé verdaderamente a comprender lo que había pasado, y que todavía ocurría, el engaño, el abandono, el rogarle constantemente para el perdón, las promesas rotas. Me preguntaba porqué el era el único padre que conocía que era un pecador. Mis tíos fueron todos buenos con sus esposas, aunque existían hechos de cuales no sabía nada, pero por lo menos se quedaron con ellas.

Tía Grace se comprometió con Sean Callahan, quien lo

estuvo noviando por dos años. Sean era ambicioso, bueno, de bién hablar quien pensaba todo el mundo de Grace. Tenía pelo rubio chino, un buen cuerpo, y maneras de un caballero. Grace tomaba el tranvía al trabajo bajo la calle de East Ohio, y conoció un conductor que le prestaba mucha atención. Era bién parecido quien finalmente la invitó a comer. Quedó un poco confusa de sus sentimientos, y decidió salir con el por sola una vez. Parecía buena persona quien le dijo que frecuentaba a otra muchacha. Cuando Grace no recibió noticia de el por mucho tiempo, asumió que estaba con su prometida. Poco tiempo después, descubrió que había estado en el hospital con artritis reumático.

Era tiempo para que empezara el año escolar de nuevo. Anticipaba ansiosamente la escuela porque me encantaba aprender y compartir con mis compañeros otra vez. El desafío de sobresalir con mis compañeros era algo por cual luchar, aunque no pensaba que otros me estimaran mas si lo era, pero porque parecía compensar por la falta de una vida familiar estable. Mi madre siempre estuvo presente para mi, pero la confusión constante asociada con mi padre colgaba sobre el horizonte.

Después de haber estado ausente por tres semanas, regresó a la casa con tres vestidos por mi para la escuela. Le pregunté a donde los había comprado, y contestó que Rebecca había escogidolos. Yo necesitaba ropa para la escuela absolutamente, pero cuando me las probé, solamente una me quedó apropiadamente. Los otros dos vestidos me quedaron muy apretados atravez del pecho. No fueron hechos para mi pecho en expansión. Mamá trató de alterar alguno, pero las coseduras de arriba dejó huellas que dejó el vestido feo. Sentía que me sofocaba con el vestido sin alteración.

Acabé sintiendo resentimiento para Rebecca gastando nuestro dinero en vestidos que no me quedaban bién, y espera yo escoger vestidos por mi misma. Pero, me cerré la boca, por lo usual.

Capítulo 11

Estuve en el séptimo grado y ansiosa de aprender el cocinar, y especialmente como cocer en la escuela pública para que pueda hacer me vestidos que me quedaran cómodos. Para empezar, nuestra clase de costura coció un mandil curioso. El cocinar era facil porque ya sabía como preparar las comidas que teníamos que comer. Dos veces por semana nuestra clase caminaba el bloque corto a la escuela pública.

En Septiembre y Octubre, mis hermanos y yo caminábamos bajo la loma al Centro de North Side de nuestra casa, pasando la fábrica de Heinz, cual manufacturaba y vendía pepinos envinagrados, ketchup, y otros productos embotellados o de lata. Parábamos a la A & P tienda, la cual vendía cualquier variedad de comida. Precios eran razonables: por instancia, la mantequilla de maní costaba diez-siete centavos por botella; naranjas, veinte-tres centavos por una docena; macarrones, cuatro paquetes por veinte-cinco centavos; y patatas, cinco libras por veinte-cinco centavos. De vez en cuando, comprábamos galletas de lazo salados de vendedores de la calle, y a veces un pepinillos en vinagre al eneldo por cinco centavos en lugar de galletas de lazo calientes.

Los años de la Gran Depresión se habían terminado y las vidas de la mayoría de gente regresaron al normal, aunque no hubo gran cambio en nuestro estilo de vivir. Naturalmente, comíamos mejor cuando papá estaba en casa, pero la comida se escaseaba cuando se iba.

El cumpleaños de Zach se acercaba. Zach y yo les habíamos pedido por una bicicleta para nuestros cumpleaños. El mio ya se había pasado y no recibí uno, pero Papi me prometió que si me iba conseguir uno. Estuvimos acostumbrados a las promesas rotas de nuestro padre; sin embargo, papi si había traído una bicicleta de dos ruedas para Zach. Yo si quedé un poco decepcionada, especialmente después de que papi se puso de acuerdo con Zach que nadie mas podía manejar su nueva bicicleta. Una semana después, decidí usar la bicicleta de todas maneras, cuando no estaba en casa. Hice pucheros por toda una semana por el hecho que no recibí una bicicleta, y tenía que montarme sobre la bicicleta de Zach para sacar lo de mi sistema. ¡Fue una cosa mala que hice! Fue excitante el sentir la brisa mientras que me iba hacia la calle Lowrie, por la mayor parte sobre la banqueta. De repente, un un ruido fuerte precedió una llanta muy desinflada. Accidentalmente corrí sobre un clavo de paraguas. Misma me regañe, *Eso es lo que te pasa por haberte prestado la bicicleta de Zach sin permiso.* Tuve que pensar de pronto. Desde que pasó el accidente en frente de la casa de mi amigo y compañero de la escuela, Jonathan Lockhart, yo pensé revisar con el sobre mi próxima movida.

Jonathan estuvo en casa, y me ofreció componerme la llanta desinflada para mi. Remendó las dos lágrimas hechas por el pico de paraguas. Le pregunté a Jonathan, ¿Crees que alguien podrá notar el parche?"

El me contestó, "No es seguro, Meg, si es que tenga otra reparación en la llanta de enfrente."

"Gracias, Jonathan, por ayudar me," le dije agradecidamente. Durante ese tiempo, no realicé que le gustaba y quería ser mi novio.

Con poca hesitación, arribé a la casa para encontrar que Zach todavía no había regresado. Ofrecí una oración de gracias.

El Invierno pasó sin incidente. Caminé de la escuela a mi casa con Wanda Kramer, una amiga muy buena quien había tenido cirugía de mastoides. El hoyo junto a su oreja izquierda drenó mucho, aunque era una persona muy viva y limpia, ella tenía un olor causado por el drenaje de los mastoides.

También me hice amigas de volada con Ginger Rhodes quien caminaba por la otra dirección bajo el cerro de Lowrie. Me invitó a su apartamento de segundo piso. Me cayó bién su madre, su hermana Sherrie, y su hermana chica Yvonne. No me acuerdo haber visto a su padre -- parece que estuvo fuera de allí la mayor parte del tiempo también.

En las atardeceres, después de hacer la tarea, pasamos un buen rato juntos como familia escuchando programas del radio. Nuestros favoritos eran de Jack Armstrong, el All-American Boy, Amos y Andy, Inner Sanctum, Fibber McGee y Molly, y una novela, Ma Perkins. Todos gozamos a Kate Smith cantando su canción de tema, "When the Moon Comes Over the Mountain,"{Cuando la Luna se Sube Sobre la Montaña} y Rudy Vallee cantando su canción de tema, "My Time is Your Time," {Mi tiempo es su Tiempo} y Major Bowes Amateur Hour {La Hora Amateur del Mayor Bowes}.

En la Primavera, perdimos a nuestra querida Abuela Bruenner. Perdiendo alguien quien amabas nunca es facil, pero la muerte de mi abuela no solamente era triste, pero espantosa. Mi abuela estuvo enferma con la pulmonía cuando su corazón dejó de funcionar a los sesenta años de edad. Nos llamaron para estar junto de su cama, con un sacerdote quien había prendido todas la velas de *Extrema Unción*. Al tanto que administraba los últimos ritos a mi abuela, oímos el sonido gentil de la lluvia que de repente aceleró, convirtiéndose en una tormenta, con relámpagos y truenos zumbando simultáneamente. Cuando expiró mi abuela, un relámpago envolvió el cuarto, y todas la velas de *Extrema Unción* de apagaron por si mismos mientras que la estatua grande de María sentada sobre la mesilla al lado se quebró en dos partes.

Tía Grace se puso histérica, y yo quedé demasiada

petrificada para moverme. Mamá siguió tía Grace a la sala de estar para tratar de consolar la. Mis hermanos y yo quedamos en estado de choque, y yo permanecí de tal manera a lo largo del funeral. Nadie había figurado que fue lo que pasó, o porqué, pero nos acordábamos de esta ocurrencia extraña sin explicación por todas nuestras vidas. Aquel entonces, Zach, Juney, y yo le temíamos a Dios, un miedo dentro de uno que permaneció por muchos años. Rumbo al cementerio, me senté junto con tía Grace en el asiento trasero del limusina, sintiéndome muy triste, pero aun en choque. Tía Grace estuvo calmada para este tiempo, y extrañaba a su madre terriblemente. Seguía yo soñando de mi abuela por un tiempo y también la extrañaba mucho. Aun de niña, yo sentía que nos observaba del cielo y fijándose en su familia. Yo siempre traté de hace cosas para que quedara orgullosa de mi, y esperé quedar destacada en lo que pensaba que eran sus expectaciones de mi.

Ese Verano, cuando tenía casi los trece años, tío Art y tía Loretta invitaron a mi familia a su cabaña en el campo cual rentaron por dos semanas. La cabaña no fue elaborada, pero estuvo cerca de un arroyo con aguas bastante profundas para nadar, y árboles y bosque en cual vagar. Había un árbol grande que tenía una cuerda amarada de unos de sus ramos, cual usamos para columpiarnos sobre el arroyo, imitando al Tarzán. Los muchachos y yo nos subíamos al árbol, agarrándonos de la cuerda, brincamos, y planeamos sobre el agua, cayéndonos en medio al otro lado del arroyo. Gritamos, *Aayyee!* como el Tarzán.

Papá no nos acompaño, pero tío Rick si. En Domingo, el y Zach y yo caminamos cuatro millas a la iglesia y de regreso. Tío Rick nos daba unos dulces al regresar a la casa, y tiempo pasado con el era memorable. ¡Siempre bromeando, siempre bondadoso!

Habían algunos niños de los vecinos con quienes jugar, también. Nos llevaron a su granero, y yo me subí en la escalera en el altillo, cual era aproximadamente once pies de alto. Mientras tanto llegamos a la cima y traté de jalarme de alguna manera, agarré solamente cebadas, y me caí en picada, cayéndome sobre mi espalda. De primero no pude levantarme, pero finalmente me hice a un lado. Había rezado cuando me caía, y otra vez cuando traté de levantarme. Me había fracturado el hueso de cola, pero aprendí vivir con el dolor, sin embargo, como nadie me llevó a ver un doctor. Estuvo incómodo sentarme por periodos largos a un tiempo, pero aprendí a no quejarme y nomás acostumbrarme al dolor, como no era intenso.

Cuando arribamos a la casa, otra vez realicé que la vida en el campo no parecía como mi fuerte.

Francisco decidió llevanos por una excursión a Baltimore, Maryland, para visitar otras tías de Peggy, quienes eran monjas. Sor Bernadette y Sor Alfonssus, hermanas de mi abuelo, fueron amigables y dulces, como lo era Sor Eileen, la prima de ellas. El convento era hermoso, pero la ciudad de Baltimore era mas congestionada que Pittsburgh, con hogares directamente conectadas uno al otro y sin callejones entre ellos. Nuestro apartamento se me parecía agradable después de haber visto Baltimore.

Capítulo 12

El octavo grado fue una experiencia memorable para mi como Sor Margaret era la maestra. Había deseado estar en su clase sin trepidación, pero realicé de pronto que tenía que ser perfecta y ganarme calificaciones perfectas. No es que las calificaciones eran un problema, pero nadie es perfecta en todas cosas, o tal vez todas maneras -- solamente Dios lo es. Jamás me había esforzado estudiando hasta que llegué al octavo año, cuando de veras tuvo que estudiar duro para sacar el cien por ciento en la geografía, la clase que menos me gustaba. Memoricé todo que tenía que saber para las pruebas de geografía.

Todavía no tenía mucha ropa, estuve entusiasta de hacerme un vestido azul en la clase de costura. Hasta que lo completé, nomás tenía un suéter y una falda, un vestido negro de segunda de la Rebecca, y un vestido nuevo de marinera que se deslavó la primera vez que lo lavaron. Sentía como quería llorar cuando toda la brocada blanca por el cuello y falda quedaron un azul gris. A esa edad, la ropa y vistiéndose presentablemente era tan importante para mi, como lo es para la mayoría de juveniles.

Sor Margaret quedó consternada que yo usaba un suéter a la escuela porque yo era dotada con pechos amplios. No tenía brasier, entonces era probablemente notable, y no comprendía yo que los niños estuvieron reaccionando mas de lo que me daba cuenta -- me pareció que la mayoría de los muchachos me prestaban poquito mas atención. Sor Margaret me dijo que jamás volviera a usar ese suéter a la escuela. Eso me dejó con dos vestidos para usar para la escuela.

Jerry Best, un niño brillante en mi clase, a quien nunca le había puesto atención, empezó a burlarse de mi por la falta de vestidos bonitos, diciendo, "Un día usas un vestido negro, el próximo usas uno deslavado."

Quedé avergonzada en frente de mis amigos mientras caminamos afuera de la clase hacia el corredor. Me regresé y le dí una bofetada por el cachete, contestando, "¿Como te atreves?"

Después de abofetear a Jerry, me sentí gratificada y afligida a la vez, como yo no era una persona violenta y lo deploraba en otros. Poco después, Jerry se hizo mi amigo, o tal vez, novio. No se porqué, pero sentí atracción por el. Tenía una cara redonda, era algo de alto y usaba lentes, y me hablaba de manera gentil. Sin embargo, cada vez que lo veía me ponía nerviosa, excitada, y no podía hablar. Creía que el no lo notaba. Entonces, otra vez sospechaba yo que el lo sentía también.

Un día que toda la clase tomo una camión al planetario en el centro de Pittsburgh, Jerry se sentó atrás de mi mientras que veíamos a las constelaciones tornando. Cuando me entregó mi cinturón de chamarra que estuvo arrastrando por el piso, el tocó mi mano y sentí un choque eléctrico. Estando encaprichada era cosa loca y no estuve segura que me gustaba la emoción.

Jerry me caminó a la casa durante algunos días, y patinamos por la calle. El me dijo, "Me gustas -- no estoy seguro porqué, pero me gustas." Mis sentimientos exactos, pero mi lengua se quedó enhielada, y no podía decir ni una palabra.

Mientras tanto, algunos otros muchachos empezaron a seguir me y se burlaban de otros. Andy seguía repitiendo, "Tony Peck te dará otro Peck." Por la mayor parte traté de ignorarlo, pero me ofendí por los comentarios crudos con implicaciones sexuales. No entendía porqué es que el no comprendía que yo no iba hacer algo relacionado con el sexo, menos el acto, el cual todavía no podía imaginar.

Jonathan se hizo nuestro repartidor de periódicos y se hizo amigos con Zach y Juney. Después de los estudios me preguntó si quería montarme en su bicicleta y lo acepté. De primero no estuvo claro que si también le gustaba y quería ser mi novio. Nos visitaba al anochecer con la pretensión de ver los muchachos. Mientras que nos sentamos escuchando el radio, Jonathan puso su brazo sobre mi hombro. Inmediatamente me levanté y me fui a la cocina. Me gustaba como amigo, y era un bién parecido con pelo chino rubio, y tenía una buena personalidad amistosa. La magia nomás no estuvo allí para mi. Durante la Navidad, Jonathan me compró una caja de chocolates, y Jerry me dio un rosario azul hermoso. De veras apreciaba los regalos porque no recibimos mas que eso.

Mientras tanto caminaba a escuela sola al otro lado del campo a la calle Goettman, un cosa preocupante ocurrió, aunque, gracias a al cielo, nadie estuvo presente para ver lo. Me dio el periodo, y usábamos garras viejas para controlar el corriente de la sangre menstrual --tuve uno puesto con alfiler a mis calzonetas. Los alfileres de alguna manera se despegaron y había una garra caída detras de mi mientras que caminaba. Pronto lo agarré, revisé por todos lados para estar segura que nadie estuvo presente, y lo volví a pegar. Que día tan inquieto fue, preocupándome que podía pasar algo semejante otra vez. Ni teníamos alfileres fiables.

Nuestra clase del octavo año se preparaba para hacer la Confirmación durante la Primavera. A las muchachas las instruyeron que usaran vestidos de colores livianos, y a los muchachos que usaran pantalones negros, camisas blancas, y corbatas azules. Mamá insistió que yo tuviera un vestido nuevo. No creía que el vestido azul que hice no era bastante elegante.

Ginger estuvo haciendo un vestido de un azul claro. Yo quería hacer un vestido rosado para ahorrar dinero, pero mi madre me llevó al Centro, un evento raro, para buscar un vestido apropiado para la ocasión. Había usado un vestido blanco de satín para su confirmación, y quería que yo me viera extra especial como lo fue ella.

Para las Pascuas, yo había escogido un traje azul, con blusa blanco, saco blanco, y un sombrero de paja con cinta azul de satín Ese fue el primer traje completo para las Pascuas que tuve en mi vida. Papá probablemente trataba de remediar las cosas por nunca haberme comprado una bicicleta. Cuando le pregunté a Sor Margaret si podía usar mi traje en lugar de un vestido, me dijo ella que no podía variar de las reglas.

Mamá y yo fuimos de compras en varios almacenes de departamento pero no pudimos encontrar un vestido de color ligero que era adecuado. Logramos encontrar un vestido de rayón coral con encaje blanco al rededor de los bolsillos en forma de corazón. A las dos nos gustó, y la manera de como me quedaba, así Mamá lo compró con dinero que debía haberse apartado para la comida.

En el día de Confirmación, Sor Margaret me revisó exigéntemente, con sus ojos bajados con desprecio. Estoy segura que pensaba que el vestido era demasiado brilloso. Ella se ha de haber mordido la lengua, aun, porque no dijo nada. Algunas de las otras muchachas también usaron vestidos de colores muy alumbrantes, pero el mio probablemente era el mas alumbrante. Me parecía de buen onda verme radiante durante esta ocasión especial.

Después de la ceremonia, paré en la casa de tíos Loretta y Art en la calle Lowrie, no lejos de Su Sagrado Nombre. Tío Art tomó un foto de mi y Helena, su hija chica adorable, dos años de edad, con chinos iguales a Shirley Temple. Estando con ella me causó un deseo de tener niños propios en el futuro.

Poco después, tío Art y su familia se mudaron al cerro de Troya, donde obtuvieron una vista panorámica de todo el cerro de Troya. Su casa era de tres pisos, y para llegar al porche de frente, uno tenía que subir muchos escalones.

Tía Loretta tuvo otra hija, una linda niña nombrada Samanta. Ellos me pidieron que la cuidara, Y verdaderamente me encantaba arrullarla para que durmiera Sammy y ganarme un poco de dinero.

Como resultado del estudiar tanto en el octavo grado, recibí calificaciones perfectas con todas mis exámenes y me premiaron con una beca completa para asistir al la preparatoria del Espíritu Santo. También me escogieron para dar un discurso público sobre tablado en frente del la escuela entera antes de la ceremonia de graduación. Memoricé una presentación larga sobre Frederick Ozzman, el fundador de la Sociedad de San Vicente de Paul. Quedé extremadamente nerviosa, pero nadie parecía que lo notaba, y todos me felicitaron por el discurso largo.

Papi aun vino y se fue, a veces durante el mismo día, nomás dándole a mi madre suficiente dinero apenas para sobrevivir. En el día después de la graduación, exclamó el, "Nos vamos a mudar a Carnegie, Pensilvana, porque se ubica centralmente por mi nueva ruta de vender carne. Encontré una casa buena con una yarda grande al frente."

Todos le contestaron, "Parece genial, pero vamos a extrañar nuestros amigos."

"No está lejos, así es que pueden tomar una tranvía."

De alguna manera, yo sabía que no íbamos a regresar seguidamente, pero por lo menos eso fue lo último de comer pasteles de fruta y galletas de anise. Cuando papá vendía carne, podía el traernos jarras de patas de puerco cuales yo detestaba, o le temía tamales calientes, o cortezas de tocino para chupar para el contenido de grasa.

Capítulo 13

La casa en Carnegie se ubicaba lejanamente de la calle y tenía un césped verde con varios árboles y un arbusto de lilo. Mamá y yo gozamos el aroma fragante de las lilas. No lejos de allí había un rió que corría a lo largo de Carnegie. La vista era agradable para los ojos. Sin embargo, el plan de construcción usual causó muchos problemas con la privacidad. El baño se situaba entre la cocina y la sala de estar sin puertas. Yo me lo encontré difícil a veces para usar el baño solamente cuando nadie estuvo presente, pero siempre me esperaba hasta que era el caso. El resto de la familia no parecía quejarse de esto, aunque también tenían que esperarse. Jamás comprendí el porque nuestros padres por lo menos no habían colgado ni cortinas sobre las entradas.

Papi estuvo en casa mas de lo usual, especialmente después de que Rebecca regresó con la familia un par de semanas después. Estuve afligida cuando la vi entrar a la cocina, y no pude entender porqué mi madre no estuvo perturbada por su presencia. Sin embargo, mis padres no se pelearon porque se quedara con nosotros esta vez, así es que estuvo todo en paz el vivir en Carnegie.

Zach y Juney hicieron amigos por la vecindad durante ese Verano y jugaron con ellos en la calle. Yo, por la otra mano, no me presentaron otras muchachas de mi edad. Empecé a cuidar una niña de la próxima puerta, mamá se hizo amigas con su madre. No tengo idea como pudo explicar la presencia de Rebecca y el porqué vivía con nosotros.

Mamá, Rebecca, y yo compartíamos los quehaceres. Actualmente tuvimos suficiente de comer cuando estuvimos en Carnegie. Rebecca era buena conmigo, pero yo tenía tantas preguntas sin respuestas. ¿Porqué era que los tres dormían sobre la misma cama? Estuve feliz que la Rebecca no dormía conmigo esta vez, pero pensé que no era apropiado que ocupara la cama de mis padres, aunque mi madre dormía en medio de ellos. Supe de esto porque entré en la recámara de ellos una mañana cuando la puerta se quedó abierta. Aun no comprendía de veras el acto sexual, y nunca se lo platiqué a otro/a lo que vi.

Juney entró a la recámara de nuestros padres un día para ver Rebecca y papi dormidos y ella estuvo desnuda, por lo menos de arriba. Se despertó, brincó y se jaló la sábana sobre su cuerpo. Juney estuvo en una edad inquisitiva, y quedó secretamente deleitado con ver a la Rebecca encuerada.

En los Sábados, los muchachos y yo caminábamos al Centro de Carnegie para comprar uno de los periódicos locales, o el *Pittsburgh Press* o el *Sun-Telegraph*. Después de arribar a la casa, nos poníamos a leer las tiras cómicas juntos. Nos agradaba especialmente los "Katzenjammer Kids."

Papi compró un Ford por dos-cientos dólares. Asumí que me iba a llevar a la preparatoria del Espíritu Santo en Septiembre cuando resumían los estudios, pero quedé equivocada. Me contestó que no tenía tiempo para llevarme a la escuela. Tenía que tomar dos tranvías para llegar, así es que el viaje tomaba una hora por cada dirección. La moción juguetona de las tranvías por mucho tiempo me causaba nausea. Me quejé con mi madre, "No puedo volver a tomar la tranvía porque me enferma."

Mamá contestó, "Puedes pedirles habitación en la escuela, como la beca incluye cuarto y hospedaje."

Sentía que no me iba gustar vivir allá porque era tan estricto y todavía no tuve amigas. Las reglas eran rígidas, todo hecho al programa aun después de horas de estudio. Me sentía sola y extrañaba mi familia, aunque me regresaba durante los fines de semana.

Francisco, mientras tanto, buscaba mejor empleo que pagara mejor. El había trabajado en el negocio de empaque de carne y como vendedor por tantos años; ahora deseaba un tipo de empleo estacionario. Había oído que la industria del hule prosperaba en Akron, Ohio. Después de viajar allá y descubrir que Firestone Tire & Rubber Company estuvo contratando trabajadores de fábrica, el aplicó por un puesto y lo contrataron allí mismo para fabricar llantas.

Akron, Ohio, en aquel entonces, se conocía como "la capital de hule del mundo." Era el hogar de muchas compañías: Goodyear, Seiberling, Mohawk, Monarch, Sun, General, y B. F. Goodrich Tire y Rubber companies. Benjamin Franklin Goodrich fundó su compañía en 1870 en Akron, fabricando llantas, insolación, y muchos otros productos.

En 1941, existió una demanda por todos tipos de llantas en Europa porque la guerra rabiaba allá. Alemania, bajo el liderazgo de Adolf Hitler, trataba de apoderarse de otros países. Había mucha resistencia y batallas en otros países. Hitler mesmerizó la población Alemana a que trataran de crear una tal raza dominante con eliminar a los Judíos. No todos los Alemanes estuvieron de acuerdo con su póliza y algunos pensaban que era un hombre insano. Sin embargo, fueron vacilantes de desaprobar lo por miedo de ser acusados por traidores.

La demanda para llantas ayudó Akron, Ohio a prosperar. Francisco le gustó la ciudad (el había viajado a Akron algunos años anteriormente trabajando por el WPA) y pensó que su familia también le gustaría. Estuvo de acuerdo que empezaría a trabajar la próxima semana.

Francisco quedó apabullado que a Peggy y la Rebecca juntas les desagradaron sus avances cuando vivíamos en Carnegie. Rebecca le exigió que escogiera entre ellas, pero

Peggy sintió que realmente el *no tenía* otra opción si el tomaría sus propios hijos en consideración. Actualmente, el probablemente nomás pensaba en si mismo. Tal vez también quería mudarse a Akron por el hecho que había conocido una mujer allí tres años anteriormente quien lo quiso, y el figuró que ella le daría lo que mas quería.

Capítulo 14

Nos mudamos a Akron el primero de Octubre, 1941, dejando Rebecca atrás con sus parientes.

Quedé tan relevada con largarme de la preparatoria del Espíritu Santo, casi me puse a reír cuando arribamos en Akron. El camión de mudanza nos siguió mientras nos acercamos a nuestra nueva casa rentada en la Avenida Penfield. Era grande con marco blanco y un porche de frente. Mientras entramos al corredor habían varios escalones que subían al segundo piso, al otro lado de un corredor chico, y luego por abajo hacia la cocina. Una vuelta a la izquierda nos llevaba al segundo piso donde habían dos recámaras, una para mi, y una para mis hermanos. Empezamos a correr arriba y abajo con deleite. Cosas se veían verdaderamente bién, en nuestra estimación.

Mamá y papá usaron el comedor como su recámara. La cocina era bastante grande para cenar confortablemente, y la sala de estar era espaciosa.

Me matricularon en la preparatoria de Jennings, y Zach y Juney en la escuela Católica de St. Hedwig, donde también asistíamos a la Misa durante la mayoría de los Domingos. Para llegar a St. Hedwig cruzábamos la calle Howard pasando el hospital de Saint Thomas, cruzando la calle principal del Norte y caminamos dos cuadras. Jennings se ubicaba sobre la avenida Tallmadge, como cuatro cuadras de lejos. La iglesia de St. Martha se ubicaba al cruzar la calle de Jennings, así también asistíamos a los servicios allí durante algunos Domingos.

A todos de veras nos gustó Akron de inmediato. Papi ganaba mas dinero en Firestone y no le importaba el trabajo duro de levantar llantas. Mamá quedó contenta que la Rebecca no nos acompaño, y tenía esperanza que esta vez mi padre honraría su promesa de ser fiel con ella. Los muchachos y yo empezamos a caminar sobre el puente al centro de Akron cada Sábado. La vista escénica era impresionante. Al cruzar lo hacia la calle principal, nos encantaba andar de compras en los numerosos almacenes de departamento: Yeager's, Akron Dry Goods, Federmans, Polsky's, O'Neils, y otros tiendas mas pequeñas y tendejones de especialidad. Habían tantos restaurantes, pero nunca comimos en cualquier de ellos, excepto una o dos veces que compramos una hamburguesa en White Tower, un restaurante de comida rápida, mientras nos paseábamos por la calle alta hacia Broadway. Vimos muchas películas en el Orpheum, Colonial, Strand, Palace, y Loew's Theater por solo veinte-cinco centavos. El Loew's Theater era nuestro favorito. Mientras que nos sentamos en el balcón esperando que empezara la película, yo me imaginaba que estaba cerca del cielo, porque tenían estrellitas centelleantes en el techo, y balcones elaboradas, y estatuas. Quedamos encantados con Oscar Wilde (con el apodo de "Wild Oscar") tocando el órgano cuando subía sobre un plataforma a la izquierda del escenario antes y después de la función. Escuchando las melodías calmantes del órgano me entusiasmó a querer tocar el piano de nuevo, y pregunté si podía tomar lecciones.

Y así ocurrió que existía una maestra de música quien vivía al rededor de la cuadra de la calle Howard nombrada Señora Winters. Papá ganaba suficiente dinero para pagar un dolar para cada lección, así mis padres quedaron de acuerdo. Tuve una lección de piano cada Sábado en la tarde, y practicaba cada día. Señora Winters era muy exigente y yo quería complacer la con saber todas las piezas que me daba.

Algunos días después de acomodarnos en nuestra nueva casa, descubrimos que estábamos en una casa misteriosa. Cada noche escuchábamos pasos pesados en el ático, y llamamos a mi padre que los revisara. Nuestros padres también los oyeron, pero papá nunca encontró algo cuando investigó. Algunas veces las cortinas se movían sin que estuvieran abiertas las ventanas, o el calentador prendido, y las velas solas se extinguían. Quedamos confundidos, aprensivos, y asustados. Juney había perdido mucho del miedo y la vergüenza, pero ahora todos quedamos con miedo y desconformidad en esa casa. Francisco decidió buscarnos otra casa.

Me hice un amiga quien me invitó a su casa después de los estudios. Caminamos como por dos millas arriba de la avenida Tallmadge hacia un parque de tráilers. Cuando entramos el tráiler, realicé lo afortunada que era vivir en una casa, aunque se me hacía embrujada. El tráiler estuvo lleno de ropa aventada sobre toda el sofá, y había un olor ofensivo. Ansiaba irme de allí. Estuvo casi oscuro cuando arribé a la casa.

Francisco encontró una casa de marco blanco sobre la calle Vincent en Cuyahoga Falls, un hermoso suburbio de Akron. El enlace para comprar la casa era razonable, así podríamos tener una casa finalmente permanente. Compramos la casa ubicada en 2873 Vincent Street por $2,000.

Era un relevo irnos de la casa misteriosa la cual nunca se me olvidaría sobre la Avenida Penfield.

Capítulo 15

Nos mudamos el 7 de Diciembre, 1941, a nuestra nueva casa ubicada en Cuyahoga Falls. Era la última casa en las cascadas, y la próxima calle que se cruzaba se ubicaba en Silver Lake. Cuyahoga Falls me impresionó como una ciudad linda y limpia con buenas escuelas e iglesias, y un bulevar que se decoraba para cada día de fiesta. Diciembre 7, 1941, era también el día que nos atacó Japón en Pearl Harbor, el cual ataque significó el comienzo de la guerra mundial segunda {para los Estados Unidos}. Adolf Hitler, el soberano trastornado de Alemania, había bombardeado Inglaterra, y su alboroto se convirtió en el alboroto Japonés. Por supuesto, las agresiones no se encontraban en América, pero el racionar la comida, gasolina, y productos de papel comenzó poco después. Nuestros jóvenes hombres los reclutaron para servir su país.

Las noticias fueron muy angustiosas, pero la vida de cada día tenía que seguir. Regresamos a la casa en la calle Vincent de arriba hasta abajo. Los muchachos movieron los muebles y cajas mientras mi madre y yo empezamos arreglando los armarios de la cocina.

Habían dos recámaras en el segundo piso, uno grande para Zach y Juney, y uno mas chico para mi. La casa era vieja, pero adecuada, excepto que de nuevo el comedor se usó como cuarto para nuestros padres. Existía un inodoro en el sótano. Papi decía que el iba construir un baño de pronto.

Zach y Juney atendieron a la escuela de St. Joseph. Se sintieron inquietos allí, como las monjas continuamente pedían dinero para varios gastos de la iglesia y la escuela. Hicieron muchos amigos en St. Joseph y nuestra familia entera asistía a la iglesia de St. Joseph cada Domingo. Estuvo localizada aproximadamente dos millas de nuestra casa, y durante el Invierno tomábamos el camión si era demasiado frío o nevado para caminar. .

La parada de camión estuvo sobre Hudson Drive, así que tuvimos que caminar como una cuadra para cruzar las vías de ferrocarril, un corte camino para llegar allí, en lugar de ir bajo Vincent hacia la calle Frente. Los camiones corrían cada veinte minutes y la feria era de diez centavos, o tres fichas por veinte-cinco centavos.

Después de que pusimos la casa en orden, empezó a sentirse como un hogar. Fue gratificante sentir que, por la primera vez, nosotros de veras éramos dueños de una casa propia, aunque no lo habíamos pagado, pero por lo menos el comprar era un comienzo. Habían tantas cosas que deseá-bamos hacer para mejorar la casa, pero se necesita dinero para lograr remodelar lo. Colgamos cortinas inmediatamente, porque cuartos no se ven arreglados sin cortinas ventanales, y mi madre y yo tuvimos un deseo para un ambiente bonito, aunque poco lo habíamos tenido. Sin embargo, siempre hicimos lo posible bajo las circunstancias.

Años después, compuse una poema expresando mis pensamientos sobre el vivir en esa casa, la última vez que nuestra familia se mudó.

LA ÚLITMA CASA EN LAS CASCADAS

Norte al sur, este al oeste,
La última casa de las cascadas fue la mejor
Porque vivimos allí.
La parte alta de la ciudad, la parte baja de la ciudad, por toda la ciudad
Aun se caían las murallas
Nuestro espíritu vivía allí.

Refregando, limpiando, lavando con lágrimas,
Vivimos nuestros tempranos formativos,
Levantando, rompiendo,
Clavos enterados profundamente dentro nuestros corazones,
Trabajando, sonriendo, bondadosos,
Hechos que parecían muy atrevidos,
Caminando pisos, cerrando, abriendo puertas,
Nuevas adiciones de madera y cemento,
Aumentamos estructuras para construir y lamentar
Pero una fuerte en las tormentas,
La última casa de las cascadas para guardar
Memorias cariñosas del amor, de la unión, mas
Porque *VIVIMOS* allí.

Capítulo 16

Era mi primer año en la preparatoria de Cuyahoga Falls de la calle Fourth, cual se ubicaba una milla y media de lejos en camino de nuestra casa. Me gustaba la apariencia de la escuela y no pensaba que iba ser diferente de todas las otras escuelas que yo había asistido. Estuve equivocada porque habían solamente ciento-sesenta-siete estudiantes en la clase y parecía que se juntaban en grupos. Algunos de ellos se habían conocido desde la primaria. Lo que no había comprendido entonces era que otros estudiantes nuevos habían entrado además de mi quienes llegaron de otros estados. Ellos probablemente sentían exactamente lo mismo que yo, un poco aprensiva. Después de checar cada grupo, decidí quedarme sola y traté de hacerme amistades con todos. Y eso es lo que ocurrió. Habían varios compañeros quienes me buscaban y me invitaron a sus casas, y yo estuve contenta con mi nueva escuela y mis alrededores.

Algunas personas se burlaron de mi por mi acento de Pittsburgh, y yo noté que residentes de Ohio tenían un acento diferente con algunas palabras, especialmente los O's. De pronto me adapté a la entonación de Ohio. En la carnicería sobre la calle Hudson, cual quedaba al otro lado de la vía, un corte paso que siempre usábamos, el carnicero pensaba que era chistoso que le pedía por una libra de jumbo.´ Eso es lo que le llamábamos a la Bolonia en Pensilvana. Se reía cada vez que se lo pedía, así es que para mi fue ´bolonia´también.

Un corto tiempo después de que nos habíamos mudado, me presentaron una nueva amistad, Crystal O'Brien, quien vivía alrededor de la esquina sobre la calle Vincent. Crystal estuvo medio-año detrás de mi en la escuela. La preparatoria de Cuyahoga Falls graduaba dos clases cada año, una en Enero, y la otra en Junio. Crystal y yo nos hicimos amigas de pronto y caminábamos juntas durante algunos días. Nos visitábamos después de los estudios y compartimos muchas risas. Me hice un poco tonta a los catorce años, como muchas adolescentes, y me encantaba hablar con mis amigas.

Durante el Invierno conocí otra buena amiga, Hilary Swanson, quien también vivió sobre la calle Vincent, a dos puertas de Crystal. Yo la había visto caminar hacia la escuela en frente de mi en ocasión, pero me detuve para hacer una conexión. Ella parecía caminar de manera tan derecha, nunca fijándose al rededor. Por casualidad estuve de prisa el día que nos conocimos, así puede alcanzar la. Nos familiarizamos y al mismo tiempo que cruzamos la vía, me resbalé y caí sobre el hielo, rompí mi única par de calzas, y dejé mis libros caer por todos lados mientras que traté de detenerme de caer. Me sentí como boba porque me pasó esto la primera vez que conociera a la Hilary. No dijo nada excepto, "¿Estas bién?" Me ayudó a levantarme, y no me había herido excepto por una rasguñada por mi rodilla. Continuamos a caminar hacia el otro lado del campo a la calle Third, donde ella también se resbaló sobre el hielo. Sus libros se regaron, y nos reímos, y reímos. Ahora teníamos algo en común y nos hicimos buenas amigas. Crystal, Hilary, y yo nos hemos quedado como amigas durante toda la vida.

Papá llegaba a la casa casi todos los días, y teníamos cantidades adecuadas para comer. Parecía que nomás el podía traer carne a la casa a pesar del racionamiento. Cuando mamá iba de compras al carnicero, las únicas cosas que decía que tenían eran salchichas, así es que fuimos afortunados de comer una salchicha por mes. Papá le gustaba su trabajo en Firestone, mamá hizo amigos con varios vecinos, y todos nos ajustamos al vivir en Ohio.

Cuyahoga Falls, conocida mejor como la Ciudad de Flores,

era hermoso, limpio y prácticamente libre del crimen. Su bulevar, el Bulevar Grande, lo decoraban para cada día de fiesta. Actualmente, todavía lo es -- banderas por el Cuatro de Julio, narcisos-dafodil de la Primavera y tulipanes, decoraciones de Navidad de todas clases. Algunos de los residentes decoraban sus casas elaboradamente para los días de fiesta, especialmente el Halloween y la Navidad. Gente vienen por toda la área para gozar de las exposiciones.

Yo empecé a cuidar niños para un par viviendo en la avenida Landon, la calle atrás de nuestra casa. Tuvieron un bebé que lloraba mucho. Durante una noche cuando lo cuidaba, empezó a llorar inconsolablemente, y yo de veras que no supe que hacer. Lo cargué a la recámara para cambiar su pañal, y se movió tanto que case lo tiré sobre la cama. ¡Todo esto por una moneda de veinte-cinco centavos por hora! No nomás eso, pero para la misma paga, tuve que cuidar dos niños a dos cuadras de allí. Estos dos niños traviesos no se quedaban en sus camas en el segundo piso y seguido se bajaban, pidiendo por agua y galletas y otras cosas. Volaron a sus camas cuando oyeron a sus padres llegar por la puerta de la entrada. Siempre me exigían que lavara yo la acumulación de platos de la semana. Comprendí que tenía que buscar mejor empleo que pagara mejor.

Mamá me dejó quedarme con parte del dinero para comprar material en Federman's por diez centavos la yarda, así pude coser la mayor parte de mi ropa. Crystal y Hilary lo hacían también. A mi de veras me deleitaba hacer me vestidos con la máquina de coser de mi abuela.

En lo muerto del Invierno, cuando regresaba de un mercado fuera del la calle Hudson, hice una cosa muy tonta. Había comprado dos galones de leche, y cuando me acercaba al camino corto al otro lado de la vía para la casa, quedé mortificada al ver un tren de cien carros nomás parado allí.

Esperé y esperé para que se moviera el tren, mientras tanto prácticamente helándome las manos y cara. No tenía puesta ni sombrero ni guantes, porque no los tenía. Sabía que era peligroso trepar me bajo el ferrocarril, pero ya no podía aguantar el frío. Decidí arriesgar me y, mientras me metía bajo el carro, el tren tambaleaba y las ruedas estruendo. Jamás me había movido tan pronto en mi vida cuando jalé el segundo galón de leche del pase de peligro a tiempo. No se lo platiqué a mi madre porque no quería que se preocupara, y nunca traté de pelear con un tren de nuevo.

Mis hermanos y yo todavía tomábamos el camión al centro de Akron durante algunos Sábados, y seguía tomando lecciones de piano por un año a lo tanto. En la Primavera, estuve en un recital de piano y les toqué "Canción de Primavera" por Mendelsohn. Mamá insistió que comprara un vestido nuevo y así me vi en un vestido nuevo, dorado, de dos piezas con falda plisada tocándoles en frente de una audiencia. Les toqué muy bién, y todos fueron privilegiados de grabar sus canciones del recital.

Tomé el ferrocarril al Pittsburgh un Viernes y me quedé con tía Grace por el fin de semana. Decidió a llenar duraznos en lata, así nos pusimos a pelar duraznos durante el Sábado. No sabía al tiempo que tía Grace había sufrido otro aborto, y por eso es que se quedó cerca de la casa. Durante la noche, tía Loretta me llevó al carnaval cerca de la calle Lowrie y jugamos Bingo. Tía Loretta siempre le gustaba jugar el Bingo una noche por semana en la estación de bomberos cerca de allí.

Mientas me fijaba en lo alrededor, noté que Jerry Best y otros niños que había conocido, sentados sobre escalones al cruzar el paso. Esperaba que Jerry se acercara para saludarme - - estuvo ocupado jugando Bingo --pero cuando terminaron, se fue. Probablemente se sentía tan incómodo como lo sentía yo a los catorce años de edad. No me sentía bién acercándome a el.

Si sabía que el y un par de otros muchachos de la clase del octavo año vinieron a visitarme cuando vivíamos en Carnegie, pero mis hermanos y yo nos habíamos ido a ver una película. Trataron de buscarme en el teatro, pero, evidentemente, no pudieron porque estuvo repleto de gente. Pensé que había escuchado una voz familiar en el teatro oscuro, pero no lo investigué. Supuse que era mi imaginación.

Papá le dijo a mamá que la Rebecca estaba en Akron trabajando en Federman's, y que lo perseguía. Por supuesto, el sabía que ella lo iba a seguir como el se lo urgía, para que pueda el verla con frecuencia. Mamá no quedó muy feliz con la situación, y ella se lo prohibió absolutamente a mi padre que volviera a traer a la Rebecca dentro de la casa. Ya no lo podía soportar, ni nosotros los hijos. No obstante, mis hermanos y yo paramos una vez a verla en Federman's porque estuvo vendiendo cosas para la yarda y era mas barato en Federman's. Parecía tan simpática como de costumbre.

Algunos meses después, se desapareció, regresó a Pittsburgh, y quedamos contentos. No supimos que ella sentía que se tenía que ir como estuvo preñada con su primer niño. Francisco le dijo que tenía que irse, porque el tener dos familias en una ciudad no era buen idea. Sus padres quedaron infelices con la situación, pero la permitieron vivir con ellos.

Rebecca tuvo una niñita quien nombró Karen. Francisco estuvo presente para el parto y le prometió mantenerla. Como son muchos hombres, sentía orgullo de haber engendrado otro niño, y esta vez una niña también, como ya había tenido dos varones. También quedó un poco ansioso por tener que darle a comer a otra boca. No se lo dijo a Peggy del nacimiento hasta mucho después.

Peggy se hizo buenas amigas con varias vecinas, especialmente la Señora Wagner, quien vivía a dos puertas bajo la calle. Por el lado izquierdo de nuestra casa, un viejo nombrado Señor Coleman vivía en un jacal. Papá habló de comprarle su terreno cuando falleciera, el cual lo hizo. Derrumbó el jacal y construyó un camino de entrada y un garaje para dos carros, con espacio arriba para un apartamento. Nunca completó el apartamento.

Mamá y yo gozamos de las ramas de lila e hicimos empanadas de cereza, del árbol de cereza lo cual estuvo en el terreno del Señor Coleman, y ahora el nuestro. Cocinaba espagueti, lentejas con ciruelas, y frijoles cocidos la mayor parte del tiempo, así empanadas de cerezas eran un lujo. Cuando mi padre estaba en casa, hacía puerco, sauerkraut, y masa-bolas de patata ocasionalmente. Por supuesto, empezó a largarse otra vez durante los fines de semana, fingiendo buscar mejores trabajos, aunque estuvo ganando suficiente dinero en Firestone. Todos figuramos que se iba a visitar a la Rebecca. Mamá no se lo discutía mucho porque se iba, porque temía su genio - por lo menos Rebecca no vivía con nosotros.

El último día de la escuela, el cual era medio día, Crystal, Hilary, y yo empaquetamos lonches y nos fuimos al parque de Gorge Metropolitan. El desfiladero era la linea de división entre Akron y Cuyahoga Falls, y el sueño de un fotógrafo. Cada una se compró una camera de Brownie Kodak por dos dólares. Después de comer el lonche en la área de picnic, exploramos el desfiladero, caminando por arriba y abajo de los escalones, caminando las pipas, y a veces caminando sobre las olas bajo la cascada, el mas grande que jamás había visto. Tomamos fotos, exploramos las cuevas, y nos subimos por las rocas entre pasajes muy angostos.

Nos gustó la cueva de Mary Campbell. Mary tenía doce años cuando la secuestraron de su casa en el oeste de Pensilvana por los Indios de Delaware en 1759. Se migraron a Big Falls del Río Cuyahoga, donde vivieron temporalmente en la cueva hasta que su pueblo lo erigieran. Mary era la primera niña blanca en la Reserva Occidental y, en 1764, la retornaron a su casa.

En el Verano de 1942, me encontré un trabajo haciendo quehaceres para un par genial en Silver Lake cinco mañanas por semana. La familia de Jacks vivían como una milla de distancia de nosotros. Yo les hacía la colada, plancheando, trastes, les cuidaba sus tres niños, y mucho mas por cincuenta centavos por hora. Eran muy buenos conmigo y pues me gustaba trabajar allí. Un día su hija de cinco años, Mary Ann, se tragó un centavo mientras la cuidaba, y me preocupé de eso. Cuando se los dije a Señor y Señora Jacks de eso, me aseguraron que se iba a pasar dentro de dos días. Mary Ann quedó bién. Cada Lunes, me invitaban a comer lonche con ellos. Era lo que les sobraba de la cena de Domingo, pero sabía todo divino. Jamón cremado, y chícharos sobre pan tostado parecía como una fiesta.

En las tardes, cuando el tiempo estuvo soleado y caluroso, Hilary, Crystal y yo íbamos a nadar en el parque de Waterworks. Tomamos un corte paso por Estates de Río, cruzamos sobre las vías de ferrocarril bajo una loma, y nadamos y nos revolcábamos en el sol por horas. Zach y Juney se iban allí casi todos los días, se echaban mejor que yo, pero durante ese tiempo, yo podía cruzar la piscina nadando y de regreso.

En los Sábados, dormía tarde, y luego le ayudaba a mi madre a lavar la ropa, plancheando, limpiando, y lo demás. A mi de veras no me gustaba planchear, pero en algunos días plancheaba para otras familias en Silver Lake. Les regaba agua sobre la ropa, la enrollaba, y llenaba la canasta. Me tomaba horas al acabar porque las sábanas, fundas de almohada, y ropa interior se plancheaban, y la mayoría de la ropa era de algodón y se tenía que almidonar. Mamá y yo colgamos cortina sobre estrechos largos de madera y nos picábamos los dedos con las agarraderas filosas. Colgamos alfombras sobre los tendederos para sacudirlos de todo el polvo con escoba.

Un día Juney llegó a la casa gritando, "¡Miren al cachorro curioso que compré por cinco dólares!" Se ganó el dinero con recoger los pernos de boliche por diez centavos por hora. Zach y Juney los dos trabajaban diligentemente en el callejón de boliche. Papá examinó el cachorro y comentó, "Este pero está enfermizo, así es que regrésenlo que les devuelvan el dinero. Si me dan los cinco dólares, yo les consigo un cachorro saludable."

Una semana después, Papá trajo a la casa un perro chico negro quien alguien le dio, y Juney lo nombró "Petey." Papá le regresó los cinco dólares dolorosamente ganados a Juney, aunque se lo había pedido muchas veces. Un día Petey se desapareció, y papá dijo que pronto traía a la casa otro perro. Actualmente, Petey realmente no se desapareció, nos enteramos después. Petey había seguido un repartidor de periódicos a su casa y fue alimentado por el mejor que los alimentamos en nuestra casa, así se quedó con el repartidor en su casa. Zach había visto Petey con el repartidor poco tiempo después, y le dijo que se quedara con Petey. No me acuerdo que nos haya dicho al resto de la familia, aun, del encuentro.

En mi segundo año de la preparatoria de Cuyahoga Falls, yo continué ganando buenas calificaciones, e hice muchos mas amigas. Zach y Juney ganaron calificaciones promedias pero también tuvieron muchos amigos. Tuvieron problemas hacer el dinero rendir con lo que les pedían las monjas, cual, sin duda, fue previsto para cosas propósitos que valen la pena. Peggy se frustró tanto cuando los muchachos le pidieron dinero porque la mayor parte del tiempo no lo tenía. Los muchachos se sentían apresurados por las monjas.

Durante una ocasión, Peggy hizo una cosa tonta. Juney

seguía preguntando por diez centavos para contribuir los para los pobres. Nadie realizó que nosotros eramos los pobres. Todavía no dejábamos saberle a nadie de nuestras circunstancias. Tal vez si las monjas lo hubieran reconocido, no hubieran sido tan airadas.

En lugar de una moneda de diez centavos en el sobre, Peggy puso un botón la medida de una moneda. La monja abrió el sobre en frente de toda la clase, y Juney quedó nervioso. Era el quieto y despreocupado, pero durante esa ocasión el de veras se quejó con nuestra madre, "¿Como pudiste avergonzar me de esa manera?"

Juney ya estuvo en bastantes líos con la maestra. El tenía una manera de contestar sus preguntas con displicentes comentarios, los cuales ella no apreciaba. El frecuentemente cuestionaba algunas de las enseñanzas religiosas. Un día mientras ella hablaba de ganarse el cielo, Juney subió la mano y le preguntó si el todavía podría entrar al cielo sin creer todo lo que el catecismo decía. Ella contestó, "No." Juney entonces le pregunto, "¿Y que paso con Tomás quien lo dudó?" La monja no le tenía contestación.

Una tarde después del recreo, toda la clase sintió el escozor de la regla sobre las manos. La monja los castigó a ellos por haberse ido al recreo cuando les habían dicho que no lo hicieran, aunque ninguno de los estudiantes se acordaron que ella les había dicho que deberían faltar el recreo.

Mientras tanto, yo me estuve divirtiendo en la preparatoria, y me hice muy habladora, un cambio de mi ser cayada del pasado. No quedé disgustada que no pude enrolarme como porrista o animadora, aunque me hubiera gustado prestarme por cualquier de ellas. En lugar de eso trabajé después de mis estudios para la familia Jacks por un par de horas. Durante los lunes, todavía me invitaban a comer con ellos -- la cena, consistiendo de jamón cremado y chícharos sobre pan tostado, y comida que sobraba del Domingo. Era la mejor comida que tomaba toda la semana. Lavaba los trastes y luego me iba a la casa. Nunca tuve demasiada tarea, y los cursos parecían tan fáciles para mi, así es que me quedaba tiempo para ayudar a mi madre también.

Durante los Viernes en la noche, Crystal, Hilary, y un grupo de muchachas de mi clase, Linda, Lori, su hermana Lee, algunas otras y yo, todas tomábamos un camión a Kent para patinar. Conocíamos grupos de muchachos allí y algunos se juntaban en par. Los muchachos con quien yo patinaba nomás eran amigos. También nos íbamos al teatro de Falls para ver películas de Sábado que no se acababan hasta las tres de la mañana. Yo me dormía durante algunos de ellas. Algunas veces comimos en Kippy´s cuando se acababa la película temprano. Crystal, Hilary, y yo caminábamos a la casa solas si los muchachos no se juntaban con nosotros. Nadie parecía que se preocupaban por nosotros -- tiempos eran muy diferente aquel entonces.

Un día mi novio Brad, desde Kent, me desafió a fumar un cigarro. No pensé que fumando era gran cosa, y sospechaba que no me iba a gustar, pero pensé que aceptaría su desafío. Nadie supo que tan peligroso era fumar. Yo tomé una prueba del cigarro de Brad, luego comencé a toser incontrolablemente, y luego comprendí que el fumar nunca sería algo para mi.

Francisco conoció unas nuevas amigas en su trabajo. Me preguntó si yo quería otro trabajo lidiando a niños, y, por supuesto, dije que si. No tenía idea que fue lo que era su intención cuando me llevo a una sección próspera de Akron. Entramos la casa elegante y me presentó a la madre de dos niñas chicas, y luego a las niñas. Papá me sugirió que les leyera una historia, lo cual hice con gusto. Después de haberles leído un par de libros para niños, estuve preparada para regresar a la casa. Caminé a la escalera y lo vi besando la madre de las niñas. Quedé tan disgustada con el, y pensé, *¿Como se atreve a seguir con sus infidelidades en frente de mi?* Comprendía un poco mas de las realidades de la vida para aquel periodo, y lo sentía tanto por mi madre. Hablé con voz firme, "Estoy preparada para irme a la casa ahorita." El supo que quedé disgustada con su comportamiento. No le dije ni una palabra durante el camino a la casa. Si lo hubiera regañado, yo sabía que se iba a enojar. Yo nunca le dije a mi madre sobre este incidente. ¿Porqué amargarla demás?

Antes que ocurriera esto, yo había leído mi primer libro para adultos, *The Postman Always Rings Twice.* Por supuesto, yo había leído otros libros para adultos con temas limpias, como *Twenty Thousand Leagues Under the Sea, Shakespeare,* y varios libros de poesía. *The Postman Always Rings Twice* era semejante sugestivo, y casi comprendía el acto sexual. Como nunca había visto a un hombre, No sabía exactamente lo que debe pasarse. Yo nunca tuve sentimientos sexuales actualmente, aunque algunos de mis amigas aparentaban saber que un orgasmo se parece a un estornudo. Raramente hablamos de asuntos sexuales. Por supuesto, nosotros aun hablamos de los muchachos en general muchas veces.

Yo pensaba que si los hombres actuaban como mi padre, estaba contenta con ser una mujer. No conocía de algún otro padre que era infiel como el.

Mamá siempre me mandaba a la tienda para comprar provisiones. Crystal iba para ayudarme cargar las bolsas. Siempre nos hacíamos las tontas, pero esto era ridículo. Crystal me desafió a brincarme sobre una charco de agua{después de una fuerte lluvia} mientras cargaba dos bolsas de provisiones. Le dije, "Okay, yo pienso que lo puedo hacer"-- ¡La eterna optimista! Brinqué y caí en medio del charco. Nos reímos incontrolablemente, y para entonces si había me preparado, Crystal se había mojado, y las dos regresamos a la casa empapadas. Durante otra ventura de compras, la bolsa de provisiones que estuve cargando se rompió de abajo y una docena de naranjas se rodaron al alcantarilla de la calle. Recogimos las mas que pudimos. Costaban treinta centavos por docena, y era una buena cosa que mi madre no los contaba. Mamá era facil conmigo, aun, y raramente me regañaba. Me había cacheteado una vez cuando le contesté groseramente. Jamás volví a atentar lo.

Mientras Francisco estuvo en Pittsburgh visitando a la Rebecca y a la Karen, consultó con los doctores de Allegheny General Hospital par ver si habían encontrado un nuevo método de controlar los nervios de Peggy. Había parado allí muchas veces previamente, pero los doctores nunca le tenían una respuesta. Esta vez, sin embargo, parecían seguros que habían perfeccionado un método quirúrgico para separar le nervio mayor de Peggy de su matriz. Estuvo ansioso para decirle las buenas noticias, entonces regresó a la casa inmediatamente.

"Peggy, no lo vas a creer después de todo este tiempo, pero los doctores quieren que tengas la cirugía que hemos estado esperando por quince años. Quieren que vayas a Pittsburgh la próxima semana." Peggy le contestó, "Pienso que eso se puede arreglar, como la Meg es lo suficiente madura para cuidar el hogar. " Peggy no sabía que iba quedar ausente por todo un mes.

Yo estuve aprensiva que mi mamá se iba a Pittsburgh y quería estar con ella durante la cirugía, pero no se podía hacer. Papá trató de asegurarnos que el nos llevaría a verla después de la cirugía. Promesas, promesas, Yo sabía que no iba a honrarlo esta vez. Las semanas pasaron despaciosamente, y yo estuve extremadamente ocupada, pero no tanto para no preocuparme de mi madre. Yo no realicé que a esa edad que preocuparse de algo era un desperdicio de tiempo. De todas maneras me iba a trabajar después de los estudios, y luego retornaba a la casa para cocinar, limpiar, lavar, y empacar lonches para el próximo día. No me importaba todo el trabajo, pero si quería ver a mi madre y saber algo de ella. Todo lo que oíamos de mi padre era que la operación fue exitosa, y mamá regresaría pronto.

Una noche para la cena, freí chuletas de becerro empanizadas en un sartén con agarradera quebrada, hice puré de patatas, mole, y ejotes. Al momento que iba servir los, el sartén se voltió y se cayeron las chuletas por el piso. De pronto corrí para levantar, y ponerlas en un plato. El piso estaba limpio, y lo di por sentado que a nadie le importaría, mientras podían gozar de las chuletas suculentas, cuales raramente comimos.

Crystal me visitaba durante la mayoría de las noches para ayudarme empacar los lonches, consistiendo de cinco sándwiches para mi papá, tres para cada uno de los muchachos, y uno par mi, mas una naranja y un par de galletas. Papá pudo conseguir carnes frías para el lonche -- jamón, Bolonia, paté, salami, y barra Holandés para los sándwiches de la semana. Cuando Mamá estuvo en casa, ella usualmente preparaba sándwiches de huevo porque no había carnes frías para lonche.

Peggy estuvo en el hospital por todo un mes porque los doctores querían que estuviera fuerte después de la cirugía. Como no habíamos oído de ella personalmente durante todo ese tiempo, seguía yo pensando que tal vez algo se mal pasó. Nadie parecía importarle los sentimientos de los hijos, y me extrañaba porque mi madre no nos escribía. Quedamos tan relevados cuando nuestro padre se fue para traer la a la casa, pero yo no estuve segura si lo creía. No obstante, esta vez nos dijo la verdad. Cuando una persona consistentemente rompe sus promesas, es difícil creerle lo que dice.

Mamá se sintió mas o menos bién cuando arribó a la casa, y, por supuesto, estuvimos estáticos para ver la. Si tomó varias semanas para regresar a lo normal, y quedó feliz que lo nerviosa se le desapareció. ¡Las maravillas que hacen los doctores! Le di las gracias a Dios que les dio buenos cerebros a los doctores para desempeñarse con la cirugía delicada, y les guió las manos.

El último día de la escuela, Crystal, Hilary, y yo otra vez fuimos al desfiladero para un picnic y exploraciones divertidas. Hubo una víbora arrastrándose por la pipa mientras caminábamos sobre el, y como les teníamos miedo, de pronto nos volteamos para correr.

Las tres cosimos mucha ropa durante ese Verano, particularmente faldas que se entallaban por la cintura, llamadas faldas de dirimible, con cuellos blancos engarrados sobre la blusa decorados con materiales de la misma falda. Continuamos haciendo muchos eventos divertidos juntas, pero nos apenamos cuando alguna de nos se quedaba o la declinaban. Nos llamábamos "Las Tres Mosqueteras" por la película del mismo nombre.

Antes que el tercer año empezara, Mamá y yo fuimos testigas de un evento de cual nos acordábamos el resto de nuestras vidas. Estuve sentada sobre el sofá en la sala de estar como a las cuatro de la tarde, cuando oí un ruido extraño. Sabía que estuvo lloviendo mucho pero decidí levantarme y ver para fuera. Se puso muy oscuro, y de repente vi un como embudo entre la oscuridad. Llamé a mi madre para ver lo. Mamá dijo, "Creo que es un tornado," cuando pasaba la casa y se subió por la calle Vincent hacia Silver Lake. Afortunadamente, viajo por en medio de la calle por la mayor parte del camino y solamente tumbó unos puestos de teléfono en Silver Lake. Nadie se hirió. Yo figuré que nuestros ángeles guardianes nos cuidaban de nuevo. Nunca creí que Dios había causado los desastres, nomás que la naturaleza lo había hecho. Dios creó a la naturaleza, y era veleidosa.

Capítulo 17

Papá quedó desilusionado con trabajar en Firestone, por lo menos eso nos decía. El quería ganarse mas dinero, y siempre le había gustado manejar, entonce obtuvo empleo manejando un camión de larga distancia. Permanecía fuera de la casa dos o tres semanas cada vez, y se escaseaba la comida otra vez. Algunos días Crystal y Hilary me invitaban a sus casas para cenar. La madre de Crystal preparaba sus mejores fideos estofados, y la madre de Hilary preparaba pasteles de manzana para chuparse los dedos.

Después de que había comenzado el año académico, me quedaba ansiosa para cumplir los diez y seis años. No es que había tenido una fiesta. Mamá aun me había hecho un pastel, cuando tenía los ingredientes. Mi pastel favorito siempre había sido de chocolate, pero pastel del plátano quedó un segundo muy cercano. Mamá tenía la mejor receta para pastel de plátano y lo hizo cuando conseguía plátanos. Yo planifiqué obtener un trabajo que no consistía en cuidar niños o limpiar casas para poder tener mas comida y pasteles.

Estuve tomando mi tercer año de Latín y crecía con fuerza. Atrás de mi en la clase de Latín estuvo el alcalde futuro de Cuyahoga Falls. En mi opinión, el era el mas bondadoso muchacho en nuestra clase y yo sentía que el iba crecer a hacerse alguien importante en los años por venir. Me gustaba conversar con el y otros muchachos en nuestra clase. Habían algunos que eran genial y era facil hablar con ellos como amigos. Me divertía hablando y riéndome con Linda Jackson, y muchos otros.

La semana de Octubre cuando cumplí diez y seis, tomé el camión al centro para aplicar por un empleo en varios almacenes de departamento. Pregunté en Byron's, la primera tienda a cual me acerqué después de bajar del camión, y me preguntaron, "¿Cuando puede empezar -- necesitamos una vendedora para el departamento de portamonedas?"

"De pronto," Les contesté.

Cuando el Sábado arribó, estuve preparada y con voluntad para empezar el nuevo trabajo vendiendo portamonedas. Tal vez pensaba que me gustaría estar de vendedora porque mi padre fue tan destacado con las ventas. De pronto, yo sabía que estaba equivocada. De veras no me gustó su reserva de portamonedas, y deseaba que podría ser la compradora. Era difícil vender las portamonedas que no me gustaban a los clientes de buena fe. Pero, los vendía, y trabajé no solamente durante los Sábados, pero dos días por semana después de mis estudios. El dinero extra ayudaba un poco. Siempre le daba a mi madre la mayoría de mis ganancias, y me quedaba con bastante para la transportación y lo esencial.

Antes de la Navidad, me transfirieron al departamento de ropa deportista, y, sorprendentemente, gané cien dólares de comisión por haber vendido mas ropa del departamento. Mientras tanto, Zach y Juney seguían trabajando duro en la sala de boliche, brincando dos lineas a la vez, ahorrando dinero para comprarse botas. Para la hora de lonche durante los Sábados, a veces compraban un Pepsi por cinco centavos, y dos donas por cinco centavos.

El camino hacia y desde la sala de boliche era mas o menos dos millas y media, y caminando durante ese Invierno era peligroso para gente que tenía ropa y accesorias apropiadas, olvidarse de personas quienes ni tenían botas. Apenas pudieron meterse por los ventisqueros de nieve, y las ventiscas casi les enhielaron los cuerpos. Un día ventoso con nieve que llegaba al nivel de las rodillas de Juney, sentía que sus pies se habían congelado después de caminar a la casa. Se reclinó sobre la cama de nuestra madre y se durmió. Después de despertarse, sus pies le daban comezón, estaban sangrando, y pegándose a las sábanas. El próximo día se compró las botas que tanto necesitaba. Sin embargo, no los tuvo por mucho tiempo. Papá se prestó las botas y nunca se los regresó o el dinero que Juney usó para comprarlos. Juney empezó a comparar a su padre con una cobra -- nunca se sabía cuando iba a pegar.

Francisco se dio cuenta que Zach y algunos de sus amigos se subían en los carros de ferrocarril estacionados sobre las vías. Juney no estuvo involucrado. Francisco los llevó a los dos al sótano, golpeó a Zach, y cacheteo a Juney. Juney lo odiaba, y, en ese momento quería haberlo matado.

Dos horas después, papá llevo a Juney a Levinson´s para nueva ropa de la escuela. Escogió la ropa para Juney, aunque el protestara. Juney sabía que los jóvenes de su escuela se iban a burlar de el por su ropa de colores sal y pimienta como pantalones de obrero de ferrocarril, y así lo fue.

Peggy se preguntaba a donde estaba Francisco cuando no regresaba a la casa por mas de un mes. Usualmente sabía de el cada dos o tres semanas. La comida se escaseaba otra vez, los recibos se tenían que pagar, y no había bastante dinero para pagar muchas cosas. El dinero de los muchachos no cubría las necesidades de la vida. Llegó a pensar que mejor irse a la policía porque tuvo un sueño que Francisco estuvo involucrado en un accidente. A veces se realizaban sus sueños.

Una policía llego a nuestra puerta de la entrada el próximo día y le informó a mi madre que su esposo estaba en el hospital de Buffalo, New York, después de haber estado en un accidente de camión. Había se resbalado el vehículo sobre la carretera y se volteó el camión. El reporte de la policía decía que Francisco tenía amnesia, pero de alguna manera pudieron descubrir que vivía en la calle Vincent.

Peggy deliberó de que manera recuperar lo. Viajando a

Buffalo en autobús tal vez le podría causar nervios, y de veras necesitaba quedarse con los muchachos. Me pidió si no me molestaba en recuperar a mi padre. No estaba de veras entusiasmada con el prospecto de irme a una ciudad extraña sola, pero no lo temía porque mi ángel que me cuidaba me iba proteger. Esa noche bordé el autobús de Greyhound rumbo a Buffalo. Me llevé un libro para leer por lo largo del camino. El autobús hizo varias paradas hasta arribar en Buffalo a las tres de la mañana.

No pude dormir en el autobús, y quedé un poco cansada después de desembarcar. Quedé un poco sorprendida cuando entré la estación de autobuses y vi que estaba repleto con mendigos. Algunos se me quedaban viendo, pero yo seguía leyendo hasta el amanecer. Pregunté por direcciones al hospital, y bordé un tranvía que pasaba por el terminal de autobuses a las seis. Cuando entré al cuarto de mi padre, el me reconoció de inmediato, pero dijo que no se acordaba de ninguna otra persona. Se me hizo difícil de creer.

Salimos del hospital, tomamos un trolebús al depósito de locomotoras, y estuvimos en ruta a Akron vía Steubenville, Ohio. El se quedó inusualmente quieto hasta que nos acercamos a Steubenville. Entonces enfáticamente me dijo que intentaba bajarse allí porque tenía que asistir a unos negocios en esa ciudad. Le supliqué, "Por favor, papá, no hagas eso -- Mamá se va a angustiar mucho si no retornas conmigo. Si insistes en bajarte me iré contigo."

Me gritó, "¡No, en lo absoluto, es demasiado peligroso en Steubenville para una joven como tu!" Le supliqué otra vez que no se fuera, pero sin éxito. Se desembarcó del tren, y yo continué a la casa sola. Tomé el camión para mi hogar, y vi la expresión de angustia que tuvo mi madre en su cara cuando se fijo que regresaba sola. Todo lo que pude decirle es que se bajó en Steubenville.

Una semana o mas pasó cuando escuchamos que tocaban la puerta de entrada. No era la policía esta vez, pero una mujer cargando un bebé de dos meses, con una niña a su lado. Por casualidad fui yo quien abrió la puerta y ella me informó que estaba buscando a su esposo, Francisco Hanocek. Su nombre era Ellen, y la de la niña era Carmen. Me quedé parada en choque y le llamé a mi madre. Ella las invitó a la sala de estar, y discutimos esta situación estrambótico. Mamá no podía creer lo que la Ellen le decía porque ella y Francisco no estaban divorciados --¿como pudo haber hecho esto? Trató de no demostrar furia en frente de la Ellen, aunque eso se le hizo difícil. Le platicó del accidente y la amnesia de Francisco y la convenció que no supimos exactamente en donde se quedó. Tal vez en Steubenville.

Ellen le platicó su historia. Le dijo que Francisco le había dicho que se divorció, y que tenía tres hijos. Así es como nos encontró. Le susurró que la Carmen no era niña de Francisco, pero se lo dijo a Carmen que lo era para guardarle la vergüenza de no conocer su padre verdadero. De principio, Ellen y Francisco vivían en Cleveland, y la Carmen les rejuntó. Carmen había nacido en Enero de 1937 y había estado viviendo en hogar-adoptivo por varios años.

Su apartamento en el tercer piso en Cleveland quedo lleno con un bebé tras otro. Carmen pudo escaparse de toda la conmoción con pasearse en las tranvías por cinco centavos, sin transferencia, por todo la área de Cleveland. Cuando Francisco desaparecía por muchas semanas, Ellen tuvo que arrastrarse con tres bebes al mercado en un vagón. Debía haber sido difícil subir y bajar con provisiones por las escaleras.

Los ocupantes del complejo de apartamentos fueron todos amigables y nos gustaba visitar cada año hasta que escuchamos el *thump, thump, thump* de los pies de Francisco subiendo los escalones. Todos se ponían quietos. Habían oído los argumentos y gritos de Francisco y Ellen, y le temían a su genio. Después de que Francisco y Ellen se mudaron de Cleveland, se ubicaron en un hogar de sótano en la área Medina, el cual Francisco había construido. Francisco les aseguró que eventualmente les iba construir el resto de la casa. Ellos también quedaron necesitados por el dinero y la comida.

Francisco había conocido a la Ellen en 1936, cuando tenía empleo con el WPA en Ohio. Tuvo su lonche en el restaurante Jardin sobre la calle principal de Akron, donde ella trabajaba. Después que había comido, caminó hacia la cocina y platicó con las meseras,   incluyendo le a Ellen. Pensó el que era muy bonita, y la invitó a salir. La estuvo noviando por un tiempo corto, y no lo volvió a ver hasta 1941 has después de que nuestra familia se había mudado a Akron. Todo ese tiempo, creímos que nos habíamos mudado aquí por su empleo con Firestone, pero debíamos haber adivinado que tenia otra mujer.

Después de que se habían ido, lo que mi madre y yo sentíamos se me hizo difícil explicar con palabras. Traición, rabia, resentimiento, decepción. Las dos lloramos y tratamos de consolarnos una a la otra. Aunque estábamos acostumbradas al abandono, no esperamos esto, el último engaño. Guardamos el secreto entre la familia inmediata.

Francisco arribó a la casa una semana o dos después sin explicación de donde se había ido o quedado, o lo que hacía. Le culpó todo a un tumor que tenía en su cerebro, lo cual sospechaba que le provocó su comportamiento inesperado, y por su amnesia. Mamá se le enfrentó con el hecho que Ellen nos había visitado, y papá admitió que se había casado con ella un poco antes del accidente, y que Carmen no era su hija. El dijo que le había dicho a Ellen que era divorciado. Cuando Mamá le contestó que era mentira, el encontró un papel que creía que lo iba exonerar, un certificado de divorcio Mexicano, el cual obtuvo sin el permiso de mi madre. Siempre cuestiónamos la validez del certificado. Yo se que mamá nunca pensaba de ella misma como divorciada. Francisco había construido un garaje para dos carros detras de la casa. Decidió usar el espacio para un negocio de reparación de carro. Había conseguido un socio quien supo como pintar y reparar automóviles. Me pidió prestado, cual dinero nunca me repagó. Algo del dinero mantenía las otras dos familias.

Durante ese Verano cuando tenía diez y seis años, construyó un cuarto adicional al lado de nuestra casa y un porche enclaustrado y los principios de un baño al trasero, lo cual nunca acabó completamente. A veces me asombraba como sabía el hacer todas estas cosas, era un hombre-orquesta, y maestro de ni uno. Acosaba al los muchachos a que excavaran una fundación.

Tuvimos un perro pequeño nombrado "Tiny" cual papá trajo un año después de que se desapareciera el Petey, quien le deleitaba estar corriendo para arriba y abajo de la excavación. Petey actualmente pudo haberle pertenecido a la familia de Ellen, porque el Petey de ellos se desapareció mas o menos al mismo tiempo que Francisco nos trajo el perro nombrado Petey.

Zach y Juney cargaron carretilla tras carretilla de cemento mientras Tiny los seguía. Tiny también me seguía cuando visitaba las casas de Crystal y Hilary. De todos los perros que tuvimos Tiny fue nuestro favorito.

Hubo mucha reparación de, y pintaron muchos carros por un tiempo, pero, por lo usual, el negocio fracasó. El socio de Francisco había dejado su carro viejo en el garaje, y Zach y Juney se divirtieron sacándolo para manejar. Un día Zach y George, uno de sus amigos, manejaron el carro al rededor de la curva, dieron la vuelta en alta velocidad, y chocaron contra un árbol. El socio regresó para recoger su carro, pero lo encontró en malas condiciones, pero pudo llevárselo.

Uno de los amigos de Juney, Ed Swanson, hermano de Hilary, comentó algo ofensivo sobre Francisco y su garaje, así Juney y Ed tuvieron un pleito a tiradas. Juney le dijo a Ed que jamás regresara a nuestra parte de la calle o que lo cruzara. Ed evitaba nuestra sección de la calle Vincent después de ese episodio.

Un colector de cuentas {y habían muchos} llegó a colectar dinero debido a Levinson´s por los pantalones de Juney, y le amenazo a Juney, como su nombre era Francisco Hanocek. Habían mandado una carta desagradable en su nombre. El trató de llevarse la bicicleta de Juney como pago pero Juney le peleó, tratando de jalar la de sus manos, pero como el colector era mucho mas grande que el, el colector ganó. Se llevó la bicicleta para algún lugar por la calle Front. Juney lo siguió para recuperar su bicicleta, después de finalmente convencer el colector que había acosado al Francisco Hanocek equivocado.

Mama siempre trataba de esconderse de los colectores. Se ponía un poco nerviosa cuando el pago de la casa se debía y no tenía el dinero suficiente. Fueron bastantes indulgentes, diciendo que si pagaba por lo menos dos dólares del pago, no se pondrían a ejecutar la hipoteca. Eso es lo que nos salvaba de perder nuestra casa.

Mamá siempre fue bondadosa, y la gente percibía su bondad y fiabilidad. Les daba comida a los limosneros quienes tocaban nuestra puerta trasera aun si nomás era un pedazo de pan duro. Ella creía en el compartir con los mas pobres que uno. Jamás dejaba que entraran los mendigos a la casa, aun, y siempre demostraban gratitud por lo poco que les podía ofrecer.

Era el tiempo del baile del colegio menor. Mi amiga, Heather Prescott, le había preguntado a un joven que la acompañara al baile. Heather y yo nos habíamos hecho buenas amigas el pasado año y quería ella que la acompañara con un ligue y ella con su ligue, un joven en su año final quien tenía su propio carro. No estuve segura si preguntarle a alguien,y pensé que alguien debería pedir llevar me al baile. Heather me suplicó hasta que le dije que, "Si, pero me gustan los chicos nomás como amigos. Creo que podía pedírselo a Aaron quien se sentaba detras de mi en la clase de Ingles. Era muy amigable y un caballero." Heather respondió, "Oh, por favor pídeselo." El próximo día, con toda la valentía que tenía, le pedí a Aaron, y el dijo que si. Yo quería comprar un nuevo vestido para la ocasión especial, y me divertí comprando ese fin de semana. Encontré un vestido azul claro de encaje que me quedaba apenas bién y no fue tan caro en la tienda Polsky´s del centro.

El próximo Lunes mientras tanto en la clase de Ingles, escuche a mi maestra de Ingles hablando con otra maestra del hecho que yo le había pedido a Aaron al baile. Le dijo, "Que lástima que la Meg le pidió a Aaron, porque el fue nominado como rey del baile menor." Yo de veras no comprendía lo que quiso decir con ese comentario, pero pensé que era inapropiado. Quedé un poco enojada por lo que dijo porque yo nunca le había dado problemas, y era una de sus principales estudiantes en su clase. ¡Por seguro ella no pensaba que yo no era lo suficiente buena para el rey! Yo sabía mejor, y tenía bastante auto-estimación. Descubrí que a veces no importa lo bueno que eres, o lo bondadosa o inteligente que eres, siempre habrá alguien quien no te quiere. El secreto de la vida es no tomarlo demasiado personalmente.

La noche del baile, mi pelo quedó hermoso, y me veía chula en mi lindo vestido azul. Yo tenía pelo rubio oscuro y chino por naturaleza, y llegaba hasta mis hombros. Actualmente me sentía hermosa con el maquillaje y nuevos zapatos y una portamonedas para la noche. Ahora, yo no me sentía hermosa por costumbre, y no creía que yo era la muchacha mas adorable del mundo, pero pensé que era yo atractiva y de aspecto diferente. Siempre me auto-estimaba y me queria misma - y eso es la base por querer y amar a otros. La cita de Heather primero la recogió a ella, y luego Aaron, y luego a mi. Aaron parecía guapo en su traje. Los dos jóvenes nos compraron ramilletes de clavel. Aaron lo escogieron como rey del baile, y me sentía feliz por eso, y mientras bailábamos, yo sabía que dimos aspecto de un par buen parecido. Quería yo estimarlo mas mas que un amigo, pero eso fue todo, no existía una relación. Tuvimos un buen rato genial juntos. Quisiera, en retrospectiva, haberle dicho a Aaron que tan buena persona era -- tal vez el comentario de la maestra tuvo algo que ver con mi reticencia esa noche.

Heather comenzó a invitarme por la noche en su casa. Tuvo padres maravillosos, y me gustaba mucho en particular a su papá. Parecía gentil y bondadoso, y hablaba de manera lenta. Su madre era buena cocinera y a veces cenaba con ellos. Heather tenía pelo negro ondulado, era flaca, muy lista, y una de las mas bien-parecidas muchachas en nuestra clase, en mi opinión. Mas que todo, me gustaba su sentido de humor, y nos reíamos y carcajeábamos por media noche cuando me quedaba con ellos. Sus padres aguantaron nuestras tonterías.

Sus vecinos al otro lado tuvieron una niña de nueve años nombrada Sally. Ellos necesitaban alguien que los ayudara prepararla para la escuela temporariamente hasta el fin del año escolar. Por algunas semanas, yo me dormí sobre la catre en su cuarto del sol, y luchaba para preparar a la Sally por sus estudios a tiempo. Tenía problema con mojar la cama, así necesitaba un baño cada mañana. Yo le corría el agua, y la dejaba bañarse sola mientras que le empacara lonches y me preparaba misma para la escuela. Finalmente se dormía en la tina cada día, así es que por costumbre, siempre nos apurábamos. Estaba segura de que no llegara muy tarde a la escuela. Había disfunción en la familia con dos mujeres viviendo allí y solo un esposo. Pero, no eran mis negocios. Teníamos bastante disfunción en mi familia inmediata.

Cuando mi papá había acabado nuestra nueva "sala de estar", el yeso quedó un poco crudo y pintado de color rosado. Por lo menos nos prestó mas espacio, y mi mamá se dormía el la sala vieja. Mamá y yo siempre nos imaginábamos convertir el comedor en recámara, pero lo usaba para la costura y para planchear. Comíamos en el rincón de desayunos que mi papá construyó y quedó adecuado. Heather se quedó la noche una vez. Yo sabía que mi cuarto era raído comparando lo al suyo pero no me avergonzaba del mio. Yo nomás pensaba que era mas divertido en su casa, principalmente porque tenían mucha comida, y su hermano estuvo lejos de allí en el colegio. Crystal y Hilary se quedaron por la noche varias veces, y me sentía mas cómoda con ellas como sus casas eran similar a la miá.

Heather tenía un gran piano de bebé y podía tocarlo con abandono. Había tomado lecciones por siete años. Durante la hora del lonche en la escuela, tocaba el Boogie-Woogie mientras todos bailaban, y era bastante popular. También comenzamos a patinar juntas en el East Market Gardens una vez por semana. Era una excelente patinadora, y podía hacer el "Flea Hop" como profesional. Por la otra mano, yo era una patinadora mediana sin talento. Nunca fui celosa de la Donna, pero me gustaba irme a patinar con la muchedumbre vieja un poco mas porque ellos también eran de talento mediano como patinadores como yo. Podíamos emparejarnos y patinar juntos. A Heather siempre la invitaban a patinar mas seguido como podía hacer todos los bailes.

Yo continué trabajando en Byron's durante el Verano. Papá se había ido parte del tiempo con la Rebecca, y parte del tiempo con la Ellen. Ellen quedó embarazada otra vez, aunque mamá y yo no estábamos consciente de eso. Aparentemente el se había convencido solo que estaba divorciado de mi madre, pero siempre regresaba llorándole que lo perdonara. ¡Que hipócrita!

Francisco legalmente adoptó a Carmen, y hasta que cumplió los cuarenta años, ella creía que era la hija biológica de Francisco. El repetidamente le dijo a Ellen y su familia de su familia, sobre sus experiencias en un orfanato, junto con sus hermanos y hermanas. A mi conocimiento y los primos Hanocek, todo era mentira. También le dijo a Juney una o dos veces que el había estado en un orfanato. Todo es posible, y tal vez si estuvo en un orfanato en la loma de Troya por algunos días, o semanas. Parecía poco probable, aun, como ni uno de sus hermanos/as habían hablado de eso. También le dijo a Ellen y su familia que cuando su padre, Victor, había fallecido, los hijos desmantelaron los muebles porque Victor escondía dinero en varias sofás y otros muebles -- no confiaba en bancos. Eso también era mentira, según los primos Hanocek quienes vivían cercanamente en la calle Goettman, y estaban allí cuando Victor se murió.

Francisco inventó tantos cuentos, nadie nunca supo que creer le. Si obró una vez bién por la Carmen. El insistió que asistiera a una escuela Católica porque tenía problemas con aprender leer. Francisco no podía soportar todo eso. El secretamente la comparaba y sus otros hijos de Ellen con nosotros. Siempre estuve a la cabeza de mis clases, y a el le gustaba la perfección, aunque fuera tan imperfecto. La monja de la escuela Católica descubrió que la Carmen era disléxica y resolvió el problema. Carmen quiso mucho a esa monja le dio gracias a Francisco por haberla ayudado. Sin embargo, pasaron tiempos cuando se ponía tan enojado con Francisco que le pegaba o le aventaba cosas. El le toleraba su coraje. Carmen era una niña muy bonita, y Francisco derivaba placer con presumir la, especialmente después de que su problema con leer lo habían corregido. .

Ellen seguía teniendo mas niños, mientras pasaban los años y tal vez realmente no quería tener mas, pero Francisco no usaba protección porque disminuía su placer. ¡Siempre pensando en si mismo, así era mi padre! My armario y mi recámara necesitaban pintarse, y papá decía que el me ayudaría. Traté de cubrir el armario sola pero fue un desastre. Mi cuarto siempre el mas caliente de la casa durante los Veranos, estando localizado donde mas pegaba el sol toda la tarde. A demás el calor intenso la pasta del papel pintado no se quedaba pegada en el armario y seguía cayéndose sobre mi cabeza. Me rendí y admití que no podía colgar papel pintado. Papá nunca arregló mi cuarto, pero yo todavía gozaba el leer, escribir, y relajarme allí cuando la clima estaba tolerable.

Capítulo 18

Había trabajado en Byron´s todo el Verano. Después de que mi año final había comenzado, cambié de empleos porque yo quería mas experiencia con trabajo de secretaria. Después de todo, yo era la mejor en la mecanografía y taquigrafía de mi clase. Yo podía escribir por máquina cien palabras por minuto, y tomar dictado a ciento-veinte palabras por minuto. Obtuve un trabajo como mecanógrafa con la Lega de Servicio Católico sobre Portage Trail transcribiendo historias de casos. Descubrí que existían muchas familias mas disfuncionales que la nuestra. Trabajando allí me ahorraba dinero para el camión, como podía caminar la distancia después de mis estudios, y luego caminar a la casa.

Los dos días por semana que no trabajaba después de mis estudios, Heather y yo nos parábamos a la farmacia de la esquina para tomar una Coca de cereza. A veces Linda Jackson caminaba con nosotros a la casa. Ella y yo, ambos siempre gozábamos de nuestra compañía. Después de caminar a Heather hacia su casa, continuamos juntas a la Avenida Norwalk, donde vivía la Linda, y luego caminamos a Hudson Drive y cruzamos las vías a la calle Vincent.

Otros días, Arlene Selby, quien vivía en Bailey Road, se nos rejuntaba. Platicábamos hasta llegar a la casa. Seguíamos yendo en grupos en los fines de semana a patinar en Kent o a Ravenna. El grupo usualmente consistía de Crystal, Hilary, Linda, su hermana, Lottie, Lee y Lori Trainor, y yo. Arlene nos acompañaba ocasionalmente. Patinábamos con muchachos que conocíamos y a veces nos traían a la casa. Había un muchacho que yo parecía gustar le, Vincent Orlando, y el era bueno, pero pensaba yo de el como solamente un amigo. Por la otra mano, Lori y Phillip quedaron enamorados. El abuelo de Linda, quien era dueño de un almacén de maderas, y también fue un inventor. El diseñaba montañas-rusas construidas en Ohio. Uno cual el construyó en Silver Lake Park lo habían derrumbado mucho antes que nos mudáramos a Cuyahoga Falls. Gente de la área antes tomaban las tranvías para llegar al parque de atracciones de Silver Lake. Hilary y yo nos compramos pantalones de montar verdes cuales eran popular para la equitación y uso general. Nos fuimos a uno de las granjas para la equitación, y pensamos que el montarse sobre un caballo iba ser muy facil. Heather y yo fuimos la próxima semana, pero tuvimos una experiencia muy diferente. Estuvimos trotando de largo y pensamos probar galopeando. Todo estuvo bién hasta que mi caballo se tropezó en un hoyo por la carretera de tierra, aventándome sobre su cabeza en una voltereta. Caí sobre mi espalda y mi caballo se hizo a un lado, o me hubiera herido. Esta fue una vez cuando mi ángel me cuidaba. Heather y yo no podíamos pararnos de reír. La vida ciertamente era una nueva aventura cada día.

Brian Schaefer, un compañero de mi clase, me invitó a una cita doble con su amigo, Carl Baylor y su invitada. Fuimos a la cinema en el carro de Carl. Brian era una persona muy genial y me gustaba como amigo. Me había invitado a su casa para cenar, cual disfruté muchísimo. Sus padres eran de lo mejor. Nos frecuentamos por un tiempo, pero Brian decidió con una vida militar. Le escribí y a otros soldados, quienes algunos conocía y a los otros no. Nosotros las muchachas comprend-imos lo que aislado sería para los jóvenes hombres tener que irse tan lejos de sus hogares, y queríamos animar los. Todos escribieron que les daban buena comida, yo quedé contenta por eso, aunque yo no siempre tenía lo que quería comer, especialmente como nomás comíamos carne cuando papá estuvo en casa, que no era seguido. Yo continuaba rezando por los soldados y para que se terminara la guerra. Papá hacía sus trabajitos, y llevaba a Zach y Juney a Nueva Filadelfia en un día frío durante el Invierno. No estaban apropiadamente vestidos para la clima frígida y no habían comido algo en todo el día. Titiritaron en la casa donde estaban reparando un horno. En lugar de traerlos a la casa, los puso en un camión a Akrón, y tuvieron que esperarse mucho tiempo para que llegara un camíon de Cuyahoga Falls. Francisco manejó de regreso a Medina y su familia allí.

El racionamiento de azúcar, gasolina, carne, papel y clavos, entre otras cosas, estuvo en efecto. Muchachas usaban maquillaje para las piernas que tendía a mancharse, o calcetines, zapatos sillín sin bolear, o "penny-loafers." Nos abotonábamos los suéteres Cardigan y los volteábamos. Faldas plisadas eran la furia. Muchachos usaban calcetines de argyle. Lapiz labiales de Tangee y Tabbo, maquillaje de panqué, y perfumes de Noche en París eran popular. Algunas muchachas se hacían peinados permanentes pero nunca tuve yo que hacerlo como yo tenía pelo naturalmente chino. Se veía, sin embargo, un poco maltratada cuando la clima estaba llovioso y húmedo. Nos levantábamos el pelo con bobinas, un ritual de todas las noches. Los alfileres se enteraban en mi cabeza, pero los resultados eran excepcionales.

Zach estuvo en su primer año de la preparatoria cuando yo estuve en mi año final. Yo estaba tan orgullosa de el. El medía seis pies de alto, muy guapo, y era un futbolista excelente. El tomaba posición defensiva y ofensiva de tacle. Nos hicimos buenos amigos, y caminábamos juntos a algunos bailes de grupo en St. Josephs. Actualmente nos apreciábamos.

Juney suplicó que todos lo llamaran de allí en delante como "Marty" y eso era comprensible. El decidió que lo llamaron por su segundo nombre en lugar de su primero. De esa manera la gente no lo conectarían con el nombre de Francis. Tomo un buen tiempo para acostumbrarnos, y ocasionalmente yo lo llamaba "Juney." El también estaba creciéndose en un joven muy guapo. Los dos muchachos todavía brincaban dos pistas de boliche para ganarse mas dinero.

Yo empecé a escribir la crónica rosa par el periódico de la escuela, *The Commercialite*, a demás de escribir otras crónicas. Traté de no ofenderle a nadie, y por la mayor parte dejaba cuestiones. Algunos de los chicos les encantaba ver su nombres en el periódico, y me pasaban notas. Nunca incluía datos de mi misma, aunque me mencionaron en crónicas escritas por otros. Una crónica hizo referencia a mi "traje chico de color café" cual seguido me ponía. No tenía mucha ropa, pero bastante para tener alguna variedad, como yo misma me hacía algunos. Yo especialmente me gustaba usar mi falda marrón plisada y que hacía juego con mi suéter. Yo también solicitaba anuncios cada mes después de mis estudios.

Nuestra clase de literatura incluía un curso de poesía. Siempre me gustaba escribir, y la poesía, y junté un álbum de recortes de mis favoritas poemas y poetas, algunos como asignaciones. Mi favorita poema es "Árboles"por Joyce Kilmer, y estuve deleitada con "About Ben Adhem" por Leigh Hunt. El tercer año de Latín me ayudó a comprender el Latín usado en las iglesias Católicas, y podía hablar el Latín con facilidad durante ese año. Por supuesto, mucha gente no podía completamente comprender lo que se decía y cantaba en la iglesia, especialmente non-Católicos. El canto Gregoriano me abrumaba el alma y corazón, y me sentía mas cercana a Dios. Cuando la Iglesia eventualmente cambió su liturgia al Ingles, mucha gente pensó que era buena idea, pero existían Católicos conservativos que no se querían rendir y se quejaron. Tengo que admitir que de primero yo cuestioné el cambio.

Heather me invitó a acompañar la a su templo Bautista un Domingo. Siempre estuve curiosa para ver servicios de otras denominaciones, así es que acepté.¡Que choque fue para me! Porque, aunque adoramos el mismo Dios, los Bautistas son muy vocales, y brincaban durante todo el servicio, gritando, "¡Ave, el Señor!" Heather me acompaño a la misa en St. Joseph una semana después. Ella pensó que era muy diferente, también. Asistía a la confesión una vez por mes, pero nunca confesé que asistí a un templo Bautista, porque no reconocía nada malo en eso. El sentido común me decía que era lo apropiado que hacer, y años después, las iglesias se encorajaban a unirse. Algunas reglas de iglesia si se cambian.

Navidad llegó y se fue, y tuvimos festividades medias ralas ese año, pero siempre nos entusiasmamos por los regalos cuales tía Grace y tío Sean nos mandaron. Siempre era lo mas acodiciado de la Navidad, recibiendo regalos de ellos. A veces mamá se adelantaba para ver que contenían. Tía Grace, Dios bendiga su corazón, se recordaba de todos los sobrinos y sobrinas cada año, sin importarle cuantas tragedias había tenido. Continuó sufriendo abortos naturales.

Crystal, Hilary, y yo fuimos patinando frecuentemente en Silver Lake cuando se había congelado. Yo podía patinar sobre el hielo con facilidad, comparando al patinar de ruedas. Aunque yo no era una experta, yo podía patinar en figura de ocho. Un día mientras patinaba cerca de la isla alejada de la ribera, alguien gritó, "El hielo esta demasiado delgado allá." Inmediatamente me regresé y nomás que me alejé seguramente del peligro, otro patinador cayó en el agua. Lo rescataron inmediatamente. *Mi ángel me esta cuidando, otra vez*, pensé yo.

Por consecuencia de la escasez de papel, nuestra clase votó no tener un álbum del año. Hasta la fecha, quisiera que hubiéramos votado de otra manera. Me hubiera gustado trabajar en el. Logramos tomar nuestras fotos y los cambalachamos. Los puse en un álbum de recortes, y es interesante leer lo que algunos compañeros de clase escribieron. Un comentario de uno de los muchachos es uno que siempre he querido. El escribió, "Para la chica mas risueña en nuestra clase." Poco podía saber lo que ocurría detras de las escenas. Sin que nada importara, yo era feliz y alegre -- era mi naturaleza. Si había trauma pasando en mi casa, jamás hablaba de eso, excepto una vez. Y me arrepiento de haberlo hecho. Yo le confié a Heather que mi padre tenía otra familia -- le supliqué que no le dijera a ninguna, y estuvo de acuerdo. Sin embargo, le dijo a su madre y la palabra se extendió por toda la fábrica en donde trabajaba. Quedé decepcionada, a decir lo menos, que la Heather había traicionado mi confianza. La perdoné por la indiscreción, y permanecimos como buenas amigas, aunque nunca mas confié en ella.

Poco después de la graduación, mi amiga y compañera de salón, Lori Trainor, contrató la varicela y tres semanas después se murió de la enfermedad de Bright, una enfermedad que causa la inflamación de los riñones. Se me hizo increíble, y nuestro grupo y todos sus compañeros de salón se entristecieron. La familia de Lori tomó mucho tiempo para recuperarse de la tragedia. Su mamá se convirtió en Testigo de Jehovah, y fue de puerta en puerta promoviendo esa religión. Todos lo sentimos por Lee, su hermana, y por toda su familia.

El tiempo del baile mayor se acercaba. La suerte lo tuvo que Brian regresó del ejército para descansar, y me invitó al baile. Le contesté que si, y me fui de compras para un vestido elegante. Encontré un formal negro con grande cuello blanco de encaje. Heather fue votada la reina del baile, Y yo me deleité por ella. Era la mas bonita chica de nuestra clase, en mi opinión, y evidentemente de otros.

La noche del baile, Brian y Carl me recogieron. Brian me compró un ramillete de claveles blancos. Me sentía bonita, y sabía que también lo pensaba. Fue muy atento conmigo, y bailamos toda la noche. Después, fuimos a comer, y luego Carl estacionó su carro en un lote lejano. Brian repetidamente me besó. Creía que lo quería ciertamente, pero me sentía sofocada. Al fin de la noche, mencioné que realmente ya no quería volver a verlo. Tal vez parece eso cruel, pero siempre he creído con ser honesta. No quería dar le mala idea de mi, o adonde llevar la relación. Me preguntaba si podría yo llegar a sentirme cómoda con los hombres.

Un explorador del General Tire & Rubber Company visitó nuestra clase comercial, y pidió por el mejor estudiante. Me hicieron algunas preguntas, y me dijo que me reclutaban por un empleo cual sería disponible en algunas semanas, una secretaria privada para el controlador. Eso fue afortunado para mi como yo sabía que tenía que ayudar mantener nuestra familia. Me dijeron que podía empezar después de la graduación. Hubiera preferido irme al colegio, pero si aun hubiera recibido una beca, no podía haberlo aceptado.

Gradué once de mi clase {los primeros diez recibieron becas} con un calificaciones medianas 3.492 de 4 puntos solamente porque recibí un ´G´ por buena en la clase de gimnasia. Cada otra calificación era É´para excelente. Señorita Fryman no me quería mucho porque no podía pegar la pelota cuando jugamos el béisbol para recibir crédito. Aparte de eso, yo sobresalí en todos otros aspectos de los deportes. Me ponía a pensar en todo el retrato, y sabía que lo que había pasado era por lo mejor a lo largo.

El último día de la escuela, Hilary, Crystal y yo empacamos nuestros lonches y tomamos nuestra gira regular al desfiladero. Fue un día caluroso, soleado y tomamos fotos de la cascada, las pipas, los escalones, y toda la belleza al rededor que acontentó nuestros sentidos. Estando en un lugar primitivo natural, lo cual era surreal. Al caminar por el desfiladero, el mundo parecía dar lo mejor. Hasta la fecha, me presta la misma percepción.

Día de Graduación, Heather y yo nos pusimos nuestros sombreritos blancos y nos sentimos que habíamos logrado parte de nuestros sueños, y nos entusiasmamos por el futuro. No paramos con orgullo mientras cantamos nuestra Alma Mater:

Mientras postura con cabezas destapadas
Sobre esta tierra sagrada
Que haiga en todas nuestras voces
Gratitud profunda --
Alma Mater, Alma Mater
Hacer eco de lejos y de cerco
Hijos robustos e hijas fieles
Sostener su memoria como preciosa.

Por supuesto, nadie sabe lo que el futuro nos trae, pero vivimos nuestras vidas día por día, haciendo lo mejor de lo que teníamos. Tomamos fotos que, cuando los veo, parecen como que se habían tomado ayer.

Capítulo 19

El próximo Lunes, empecé mi empleo con General Tire & Rubber Company. Tomaba dos camiones para llegar a la oficina bajo la calle East Market. De primero, trabajé por dos semanas en el grupo de entrenamiento de la Señora Turner, porque la secretaria presente del Señor McTavish, Anita, no se iba por otro mes. Dos semanas después, me transfirieron a la oficina del controlador.

El Señor McTavish tenía acento fuerte de Escocés, y, aunque tenía mucha paciencia, me daba mucha dificultad tratar de comprender el acento pronunciado. De alguna manera pude dirigirme con las letras la mayoría de las veces. Si lo malentendí, nomás me pedía que lo volviera a hacer. Eso era la parte facil del trabajo.

Anita me enseño como usar la mecanografía para los testamentos de finanzas, y eso me llevaba mucho tiempo. Usaba una mecanográfica grande para hacer todos los números. Si cometía un error, requería mucha corrección y borrando. Inmediatamente yo pensé que debía ver alguna manera mejor de hacerlo. No pude sobresalir con los números de máquina, nomás palabras, así es que me tomaba mucho mas tiempo.

Después de que Anita se que para casarse, me quedé sola con el trabajo. Al fin, los primeros testamentos del mes quedaron listos, pero temía hacer los del próximo mes. Cuando recibí mi cheque de sueldo, me encorajé para forjar en delante sea lo que sea - era por cincuenta dólares. Eso ayudaría tanto con mi familia. Le daba a mi mamá cuarenta dólares cada semana, y me quedaba con diez dólares para mis gastos.

El Señor McTavish tenía tres asistentes, dos en la oficina, y el Señor Knapp, quien se sentaba detras de mi escritorio, cual se ubicaba afuera de la oficina del Señor McTavish. Lyle Knapp y yo conversábamos mucho durante ese Verano cuando el cargo de trabajo quedó mas ligero. Los testamentos del año se habían preparado y mandado, y el me dijo de su hija, Kathy Sue. El sentía devoción para ella y su esposa, y yo admiraba eso. Escuchó de mis aventuras, aunque yo nunca confié en el sobre lo de mi padre.

Ian y Jasper estaban en una oficina separada detras del Señor McTavish. A veces tomaba dictado por ellos, pero por la mayor parte les preparaba testamentos de finanzas por máquina. Ian me tuvo lástima, como yo me quejaba de los testamentos largos durante el primer par de meses. El concibió nuevos testamentos de finanzas sobre papel regular 8 ½ por 11 pulgadas cuales yo les preparaba, y corría a la copiadora. Le di gracias a Dios por eso cada mes, y era un salva-vidas al tanto que yo me preocupaba. Ian era único, y no podía resistir tomar nota que el usaba el mismo traje cada día, mes tras mes, y año tras año. Jasper era muy amigable y facil con quien llevarse, también. Me hice amigas con todos en el departamento de cuentas, especialmente Judy Marsala. Aunque ella era mayor de edad que yo, ambos regocijamos con nuestra compañía, y tomábamos lonche juntas en la cafetería ocasionalmente.

Hilary empezó a trabajar para el Señor Becker in el departamento de contabilidad, y las dos buscábamos transportación para el trabajo. El Señor Corey de Silver Lake trabajaba en General también, como podía pasar nuestras casas rumbo al trabajo, le pedimos si pudriéramos andar con el para una suma módica. Quedó de acuerdo, y así comenzó la saga de correr por todos lados para estar preparadas a tiempo. Por alguna razón, cuando sabía que podía dormir mas tarde, me sobre pasé, y siempre quedé apurándome para quedar lista cuando llegara el Señor Corey.

Un día nevado, helado de Invierno, mientras andábamos bajo la carretera de Brittain, pegamos contra un parche de hielo arriba del cero y tuvimos que quebrar contra el borde de la banqueta hasta abajo para mantener el control. Creo que ese encuentro empezó mi terror de manejar durante la mal clima en cualquier carro. El Señor Corey aun no parecía perturbado.

Hilary y yo entramos en una liga de boliche de la compañía, y tomamos el camión cada Martes de allí en delante. Mis resultados medianos nomás eran de 120, aun, pero se mi hizo divertido tratarlo.

General Tire era un buena compañía por cual trabajar, y tenían fiestas de Navidad para los empleados cada año. Uno de los mensajeros, nombrado Ken, comenzó a conversar conmigo cada día que entregaba el correo. Ken era alto, moreno, y bastante guapo. Me invitó a una cita, y fuimos a ver una película y paramos a Swenson's para una hamburguesa. También fuimos a un baile, pero el nomás quedó como amigo, y la relación dejó de madurarse. Me gustaba el hecho que era el semejante caballero.

En la Primavera, la compañía decidió tener una competencia de belleza. Como yo era la mas joven de mi departamento, Lyle, y todos los otros hombres, Ian, Jasper, y Ron Logan mas o menos me suplicaron que fuera una concursante. De primero les contesté, "¡Jamás, yo no quiero hacer eso!" Todos los otros departamentos tenían varias entrantes, especialmente el del Señor Becker. Entonces Lyle y los otros seguían hablando de eso y me pedían repetidamente que participara. Finalmente me di por rendida, por lo tanto porque Hilary cooperó. Yo supe que me iba sentir inconforme en mi traje de nadar de dos piezas desfilándome en frente de los jueces y todos hombres mayor de edad como yo era muy modesta. Nuestra familia nunca caminaban por otros lados desvestidos.

Yo pesaba 117 libras y era muy flaca, excepto inestable de figura. Jóvenes me comían con sus ojos desde que estuve en el octavo año. Esa fue otra razón que no quería participar en el concurso. Me sentía yo cohibida de mi dotación. Ahora los hombres me estaban comiendo con sus ojos mientras daba la vuelta en circulo en un cuarto de arriba en frente de los jueces. Habían como veinte muchachas juntas, y yo quedé en tercer lugar, ganando un galón como premio. Tomaron una foto de todas las concursantes, y yo deliberadamente me escondí detras de Dorothy. Yo quedé mortificada por todas las chifladas y los ululatos.

Quedó bién cuando Hilary, Crystal y yo tomábamos fotos de cada una posando en nuestros trajes de baño, pero era otra cosa cuando se te quedan viendo los hombres. Pero, lo sobre pasamos, y nunca mas tuvieron un concurso de belleza. Una cosa interesante del concurso fue que Penelope Lane la votaron en segundo lugar, y después se hizo mi prima política por matrimonio.

La edad de diez y ocho años fue una velada para me, salida tras salida con tanto jóvenes diferentes, coincidentemente la mayoría de ellos nombrados Bob. Salí con algunos de ellos solamente dos veces, y nomás los consideraba como amigos. Una pelirrojo de Mantua me dejó intrigada, pero sentía que ya tenía novia. Dejé de verlo después de tres citas. Y luego quedó Gary, el mero Gary del episodio con caramelos. Nomás salí con el para divertirme bailando, o una película, o salir para comer. El, como los otros, fue caballeroso. Hasta la noche de los caramelos. Íbamos a un baile elegante de disfraza, y el me compró un ramillete, cual me sujetó sobre mi vestido blanco y negro formal. Marty estuvo sentado en la sala de estar, y le ofreció a Gary unos caramelos, los cuales eran un lujo para nosotros. Gary se rió por lo bajo y le contestó, "¿Quien se rebajaba tanto para tragar caramelos?" Marty pensó, *Bueno, que engreído de ti, y la tuya también*, o palabras en tal sentido, e inmediatamente despreció a Gary.

Yo no me fije en la respuesta, y regocijé en el baile. Cuando arribamos a la casa, Gary se estacionó su carro en el camino de entrada y me beso un par de veces. Lo estuve noviando por un mes, pero no sentía algo romántico con el. Luego me preguntó algo sin precedencia, "¿Pues, que tal?"

Yo dije, "¿Pues, que tal que?"

El me contestó, "¡Tu sabes, lo que haces con otros!"

Enfurecida, le contesté, "Yo no hago nada con cualquier persona. Yo no volveré a salir contigo." Me irrumpí de su carro, aventé la puerta, y corrí a la casa. Eso fue lo último de Gary.

La edad de diez y ocho años también fue un tiempo de descubrimiento para mi. Durante la pubertad, nunca pase por cambios de personalidad como parece que les pasa a muchas chicas, y no hacía de eso a los diez y ocho años tampoco, pero si comencé a pensar seriamente sobre cual dirección seguía mi vida, y lo que iba hacer con mi vida. Sabía que iba continuar trabajando hasta que la situación de mi familia mejorara. Papá casi no estuvo en casa, y realmente no lo extrañaba. Yo se que mi madre si lo extrañaba.

La última vez que mi padre había demostrado afección por mi era el año cuando yo sufría de una infección de vejiga y riñones y me pude haber muerto. Tenía fiebre y escalo frió y mi estómago se había hinchado como un globo. El se metió conmigo en la cama, y puso su brazo sobre mi y me dijo que me quería. El nunca me había tocado sexualmente, y como tocó mis pechos a la vez que me abrazo, enferma como estuve, yo reclamé, "¡Nunca vuelvas a hacer eso!" En retrospectiva, no creo que actualmente lo intentó. El verdaderamente estuvo preocupado por mi, porque el doctor, quien ellos finalmente habían llamado, mencionó que tenía que tomar un galón de agua durante esa noche o tal vez no sobreviviera. Mamá llenó un jaro de agua y mamá y papá me revisaban para asegurar que me tomara el agua, todo, porque mis riñones quedaron taponados. De alguna manera me forcé a seguir tomando. Luego me causó un sudor frío, y por la mañana, la fiebre se había bajado, y finalmente pude orinar. Me había recuperado completamente en pocos días, y jamás volví a tener otro problema similar.

Marty tenía catorce años y estuvo pidiendo por un arco y flechas. Papá le prometió comprarle unos. Marty figuró que tal vez lo recibiera después de que Francisco regresara a la casa de unos de sus viajes.

La segunda guerra mundial progresaba, entonces un día que se levantó la cabeza, Marty vio un avión P-40 volando arriba, con humo sobre el trasero; luego una paracaídas aterrizó en el lado oriente al cruzar la carretera de Bailey. Mientras Marty corría arriba de la calle Front para revisarlo, vio que el vagón de Francisco se acercaba. Regresó corriendo a la casa en anticipación de recibir al fin su arco y flechas. ¡No esta vez! Era tiempo de realizar que Francisco raramente honraba sus promesas.

Cuando Marty jugaba del béisbol para la escuela de St. Joseph en su octavo año, fue un lanzador tan fuerte que siempre ganaba los juegos. Inmediatamente antes de lanzar el juego del campeonato, el sacerdote se le acercó y le preguntó, "¿Vas a lanzar esta noche, Hanocek?"

Marty le contestó, "Si."

El sacerdote respondió sarcásticamente, "Te apuesto que te van a noquear fuera de la caja."

La respuesta no le afectó a Marty, como el sabía que el sacerdote no lo quería. Quedó determinado a hacer lo mejor que pudiera después de eso. Eliminó la mayoría de los bateadores del otro equipo, bateó un cuadrangular, y St. Joseph acabó sin derrota. El periódico *Akron Beacon Journal* escribió un artículo alabando los lanzamientos de Marty.

Zach, a los diez y seis años, era muy atlético y fuerte. Comenzó a boxear en el Armario de Akron al centro de la ciudad durante los fines de semana. Yo veía todos sus combates de boxeo con trepidación -- No quería que se hiriera. Mamá nunca asistió a ni uno de sus combates, aunque me acompaño a dos de sus partidas de fútbol. Afortunadamente, ganó todos sus combates con dejar K.O. hasta meses después cuando lo noquearon a el. El sabiamente decidió renunciar el boxeo como no deseaba perder ni uno de sus sentidos.

Francisco nunca asistió a ni una de las actividades de sus hijos. El pensaba que el fútbol era un deporte para nenes cuando actualmente ayuda en forjar el carácter. Los muchachos aprendieron a apreciar cualquier cosa que construía el carácter de uno porque su padre era un mal ejemplo, y ellos nunca querían acabar como el

Cuando Francisco trabajó en la casa, el siempre forzaba a los muchachos a palear la tierra para los dos sótanos de tormentas. Tenían que aventarlo por las ventanas. El aplicó la late de metal que había recogido en la chatarrería para un baño, y usó ladrillos y feo mortero usado de un puente para los escalones del frente y un caminito. El también trató de construir el primer piso de su casa en Medina. La familia allá siguió creciendo, y quedó húmedo en la casa de sótano. Los niños seguían sufriendo de la gripa.

Capítulo 20

Los jóvenes quien estuve noviando esta vez eran muy respetuosos. Íbamos a bailes, la cinema, y/o a comer para ambos gozar de nuestra compañía. La noche terminaba con un beso o dos, y ni uno mas anticipado. Noviando era lleno de divertimiento. Las iglesias Católicas tenían bailes ecuménicos cada Viernes o Sábado. Mi amiga, Millie Maxwell, quien vivía al rededor de la esquina de la calle Vincent, me preguntó que la acompañara a estos bailes. Bailamos juntas y con jóvenes diferentes la primer semana. la segunda semana me presentaron a Barry, el amor de mi vida, o por lo menos por un tiempo. Tuve un extraño, sin embargo familiar, sentimiento nervioso cuando me invitó a bailar. Era mas explosivo que lo que había sentido con Jerry Best en el octavo año.

Barry me invitó esa mera noche. El apuntó mi nombre, dirección, y número de teléfono y me dijo que me llamaría, tal como lo fue. Me recogió el Viernes siguiente en la noche, conoció a mi madre, y nos fuimos a la cinema, después cual me preguntó a donde deseaba comer. Le sugerí a Swenson's porque me había gustado la comida anteriormente en este autorrestaurante popular. Barry era alto, tenia pelo ondulado prieto, y era muy guapo. Algunos dirán que tenía rostro de infante, pero yo pensé que era el máximo compañero. Yo sabía inmediatamente que lo quería, que no sentía que nomás era "un amigo." Abría las puertas del carro por mi, me ayudaba con mi jaqueta cuando lo usaba, y era el caballero perfecto. Notaba que también se encariñó conmigo también. Sus besos fueron tiernos, el era bondadoso, y debía haberlo sentido que era demasiado bueno para ser verdadero.

Noviamos por un mes cuando me dijo que me había ocultado algo intencionalmente porque el reconocía que yo era una devota Católica. Calladamente me dijo, "Meg, estoy divorciado y tengo una niña de dos años que se llama Sandra. Lo siento, pero tenía que decírtelo porque me estoy enamorando de ti. Eres tan bella, y una persona hermosa, ya no puedo seguir engañándote."

Me quedé petrificada por un momento o dos. Le dije que apreciaba su honestidad, pero no estaba segura si deberíamos volver a salir. Me dijo que me llamaría dentro de pocos días. También me reveló que la razón que nomás salíamos los Viernes era porque tenía otra novia con quien salia cada Sábado. La iba a dejar, aun, si yo seguía viéndolo a el.

¿Que sentía yo? Traición en un sentido, aunque no tuvimos compromiso. Miedo, porque temía decírselo a mi madre. Ella nunca aprobaría que estuviera noviando con un hombre divorciado. Pero estuve profundamente enamorada. Cuando Barry me llamó algunos días después, preguntando si me había decidido, yo sabía que quería verme de nuevo.

Nosotros nos vimos una o dos veces por semana después de eso por varios meses, y me pidió que me casara con el. Le contesté, "No, no lo puedo." Después de que le platiqué que Barry era divorciado, ella constantemente predicó su desaprobación. Era la única vez en mi vida que me irritaba. Yo creí que nunca me podía casar con el, pero no realicé que existía una chanza para que el obtuviera un anulo. Me volvió a pedirme la mano después de una semana,

"¿Por favor, te casarías conmigo? Te quiero muchísimo."

Traté de explicarle como me sentía, y posiblemente que nos esperábamos unos dos años, yo estaría mas madura y mayor de edad para hacer esa decisión. El indicó que no quería esperar. También me sentí obligada a seguir trabajando para mantener a mi familia hasta que pudieran hacerlo solos.

Barry y yo éramos muy compatible, respeto a nuestras disposiciones, y gozábamos las mismas actividades. Una noche me llevó a un club de noche. Me puse mi traje gris elegante y blusa blanca elaborada, tuvimos una cena deliciosa, y nos reímos de los cuentos de los comediantes. Bailamos hasta las horas tempranas de la mañana cuando cerraron el club de noche. Pagó por un retrato de los dos como recuerdo. Seguí rezando por una solución par nuestra dilema. Existía otro factor involucrado, el cual creo que nunca le había mencionado a Barry. El me había llevado a visitar su madre en West Virginia. Estaban cuidando a la chica Sandra, una niña curiosa y lista, Barry la había dejado con ellos como tenía la custodia legal. El dijo que la razón que obtuvo custodia de Susan era porque había encontrado a su primer esposa con otro hombre. Me encariñé de Sandra de pronto, y jugué con ella y me dormí en la misma recámara con ella ese mismo fin de semana.

No me sentía bién, aun, porque, por alguna razón sin conocer, estuve sufriendo de frecuentes hemorragias nasales. Mientras estábamos en el cine, la noche anterior, me dio uno que se me hizo muy difícil arrestar. Yo de todas maneras tuve una visita agradable, aunque el papá de Barry hizo algunos comentarios sobre mi figura abundante cuales traté de ignorar. Me agrado su madre; ella era muy genial y buena cocinera.

El idea de hacerme una madre instantánea a los diez y ocho años no me entusiasmó, tengo que reconocerlo. Nomás no estaba preparada para la responsabilidad. Si Barry se había esperado, tal vez se hubiera solucionado. En total nos estuvimos noviando por seis meses. Después de que lo había rechazado sus proposiciones de matrimonio varias veces, se encontró a otra muchacha durante un baile de la iglesia, y yo supe que la estuvo noviando, también. Nos separamos y el se casó con ella algunos meses después. El había obtenido el anulo, porque ella también era una fiel Católica. Uno tiene que cuestionar el buen sentido de bailes ecuménicos, porque le causan a algunas personas problemas inesperados cuando se enamoran con miembros de otra fe.

Mientras estuve noviando a Barry, Crystal se enamoró con un joven guapo nombrado Todd, y Hilary se enamoró con David, también un joven bién parecido. Salimos las tres juntas con los novios a veces, y nos divertíamos tanto. En el Verano, las tres, Linda, Connie {nuestra amiga de la preparatoria de North} y algunos otros amigos rentamos una casita en Portage Lakes por toda una semana, y los muchachos, Barry, Todd, y David, vinieron a visitarnos durante el atardecer. Durante el día nadábamos y anduvimos en canoa y disfrutamos del sol, y un día Arlene y algunas de nuestras otras amigas nos visitaron. Fue un Verano glorioso. Sin embargo, las tres, Crystal, Hilary y yo, fracasamos con casarnos con nuestros primeros verdaderos amores.

Aunque quedé devastada de primero por la quiebra, siempre fui resistente, y me recuperé muy pronto. Millie y yo empezamos a frecuentar a varios salones de bailes de nuevo. Un miércoles por la noche en Agosto, ella literalmente me quiso coaccionar que fuera al último baile de la Playa *Summit*. Quedé cansada ese día después del trabajo, y el calor intenso nomás contribuyó a la indecisión, pero al fin me puse de acuerdo. Esa misma noche me presentaron a mi futuro esposo, Daniel Douglas.

Todos bailaban cuando entró al salón en la playa de Summit. Millie y yo quedamos paradas por las esquinas mirando a todos los bailantes. Estuve usando mi blusa azul de satín que Linda me había regalado {era una costurera excelente}, y noté a Dan, alto, pelo marrón ondulado, y muy guapo. Le susurré a Millie, "¿Vez a ese tipo bailando allí, ese en el traje gris? Quisiera que me invitara a bailar."

Dan se quedaba viéndome, y años después me dijo que de veras tomó nota de mi blusa y figura de primero, y luego me vio el rostro. Cuanto antes paró la música, se acercó, se introdujo, y me invitó a bailar. Bailamos por toda la noche con melodías como "Melancholy Baby," cual Dan comentó que era su canción favorita. La orquesta entonces tocó "Sentimental Journey," "I'll Get By," "Always" y "Sundown." Me puse nostálgica cuando escuche la última canción, como fue la favorita de Barry y de mi. Pares usualmente tienen una canción favorita que solo les pertenece a ellos. Me sentí segura, aun, en los brazos de Dan, aunque apenas lo conocía. Parecía amigable, y muy sensato. Me pidió si nos podía llevar a la casa, y nos pusimos de acuerdo. Millie había bailado con el amigo de Dan, quien era dueño de carro. Nos dejaron en casa, y Dan mencionó que me llamaría.

Dos semanas pasaron, y no oí de el. *Bueno, así es*, pensé yo. Algunos varones dicen que llaman, pero jamás lo hacen. No me importaba. Entonces volví a ver Dan una noche cuando regresaba a del trabajo por el camión. Estuvo parado sobre la banqueta, me vio, y me saludo de mano. Había estado esperando un camión para West Hill donde vivía sobre la avenida Valdes. Quiso llamarme, pero supo como escribir mi apellido, después me dijo. Verán, que tres semanas después, Millie y yo lo vimos durante otro baile. El inmediatamente me invitó a bailar, y por una salida romántica. El próximo Sábado, tomó un taxi para mi casa y me compró flores. Una semana después, Dan se compró un carro Plymouth usado de su primo. El carro estropeaba constantemente, pero pudimos asistir a algunos bailes, películas, y salir a comer antes de que se descompusiera por completo.

A mi Mamá Dan realmente no le caía bién de primero, por la mayor parte porque no era Católico, pero también porque le gustaba burlarse. Yo si noté que se burlaba un poco, pero todo era en broma por divertirnos, y no parecía que se burlaba de mi tanto como a otros. Por razones obvios, creí que mi madre desaprobaría de cualquier persona que le presentara en la casa. Algunas, tal vez la mayoría de, madres inconscientemente son así. Nadie es suficientemente lo bueno para sus hijos. Dan me llevó a conocer su familia. Yo inmediatamente me sentí cómoda, porque su casa no era tan buena como la nuestra. Me introdujo a sus padres, Ida y Noah Douglas. Dan era el mayor de los ocho hijos, dos varones y seis damas. Yo creía que sus dos hermanas mas chicas eran tan curiosas. Sheila tenía caireles rubios, y Debbie, la bebé de la familia, era pelirroja. Dan le encantaba reírse de ellas, me daba cuenta que quería su familia.

Después de que Dan arribo a la casa del servicio, tuvo que dormirse sobre un catre cual fue detenido por cubetas en el comedor. La casa era demasiada pequeña para tanta gente. La familia de Dan sufrió tiempos difíciles durante la Gran Depresión, aunque siempre tenían bastante de comer. Su abuela y abuelo Lane mantenían un jardín y les daban vegetales y manzanas de su huerta. Habían criado a la Debbie con puré de manzanas.

El papá de Dan lo habían despedido de su trabajo en Goodyear Tire & Rubber Company en 1935 y se aplicó para el WPA, (Works Progress Administration ~ Administración del Progreso de Trabajos) establecido por el Presidente Franklin Delano Roosevelt, para trabajar en proyectos humanitarios. Goodyear lo volvió a contratar en 1939.

Antes de que Dan estuvo preparado para graduarse de la preparatoria de Buchtel, había decidido entrar al Tres C´s (Civilian Conservation Corps ~ Corpus Civil de Conservación) para ayudarle a su familia sobrevivir durante la Depresión. Viajó por ferrocarril hacia Black Rock, Utah, donde el y otros reclutados construyeron reservas de agua para rebaños de borregos. Después de servir el periodo de enrolamiento, negó que lo reasignaran, y lo descargaron honradamente. Después de un año en casa, lo contrataron en Junio de 1941 el B.F. Goodrich Company. Trabajó en el cuarto de llantas como un joven de cabos.

Entró al ejército en Noviembre 1942 y lo asignaron al Fuerte Campbell, Kentucky, para entrenamiento, y luego lo mandaron a Norte África. Fue un solado raso en la décimosegundo división armada, pero cuando estuvieron preparados para mandarlos al combate, se le desarrolló una infección en su dedo grande de su pie cual requería cirugía. Así permaneció atrás, mientras la mayoría de su división los despacharon. Luego lo asignaron al Depósito de Primer Reemplazo y mandado a Marina de Pisa, Italia, donde trabajó en el correo como oficinista de correo, y lo promovieron a ser cabo. Adoró a Italia y los niños allá. Aprendió hablar Italiano un poco, y les regalaba chocolates a los niños. Lo llamaban, "Dano, Dano" cuando salió de la casa después de tres años de servicio: treinta-un meses al extranjero, diez y nueve en el Norte de África, y doce en Italia.

Dan había ahorrado como $2,000 Dólares mientras que estuvo en Italia, así cuando arribo a casa se compró un carro usado, y le compró a su madre un reloj caro y una lavadora nueva. Mas o menos desperdició lo que quedaba. Cuando lo conocí, tenía veinte-cinco años de edad, y supongo que se había enfadado de noviar. El había estado comprometido con una muchacha, pero ella rompió el compromiso después de dos meses antes de que nos conociéramos. Entonces, se puede decir, que los dos nos conocimos por el despecho.

Había algo intangible en nuestros sentimientos uno para el otro, una afinidad que nos mantuvo juntos. Me agradaba la familia de Dan, especialmente la pequeña Debbie, quien, a los nueve años de edad, era la niña mas dulce. La llevé a la programa de General Tire para la Navidad en donde recibió un juguete gratis y dulces. Me sentía cómoda con Dan, aunque había notado que coqueteaba con todas las mujeres. Realmente no me agitaba porque sentía que el me quería. Me lo decía todo el tiempo. El hasta me había pedido la mano durante la segunda reunión. No lo tomé a serio y pensaba que nomás estaba bromeando.

Estuve tomando un curso de negocios en la Universidad de Akron por las noches porque pensaba que me iba beneficiar con mi empleo, pero mantuve un poco de cautela cuando caminaba a la casa en la oscuridad después de bajarme del camión. Existían cuentos que había escuchado por varios años de una bruja de pelo blanco quien caminaba por las vías de ferrocarril muy tarde en las noches. Siempre lo ignoraba hasta una noche en Noviembre mientras me acercaba las vías, levante la vista, y allí estaba. Su pelo blanco resaltaba como un puercoespín, y en la luz de la luna, podía ver que estaba mal vestida con una expresión silvestre en sus ojos brillosos. Corrí rápidamente como un relámpago, y nunca volví a cruzar las vías así de tarde en las noches, pero seguí caminando sola por la calle Front como no era por mi gusto que lo hacía.

Cuando le presenté a mi padre a Dan, parecían que se llevaban bién. Dan actualmente creó que Francisco era una personal genial, y no se preocupo por detalles durante ese tiempo, o decirle a Dan de las otras familias. No le hubiera importado, nomás que pudiéramos mantenernos juntos.

Tuvo un caso de amigdalitis al fin de Noviembre y perdí algunos días de trabajo. Como tenía yo que pagar para el doctor, escuché a sus consejos. El dijo que necesitaba yo tener cirugía para el amigdalitis. Como nunca había tenido yo cirugía, no tenía ni clave de lo traumatizante que podría ser la cirugía. Tomé el camión al hospital de la ciudad, me registré, y me hicieron la cirugía local. Estuvo algo de desagradable y seguía vomitando sangre por varias horas después de tomar jugo de tomate, lo cual me ardía la garganta. Me obligaron a quedarme la noche, y en la mañana me sentía bién, preparé una maleta, y regresé a la casa por camión. El aroma tentador de hamburguesas friendo me recibió cuando entre por la puerta de enfrente. Le dije a mi mamá que tenía que comerme uno, aun me desanimó de comer algo fuera de alimentos tiernos. Me arrepentí de esa decisión por todo un mes como mi garganta tomó mas tiempo para curarse, y sangré de mas. Vivir y aprender.

En la Noche Buena de Navidad, Dan y yo nos divertimos con escoger un árbol de noche buena. Mamá, los muchachos, Da y yo lo decoramos. Dan me pidió que me casara con el de nuevo, pero nomás me reí y le contesté que era demasiado pronto para eso. Seguía cantándome, "How Soon" después de eso. El tenía buena voz para cantar, y a mi me encantaba escucharlo cantar.

Dan siempre le ofrecía a Marty si le gustaría que le prestara su carro cuando nos quedábamos en la casa. Le pasó un poco de dinero para que se fuera a ver una película -- Marty siempre fue muy atento. De esa manera pudimos quedarnos solos. Mamá a veces visitaba por algunos minutos, y luego se quedaba en la cocina o en su recámara para leer un libro. No estuve segura si me quería casar con Dan porque no sabía si podía confiar en el. Coqueteaba con todas mis amigas y no me importaba hasta cierto punto. El matrimonio era otro cuento. ¿Podría yo confiar en cualquier hombre? Mi padre era un infiel, y empecé a preguntarme como cualquier podría averiguarlo cuando están noviando que su esposo prometido siempre será fiel. La Confianza es un factor importante cuando se trata del matrimonio.

Dan me pidió que me casara con el muchas veces mas, y nos comprometimos durante el día de San Valentín. Me trajo el anillo de compromiso que le había comprado a su última prometida. Era hermoso, pero mamá creía que no debía haberlo aceptado de segunda. A mi no me importaba que era de segunda, así es que lo acepté. Creía yo que amaba a Dan, pero decidí que no teníamos que casarnos de una vez, y, mientras tanto, tal vez podía yo averiguar si podía confiar en el.

Millie había conocido a Greg Missler, su futuro esposo, unas pocas semanas después de que empezara yo a noviar a Dan. Salimos juntos los dos pares algunos fines de semana. Fuimos juntos a picnies en el Verano, y bailes en el Otoño. Millie y Greg se casaron el veinte de Mayo, 1949, y se mudaron a Florida en 1952.

Durante la guerra, mantuve comunicación con Jonathan Lockhart, quien se enrolló en la marina de guerra. Se quedó en la marina después de que la guerra se había terminado. Me escribió una carta pidiéndome permiso para visitar nos. Fue evidente de su carta que todavía me guardaba cariño, y también quería volver a ver mis hermanos. Discutí el asunto con Dan, y el estuvo de acuerdo que debería volver a ver a Jonathan, y estar segura que yo ya no le guardaba sentimientos. Yo sabía que no los tenía, pero pensé que me comportaría cordialmente, porque Jonathan siempre me había tratado con respeto.

El era bastante guapo en su uniforme de Marinero, y me invitó al cine y a comer. Se mi hizo agradable volver a conversar con el, pero el sentimiento mutuo romántico nomás ya no existía. Cuando me besó al despedirse de mi, le dije que me sentía como una traidora con besarle porque ya estaba comprometida con Dan. El aceptó la situación, y se fue el próximo día.

Dan no se quedó disgustado que había salido con Jonathan, porque el sentía que yo lo quería. Me dio una oportunidad de decidir con quién me quería casar. Ni uno de los dos estábamos preparados para lo que iba porvenir.

Habíamos planificado a visitar su Abuela Velma y su Abuelo Herman Lane. Nos iba a recoger a las dos de la tarde y manejaríamos hacia Loyal Oak en donde vivían. Tenían una casa grande y una huerta llena principalmente de árboles de manzana. Estuve preparada para la una de la tarde y vi un carro conocido acercarse al frente de nuestra casa. Era Barry. Me alteré mucho como no podía imaginarme porque había venido a ver me. Me invitó que fuera con el para dar le una vuelta en su coche. De primero lo decliné como Dan estuvo por venir en una hora. Me suplicó que me metiera en su coche, diciendo que necesitaba hablar conmigo, y que regresaría a mi casa a buen tiempo. Me metí, y rodeamos por mas o menos cuarenta y cinco minutos. Me dijo que había cometido un gran error en no haberme esperado, y que su matrimonio acabó infeliz. Me pregunto, "¿Si yo me divorciara, podrías considerar casarte conmigo?"

Mi corazón palpitó nerviosamente, y le contesté, "Me comprometí con Dan Douglas."

Barry contestó sabiendo lo que entallaba "Te he estado siguiendo la pista. Me preocupé que cuando supe que habías tenido problemas sangrando después de que te operaron por el amigdalitis, y perdiste tanto peso."

Le contesté "Me siento bién ahora, Barry, gracias por preocuparte por me. "

Barry luego contestó, mientras nos acercamos a mi casa, "Te daré tiempo que lo pienses, y te llamaré en una semana."

"Esta bién, adiós," fue mi única respuesta.

Cuando Dan arribó dentro de unos minutos después de que se había ido Barry, le platiqué del encuentro, y le aseguré que me quedaría con el. Supe en mi corazón que lo que hacía era lo correcto. Al fin, todo trabajo como debía ser porque fue predestinado. Barry no me llamó la próxima semana, pero hizo que su amigo, quien conocía bién, me llamara. Dijo que Barry lo sentía, pero no podía dejar su esposa ahora porque descubrió que estaba embarazada y que nunca dejaría a su hijo. Quedé tan relevada. Menos complicaciones en mi vida, mejor. Nunca volví a saber de Barry, aunque lo vi una vez después de que me casé con Dan. Fuimos a comprar un nuevo coche. Barry era un vendedor de carros en Akron, y Dan insistió que fuéramos a su concesionario de coches para conseguir un buen trato. La reunión acabó sin incidente, y después descubrimos un mejor pacto con otro concesionario.

Quedé contenta con la aceptabilidad de Dan de los hombres en mi vida, pero sabía que secretamente me guardaba celos por el Barry porque insistía con preguntas sobre mis sentimientos. Le aseguraba muchas veces que yo no cambiaría ni una cosa.

Mamá empezó a aceptar a Dan aunque el no era Católico. El la felicitaba cada vez que comía con nosotros, "Ese fue el mejor espagueti que jamás he probado."

"Gracias, Dan, yo herví la salsa a fuego lento todo el día."

Dan siempre le encantaba comer, y nosotros gozábamos nuestras comidas con mi familia. De veras quería a mi mamá, y ella, en torno, se reía de sus bromas.

Dad muy raramente estuvo presente durante este periodo. El y la Ellen seguían aumentándole a su camada, y y la cosa extraña interesante fue que habían nombrado algunos de sus hijos con variaciones de algunos de nuestros nombres familiares. Varones Mark, Lucas, Martin, y las muchachas, Maggie y Grace, derramaron el hogar de Medina.

Durante uno de sus visitas raras, insistió que fuera yo a ver su nueva casa, la cual casi se terminaba, no nomás con un sótano, pero con dos niveles. No deseando discutir con el, y tal vez por curiosidad, lo acompañe. El actualmente hizo mejor trabajo en la construcción de la casa que las adiciones que les hizo a nuestra casa. Tres niñitos, pareciéndose a el, corrían por la comarca. Nos quedamos solamente por algunos minutos. Linda fue la primera de nuestro grupo en casarse. Se caso con Brent Young en el Otoño de 1947 y se mudó primeramente a Elyria, y luego al estado de Illinois. Heather se iba al colegio en Florida, y conoció a Jared Olson allí. Se casaron y tuvieron una niña nombrada Kimberly. Me había invitado a visitarla en Miami muchas veces. Realmente no quería viajar sola, así es que le pedí a mi amiga, Sarah, del trabajo si quería acompañarme. Dan nos dejó en la estación de camiones, e insistí que me prometiera no salir con ninguna mientras que estuviera ausente por toda la semana. Me prometió, y le repetí el pedido otra vez. Sarah me dijo que ella pensaba que me estaba comportando como bebé; Ella no conocía la historia de mi familia, de no poder confiar en mi padre, así causándome que desconfiara de todos los hombres.

El viaje por camión tomó tres días y noches. No podía dormir en el camión excepto por dos o tres horas cada noche. Finalmente arribamos en Miami, y Heather nos llevo por coche a su casa. Heather y Sarah se llevaron muy bién, y tuvimos un tiempo maravilloso en el sol y lo divertido de Miami. Nos quedamos en la casa de Heather y jugamos con Kimberly. Llamamos a Hilary y Crystal, quienes de casualidad estuvieron de vacaciones en Miami al mismo tiempo. Todas las cinco nos reunimos en el hotel playa de ellas. Heather nos llevo a todas a visitar su madre. Esa fue la última vez que vi a Heather, pero su madre me escribía hasta el día que falleció algunos años después porque a Heather no le gustaba escribir cartas. Heather tuvo cuatro hijos, dos varones y dos niñas, y poco después, ella y Jared se divorciaron. Heather se había matriculado a la Universidad, y se recibió como enfermera.

Dan nos estuvo esperándonos a mi y a Sarah cuando arribamos a la casa. Me dijo que se había ido a un par de bailes solo mientras le faltaba, y se lo creí. El también me dijo que me extrañaba y me pidió que decidiera una fecha para nuestro matrimonio, pero cada fecha que le mencionara no le parecía. Finalmente le dije que si no nos poníamos de acuerdo, yo iba romper nuestro noviazgo. Nuestra relación se estuvo poniendo muy intensa -- yo no le iba dar el sexo antes del matrimonio, y el lo sabía. Al fin nos pusimos de acuerdo de casarnos en la Nochevieja, 31 de Diciembre, 1948.

Al mismo tiempo, tuvimos un rato exitoso asistiendo a los juegos de béisbol de los Cleveland Indians cuando ganaron el banderín de 1948 convirtiéndose en campeones de la Lega Mayor. Fuimos a bailes, el cine, y a combates de lucha. Quedamos felices cuando ganamos todo un jamón durante uno de los combates de lucha. Dan y yo teníamos mucho en común, excepto que a mi me encantaba la natación y el nunca aprendió hacerlo. Figuré que eso no importaba. Yo lo quería, y empecé a tenerle confianza.

Casándonos durante la Nochevieja me tuvo muy ocupada. Me encontré un traje de fiesta de satín con escote al encaje de "sweetheart" que me quedaba perfectamente por solo cincuenta dólares. Arreglé una recepción en el YWCA ubicado en el centro de Akron. Le pedí a mi tía Grace que fuera mi madrina de honor, y Dan le pidió a Zach que fuera su padrino de boda. Encontramos un apartamento en la avenida East de Akron.

Dos semanas antes de la Navidad, Dan debía haber traído un árbol de Navidad temprano ese año, me vestí elegante-mente, y lo esperé por horas que arribara con el árbol. Desafortunadamente, nunca lo hizo. Quedé furiosa con el, y cuando me llamó el proximo día para decirme que se había ido a un baile solo en lugar de conseguir el árbol, lo repudié. Ya habíamos recibido regalos de parientes y amigos, pero no me importaba. Esperaba regresar los de pronto. Otra vez, mi confianza en los hombres fue traicionada. El Amor y la confianza deben de estar cogidos de mano. Yo nunca podría sufrir lo que mi mamá había soportado, y figuré que siempre podría encontrarme a otro.

Era la semana antes de la Navidad cuando el hermano de Dan, Leo, me llamó para pedirme que perdonara a Dan. Su madre luego tomó el teléfono, y me prometió que dan jamás me volvería a engañar. Dan admitió que había conocido a una chica en el baile, pero nomás bailo con ella. Leo preguntó que si podía venir a recogerme, y llevarme a su casa para discutir el asunto. El remordimiento de Dan estuvo volviéndolos locos, y creyeron que yo era la mujer destinada para su hijo.

Finalmente me puse de acuerdo con ellos de reunir me con Dan, principalmente para dar le el gusto a Ida y Noah, y a Leo. Mientras esperaba a Leo, me puse a rezar, *Por favor, Dios, ayudame hacer la decisión correcta.*

Cuando al fin vi a Dan, y el se disculpó por haberme dejado plantada, lo perdoné. Me pidió que por favor reconsiderara su decisión, que el quería casarse conmigo, y su madre atestó a lo mismo. El dijo, "Lo siento tanto. Te quiero, te deseo, te necesito." También me dijo que había "sembrado sus semillas de avena silvestre," y que casi no pudo dormir por toda una semana.

Durante el tiempo cuando había roto las relaciones con el hasta el matrimonio, yo había perdido once libras y tuve que mandar el vestido que lo alteraran. Volví a pesar ciento-diez y siete libras. Los nervios del matrimonio, de nuevo tener lo o no tener lo.

Tía Grace me llevo en su coche desde Pittsburgh el día antes de nuestro matrimonio. Había comprado un vestido de azul turquesa y sombrero. Siempre quise yo casarme en una iglesia y caminar por la nave, pero no fue destinado porque Dan no era Católico. Aquel entonces, matrimonios con non-Católicos los celebraban en la casa de la parroquia. Por supuesto, esa fue otra regla de la iglesia cual lo cambiarían algunos años después.

Tengo que decir que mi vida con Dan nunca ha sido aburrida. Durante la víspera de nuestro matrimonio me encontré corriendo de prisa. No tenía planes de tardar, pero era la moda entonces hacerlo. Con lo de mi padre y madre, tía Grace, Zach, Marty, y yo todos tratando de ocupar el baño incompleto al mismo tiempo, con razón llegamos tardes. No pensé ni por un momento que Dan iba llegar mas tarde.

Esperamos en la casa de la parroquia de St. Joseph por una hora para que se presentara. No estuve realmente preocupada porque supe que necesitaba comprar nuevos zapatos, una camisa, una corbata, y lo dejó para el último momento. No podía creer que después de todo lo que habíamos pasado por las últimas dos semanas, el me dejaría plantada de nuevo. Su mamá y papá los esperaban con nosotros, y nos aseguraron que iba presentarse. Llego sonriendo con esa sonrisa de avergonzado que tiene cuando tiene vergüenza.

El matrimonio procedió como lo habíamos planificado. Después, todos nos fuimos a la recepción en el Centro. Había pasado la tarde decorando y recogiendo el pastel y preparando el ponche. Muchos de mis parientes de Pittsburgh estuvieron presentes, y la mayoría de la familia de Dan, su tío Nathan y tía Claudia, su hermano Leo y afianzada, Faye, y la mayoría de sus hermanas. Muchos amigos también participaron. Todos gozamos del pastel delicioso de la panadería de Budd, las nueces, fruta seca, mentas, y el ponche. Yo abrí todos los regalos, y me asombre a ver diez y seis manteles, dos planchas, un tostador, una batidora, etc.,

Como a las diez de la noche, nos fuimos para la casa. Descubrí que mi padre le había echado alcohol a unos de los tazones de ponche durante la recepción. Tío Art, papá, Dan, y la mayoría de la gente estuvieron tomando cerveza. A mi nunca me gusto el sabor de la cerveza, así es que estuve un poco disgustada que todos los hombres trataban de emborrachar a Dan con mas cerveza. Planificamos a manejar hasta Cleveland para el fin de la semana y no queríamos tener un accidente. Todavía no había yo aprendido a manejar, así es que no pude ayudar (Aunque Dan y otros trataron de enseñarme a manejar, yo nunca pude aprender a cambiar de marchas, y nomás no me gustaba el manejar.). Sin embargo, llegamos a Cleveland sin novedad. Después de todo, fue un día claro, y templado para ser Nochevieja del año. Me acuerdo de que todas las estrellas brillaban en el cielo.

Capítulo 21

Nos quedamos en un hotel en Cleveland por el fin de la semana, seguimos a jugar, y comimos todos nuestros alimentos en restaurantes del alta categoría, excepto el desayuno. Como los dos teníamos que regresar al empleo para el Lunes, planificamos tomar una verdadera luna de miel durante la Primavera.

Nuestro apartamento sobre la Avenida East Avenue ya estuvo amueblado. Tenía sala de estar, una cocina con comedor, una recámara y un baño. Fue confortable y gozamos el vivir allí. Nuestros caseros eran Daniel y Margaret Powers. Ciertamente fue una coincidencia como caseros y nuevos inquilinos tener los mismos nombres. Los dos eran muy hospitalarios y tomamos gusto en visitar los ocasionalmente. Su apartamento se ubicaba junto al nuestro.

Cada viernes por el anochecer limpiaba el apartamento, y en los Sábados salíamos a comprar provisiones, y le hacía un pastel y/o una empanada. Yo fui la perfecta esposa de casa y con empleo, también. Dan trabajaba de las doce de la tarde hasta las diez y ocho horas en el cuarto de mangueras en B.F. Goodrich Company. El había trabajado allí antes de que se fuera al ejército, y le contaron todo su servicio.

Me paraba cada mañana a las seis porque a fuerzas tenía que tomar dos camiones al trabajo. Nunca pensé que de molestar el sueño de Dan, excepto cuando corría tarde. El me hubiera llevado al trabajo cada día si se lo hubiera pedido, pero estuve tan acostumbrada hacer todo independientemente, Y tal vez yo era demasiada considerada. Después de arribar a la casa cada día, tomaba el tiempo para preparar comidas nutritivas y sanas. Siempre había oído que, "el modo de entrar al corazón

de un hombre, es por su estómago."
Y también diré que era gratificante el poder comprar cualquier os alimentos que deseábamos.

Tres semanas después de que nos habíamos mudado a nuestro apartamento, Dan me dijo que había entrado a una lega de boliche. Se disfrazaba para salir a jugar boliche, y inmediatamente me puse sospechosa. Por supuesto, me quedé en la casa para limpiar y restregar el apartamento. El retornaba a la casa a las veinte-tres horas de la noche, así es que me descarté mis preguntas y consideraba mejor tener le confianza.

Sin embargo, cuando se vistió de traje para su tercer sesión de boliche, y le habían confirmado que no iban tener lega durante la noche de Viernes, y cuando Dan entro por la puerta a las veinte-tres horas, tuve que enfrentarlo. Volvió a sonreírse desvergonzadamente y dijo que se iba a bailar cada Viernes porque yo estaba tan involucrada limpiando.

"¿Como pudiste haber hecho eso? Tu sabes que iba quedar herida y no iba poder jamás confiar en ti," Le grité. "No me importa lo de limpiar. ¿Porqué no me invitaste a bailar contigo?"

No tuvo explicación, pero se enojó conmigo por haberle gritado, me empujó adentro del armario abierto de la cocina, me puse a sollozar, y le dije directamente que jamás se atreviera a tratar me así o lo dejaría, y el sabía que yo se lo decía con sinceridad.

Eso fue el fin de las mentiras y los engaños. Íbamos a bailar cada Viernes por un tiempo, y luego a las películas o nomás nos quedábamos en la casa juntos. Visitábamos mi familia y su familia por los Domingos después de asistir a la iglesia. Dan especialmente le gustaba visitar a su hermana Noreen, su esposo, Will, y sus dos hijos, Larry y Randy, quienes vivían abajo al cruzar la avenida Valdes no lejos de sus padres. Me fijé que el quería mucho a sus sobrinos, y creía que el sería un buen padre. También visitábamos a sus abuelos cada segunda semana.

Si se lo hubiera pedido si le gustaría acompañarme a la iglesia, me contestaba que no le interesaba la religión Católica. El había, como niño, asistido a un templo Metodista Wesleyan con sus abuelos, Velma y Herman. Lo animaba que volviera a irse a su propia iglesia, pero dijo que tampoco le interesaba. Su abuela Velma seguía hablando de su iglesia y me dio la impresión que ella no estaba en favor de la religión Católica. Su abuelo nunca dijo una palabra en contra de alguien o alguna cosa. En mi corazón de corazones, comprendía yo que podía convencer los por lo menos a comprender y respetar mi religión. Podía averiguar que de veras me estimaban como persona, y también su tío Nathan y tía Claudia, quienes vivían con ellos temporalmente.

Durante ese Verano, Marty estuvo trabajando como un acomodador en el teatro de Falls. Un Sábado, cuando arribó a la casa, escuchó a Francisco y a Peggy discutiendo al entrar por la puerta de frente. Francisco cacheteó a Peggy, y Marty le dijo que se largara. Resolvió Marty que jamás iba volver a maltratar a su madre. Francisco realizó que su hizo se estaba poniendo demasiado fuerte para el, como Marty ya lo había derrotado con el pulseo algunas semanas antes, así se fue y no regresó por varios meses.

Durante todo este tiempo que vivimos sobre la Avenida East., Francisco nunca hizo por visitarnos a mi y Dan, y nunca lo vimos cuando visitaba a mi madre cada tercer Domingo. Raramente venía a ver a mi madre o los muchachos o para dar les dinero. Si llegaba por casualidad, era durante la semana, o por los Sábados.

Antes que terminara el Verano, tía Claire, quien vivía en Wisconsin, le escribió a su hermana Peggy, y le pidió ayuda. Estuvo teniendo problemas con su matrimonio, y necesitaba algún lugar done su hijo Wade podría quedarse durante su año final de la preparatoria. Evidentemente el tío Warren se había metido con otra mujer, y estuvo jugando con todo su dinero. Su hijo mayor, Wayne, se encontraba de gira tocando la trompeta, lo cual hacía desde que tenía los quince años, para ayudar con las finanzas de la familia. Tía Claire nomás podía cuidar a su bebé Wendy.

Sin decírselo a su hermana de la existencia precaria que mantenían, Mamá escribió, "Si, por supuesto, yo los ayudaré. Mandadme al Wade y yo lo cuidaré muy bién."

Wade tomó el camión para Akron y luego otro para Cuyahoga Falls.

Wade era un maravilloso, bondadoso joven, quien de veras no era cargo para la familia. El aceptaba cualquier comida que Peggy le preparaba, y nunca se quejó. El y Marty asistían a la escuela juntos, como los dos estaban en su año final, y se hicieron buenos amigos. También jugaban del juego de damas cada chanza que tenían. Wade iba a ver Marty jugar del fútbol Americano. Marty jugaba de posiciones defensivas y ofensivas, y mas notablemente por la linea trasera. Durante los fines de semana, el seguía trabajando como acomodador en teatro de Falls.

Mamá tenía empleo en el tendejón de descuento McCrory's ubicada por la calle Front vendiendo artículos para el hogar. Gozaba de su trabajo cinco días por semana. Zach había trabajado en Swensons por un tiempo, luego en un taller de máquinas, y ahora trabajaba con Brown & Graves Lumber Company como mecánico. El también asistía a la Universidad de Kent estudiando para una licenciatura en ingeniería aeronáutica.

Un Sábado, en camino a mi casa desde una tienda de suministros, Francisco y el casi fueron atropellados por un camión. Francisco perdió la calma, un caso malo de rabia por la carretera, y se interpuso en frente del camión. El camión paró y Francisco forzó al operador afuera y lo abofeteó, tirándolo a la calle. Nunca fueron al juicio.

Nuestro padre se metía en líos con un ´L´ mayúsculo. ¿Porqué seguía regresando para nomás atormentar a mi madre y mis hermanos? Por un respeto, nuestra familia llegó al punto de independencia. Revisando a la situación de manera realista, por supuesto, el extra dinero que ocasionalmente les dejaba ayudaba con los gastos. Francisco tenía un ego tan grande, que el creía que todas sus familias lo necesitaban. El actualmente pensó que todos sus hijos lo querían. La verdad era, todos nos habíamos enfadado de sus travesuras. Yo había dejado de pensar en el como padre. El era un non-factor en mi vida.

Dan y yo nos llevábamos bién. Invitamos a su hermano Leo, y sus esposa, Faye, a cenar. Les cociné chuletas de puerco. Invitamos a Hilary y sus esposo, Earl, para cenar. Nos reunimos con Vickie, quien había vivido al rededor de la esquina sobre la calle Vincent, cerca de la calle Front, y a su esposo. Tenían manera extraña de ser amistosos, aun, como Vickie le prestaba toda su atención a Dan, y su esposo seguía dándome halagos. Me dio el idea que existía un motivo ulterior, y yo ciertamente no estaba interesada en cambiar compañeros, así Dan y yo discutimos el hecho de romper nuestra amistad con ellos, cuyo lo hicimos.

Fue el último juego de Marty por la temporada. Estuvo nevando muy fuerte cuando el equipo viajo seis horas a Middletown, Ohio. Durante el primer parte del juego, el centro contrario le habían avisado a Marty que no tocara al mariscal. Por supuesto, Marty no le puso atención. El otro lado y el mariscal cayeron sobre la rodilla de Marty y empezó a hincharse inmediatamente. Quedo en dolor terrible hasta que llegamos a la casa por camión, y se durmió inmediatamente cuando arribamos a la casa. La próxima mañana, Sábado,

Francisco insistió que Marty lo ayudara cargar las bolsas de concreto, cada uno pesando cien libras y trabajaron todo el día en la banqueta. "No puedo seguir trabajando, mi rodilla me duele demasiado."

Papá le contesto, "No importa, no te comportes como un débil, sigue trabajando."

Dan y yo fuimos invitados a una fiesta de Nochevieja en la casa de mi amiga Connie ubicada sobre la calle Dayton. Dan de vez en cuando tomaba cerveza durante días calurosos y durante las fiestas. Connie estuvo sirviendo todos clases platos, y cerveza, vino, y bebidas mezcladas. Yo me tomé un vaso chico de vino, y Dan seguía comiendo y tomando cada bebida que le ofrecían. Se puso ebrio, y comenzó a arrastrarse bajo la alfombra de la sala. Todos creían que era chistoso, por supuesto, menos yo. Que disgustoso, y lo mas era encontrarlo besándola a Connie. Ya sabía que era la hora para regresar a la casa. Lo ayudé al carro donde se detuvo por la puerta y se vomitó todo lo que había consumido y bebido. Dan aprendió una lección, como quedó muy enfermo por tres días después de eso y jamás se volvió a emborrachar.

Durante ese Invierno, mientas revisaba la hora, me fijé que insectos salían debajo del reloj de la recámara sobre el tocador. Quedando petrificada por cualquier insecto excepto las arañas, me apuré para comprar veneno para las cucarachas, como creía yo que los insectos eran cucarachas. Nunca habíamos tenido cucarachas durante toda mi vida, y me quedé temblando. Les pedimos a los caseros, Daniel y Margaret, si los habían visto, y como no los habían visto, entonces asumimos que nosotros habíamos traído las cucarachas con las provisiones que compramos. Apliqué el veneno por todos lados, y en una semana o mas se desaparecieron.

Dan había estado hablando mucho de irse para California. El quería ser una estrella de cine, y como todo es posible, pensé yo que tal vez fuera una buena idea. Dan era guapo y alto, y se parecía mucho a Fred MacMurray, excepto su cara era mas redonda que la cara de MacMurray. Dan tenía manera agradable de hablar y de cantar. Lo discutimos con sus padres y con mi madre, y ellos estuvieron de acuerdo que lo probáramos y ver lo que pasara.

Dan le avisó a su trabajo, y yo le advertí al Señor McTavish que iba dejar mi trabajo. Dan decidió tomar una vacación de tres semanas por los consejos sabios de su mayordomo, en caso de que no triunfara. De esa manera pudriera regresar a su empleo en Goodrich.

Yo tuve algunas dudas sobre irme, como de veras queria vivir cerca de mi madre y familia. Algo me decía que íbamos a regresar, aun, y que era bueno probar nuevos ambientes por un tiempo. En todo caso, necesitábamos una vacación. El único viaje que tomamos era para Niagara Falls como una luna de miel tardía.

Empacamos todas nuestras pertenencias, nos despedimos de toda la familia y los amigos, y comenzamos el viaje largo. Fue otra aventura pasar por los estados que Dan y yo nunca habíamos visto. Manejamos todo el día, parando para desayunar, el almuerzo y la cena, y luego quedándonos toda la noche en un motel. No tuvimos reservaciones, pero pudimos encontrar hospedaje decente.

Cuando estuvimos manejando por Arizona, llegaba a 105 grados en la sombra. Yo sabía que no quería vivir allí. En Phoenix, Dan tuvo algunos amigos quienes visitamos, y no pude creer mis ojos cuando vi hordas de cucarachas, algunos rojos brillantes, avanzando lentamente por la yarda de frente. Adentro de su casa habían mas de los mismos. Para mi era como una pesadilla. Nomás nos quedamos por una hora y le seguimos delante.

Cargamos extra agua pasando por el desierto. Nuestro

radiador lo necesitó una vez, y se nos desinfló una llanta. Salí del carro por el lado de la carretera mientras Dan lo reparaba. Esa noche noté que tenía ronchas por todo mi cuerpo y me dio comezón incontrolable. La causa fue roble-venenoso, lo aprendimos en una farmacia. Me cubrí con loción de calamina y traté de dormir. Quedé miserable por algunos días, y pensé que debería nunca volver a salir del carro en el desierto. Arribamos en Los Ángeles durante una tormenta. Dan tenía una prima, Emma, quien vivía por allá, entonces paramos a visitarla y su esposo. Nos ofrecieron su tráiler en la yarda trasera para quedarnos temporalmente. Seguía lloviendo, y continuó a llover cada día mientras estuvimos allí. Evidentemente, Abril no era el mejor mes en cual visitar California.

Sin embargo, Dan y yo nos pusimos a buscar empleo. Primero fuimos a los Estudios de Paramount donde el probó para actor de reparto, y también lo hice. Les gusto su voz, y también le dijeron que tal vez me probarían para leer cuentos por el radio. Le dijeron que regresara para probarse en una película de vaqueros en dos días.

El próximo día, Dan no se sentía bién pero me llevó para entrevistarme para un empleo de secretaria que vi en el periódico. Me contrataron inmediatamente, y empecé a trabajar el próximo día . Siempre es un desafío el comenzar un nuevo empleo, y sentí un poco de presión al principio, pero el próximo día, estuve preparada.

Dan no se sentía mejor. No comía mucho, y sabía yo que no era una buena seña. Se sentía demasiadamente enfermo para probarse por el papel de vaquero.

Nos habíamos quedado en el tráiler en Los Ángeles por dos semanas y medio cuando Dan quería volverse a su casa en Akron. Llovia perros y gatos durante todo ese tiempo, y Dan perdió trece libras en dos semanas y medio. Nunca lo reconoció, pero yo especulé que extrañaba su domicilio. Yo también extrañaba mi madre, y no me opuse a empezar de nuevo en Akron. El único arrepentimiento que tengo fue que nunca hicimos por conocer la playa y el océano a causa del horrible tiempo.

Llamamos a nuestros parientes y les dijimos que íbamos de camino a la casa, y le pedí a mi madre que si podíamos vivir con ella por un corto rato. Por supuesto, nos dijo que éramos bienvenidos. Intentamos construir o comprar una casa propia lo mas pronto posible.

El viaje de regreso fue sin ocurrencia excepto por gozar la belleza de Albuquerque, New México, y los varios estados por cuales pasamos en ruta a nuestra casa, cuya era enteramente diferente a la ruta que tomamos para irnos a California.

Como mama nos había dicho que éramos bienvenidos para quedarnos con ella, y Marty se había ido para Florida mientras trabajaba por el Goodyear blimp, existía bastante espacio. Zach seguía trabajando y estudiando en Kent. El viaje de regreso me hizo recordarme de cuando Zach había recibido una beca para el Fútbol a la Universidad de Oregon, el se había ido de aventón. Parecía como un lugar tan lejos de la casa que mejor escogió no estudiar allá. Todos éramos hogareños en nuestros corazones, y parecía que el hogar se encuentra donde se ubica el corazón.

Capítulo 22

Nos mudamos con algunas de nuestras pertenencias a la casa de mi madre, y guardamos los demás. Dan pudo regresar a su empleo después de su vacación de tres semanas, y yo busqué otro trabajo. La verdad es, sentía un poco de renuencia tener que regresar a General como ya me habían dado una fiesta de despedida, completa con regalos para mi antes de irnos. También sentía que quería variedad en mi vida, y no me importaba comenzar un trabajo diferente. Me recibieron en United Chemical Worker's Union como secretaria al Señor Kurt Schmidt. ¡Como lo pudiera haber averiguado que tenía acento de Alemán que no se podía comprender! Por supuesto, me acostumbre a escucharlo, y disfruté del trabajo. Dan y yo buscamos una casa propia para comprar, y después de investigar las mejores posibilidades con nuestros ingresos limitados, decidimos usar un préstamo de la Administración de Veteranos con solo cien dólares de enganche, cuales yo había ahorrado. Compramos una casa de parcela, nombrado Friedhaven. Tuvimos la opción de locación para construir, sea en Cuyahoga Falls o West Hill. No existía manera de convencer a Dan que comprara la casa en Cuyahoga Falls, aunque desesperadamente lo atenté. Me encantaba Cuyahoga Falls y quería vivir cerca de mi madre.

Como Dan creció sobre West Hill y quería estar cerco de su trabajo y familia, nos establecimos en una casa en Friedhaven sobre la avenida de Crestview, como ocho cuadras de la avenida Valdes donde la familia Douglas seguía viviendo. La casa se suponía que iba estar preparada para recibirnos en tres meses, pero se tomo un poco mas de tiempo.

Mientas tanto, seguía yo sintiéndome con nausea y realicé

que estaba embarazada. Esperamos el bebé para los fines de Marzo. Que sorpresa se nos hizo, después de comenzar un nuevo trabajo, pero quedamos inmensamente contentos. Dan y yo habíamos discutido el tener hijos antes de casarnos, y los dos queríamos por lo menos cuatro hijos. Si fuera una niña, quería nombrarla Aimee, o Jill. Si era un niño, me gustaba el nombre de Esteban. Después de empezar mi nuevo empleo, pensé mantener mi embarazo como secreto hasta que comenzarse a notar.

Mamá, bendita sea, cocinó sopa de pollo con fideos para mi constantemente, porque parecía ser la única comida que podía digerir sin acabar con mas nausea. Por lo menos no acabé vomitándome, pero siempre sentía que lo iba hacer. No se me notó hasta el séptimo mes, cuya fue cuando se lo dije a mi mayordomo y mis co-trabajadores. Todos quedaron sorprendidos y contentos para mi. Compré algunos vestidos de maternidad entonces, como mis faldas ya se me apretaban.

Francisco no había visitado durante todo el tiempo que estuvimos allí, y Dan y yo no lo habíamos visto desde nuestro matrimonio. También raramente lo mencionamos. Mamá, Dan y yo nos gustaba mantener la vida en paz. Sin embargo, un día el irrumpió en la casa después de que había yo arribado del trabajo demandando que yo pidiera prestado mil dólares par el y su familia en Medina. El quería que yo dijera que era soltera, pero ay me encontraba, llena con un infante, y me negué hacerlo. Dan dijo, "Absolutamente no." Le dijo a mi padre que se olvidara de eso, y que se fuera. En lugar, papá corrió al segundo piso y jaló mi escritorio que yo había mantenido para dárselo a mis hijos para arriba de los escalones y lo aventó al piso. Se quebró en muchos pedazos, y los papeles, incluyendo las historias, poemas que había yo cuidado, se regaron por todos lados y quedaron rotos. Nos gritó a Dan y yo, "¡ Lárguense de esta casa o los tiro afuerzas!" Dan no quería pegar le a un hombre viejo, y yo quedé asustada. Estando embarazada, no quería que algo le pasara a nuestro bebé. Cuando se fue, Francisco dijo, "No debían estar aquí cuando regreso." Dan y yo quedamos demasiados alterados para quedarnos, en todo caso, y no queríamos que se vengara con mi madre. Francisco era muy intimidatorio en su furia, y después de este incidente, a través de los años, tuve pesadillas ocasionales que iba regresar a dañarme y a mi familia. Dan y yo agarramos nuestras cositas y nos fuimos de la casa de mi madre inmediatamente. Encontramos un cuarto en una casa sobre West Hill donde vivimos temporalmente. Fue inconveniente viviendo en un cuarto, sin tener privilegios de lavandera, etc. Había leído varios libros mientras esperaba que Dan arribara del trabajo a la casa. Nuestra nueva casa estuvo en estado de acabarse. Tres semanas después, pudimos mudarnos, pero quedó tanto trabajo que hacer para quedara confortable el hogar sobre la Avenida Crestview.

Cuando tuviera algún proyecto que hacer, sea la costura, decorando, limpiando, escribiendo, et., aparece que no puedo descansar hasta que acabe. Entonces era con limpiar y decorando nuestro hogar. Era tan gratificante el tener un lugar propio. No había realizado que el limpiar la capa de suciedad de la tina del baño y rascando lo enmasillado de las ventanas me iba causar partos prematuros. Empecé a sangrar una noche después del trabajo y estar construyendo la casa. El doctor me mandó al hospital, donde tenía que acostarme sobre mi espalda plana por tres días hasta que parara de sangrar, y así lo fue. Dios me cuidaba y a mi infante, porque la predicción del doctor era que el infante no iba vivir si naciera antes de la fecha anticipada -- estimó que el bebé solamente pesaría tres libras. Quedé tan agradecida que los partos pararon. Evidentemente, estuve perdiendo placenta.

El doctor dijo que podría retornar al trabajo solo si

descansara cuando permanecía en casa. Seguí su órdenes, pero dos semanas después de haber regresado al trabajo, empecé a sangrar de nuevo. Esta vez me quedé en la cama por tres días. Dan me puso un jarrón de agua junto a la cama, y algunas tentempiés hasta que arribo a la casa a las diez y ocho horas con quince minutos para tratar de cocinar la cena. La palabra "tratar" es significativa, porque Dan no sabía nada de cocinar. Lo instruí en como preparar platos simples. Codiciaba yo puré de patatas. El había quemado las patatas, los molió, y cuando me los trajo, casi me ahogué. Sin embargo, me los comí porque tenía tanta hambre, y como resultado, tuve un estómago enfermo por dos días.

La hemorragia paró otra vez en tres días. Me dijeron que dejara el trabajo, y con renuencia llamé a mi mayordomo para avisarle de las noticias. Entonces comenzaron los últimos dos meses de mi embarazo, nomás tomándolo calmadamente. Leí, me puse a ver televisión, cuya había comprado un poco antes, a tejer a ganchillo, y preparar las comidas. Aparte de todo eso, descansé, pero la inactividad se me hizo difícil. Nunca había sido de los que sientan y hacen nada.

Mi día esperado arribo junto con el tiempo de Primavera. Me senté por los escalones de frente en la tarde por casi dos semanas esperando con paciencia. Los vecinos seguían preguntándome, "¿Cuando vas a tener ese bebé?" Finalmente, en el 21 de Marzo, empecé a tener partos dolorosos de verdad a las trece horas de la tarde. Tenía el lavado colgando sobre el tendedero en la yarda trasera. Después de llamar a Dan, bajé la ropa, la doblé, y la guardé.

Pensamientos de quién se iba a parecer mi bebé corrían por mi mente. Resé que el Doctor Noff no confundiera mi bebé con la otra mujer quién esperaba al mismo tiempo que yo. Seguía confundiéndonos en cada cita.

Dan me llevó al hospital, donde estuve en labor por dos

horas, entonces di a luz al bebé mas bello de lo que puedas imaginar. Cuando primero vi a Jill despertándose de la anestesia, la enfermera la cargaba sobre mi. Me vio con ojos completamente abiertos, como por decir, "Hi, Mamá, aquí estoy." Pesaba 8 libras, 8 ¼ onzas, tuvo un mechón de pelo oscuro arriba de su cabeza, una cara redonda, y los ojos mas grandes de un azul brillante. Pensé que era la respuesta de todas mis oraciones, y siempre se ha comprobado con ser lo. Traté de amamantar la en el hospital en donde estuve por una semana. El doctor no me dejaba salir de la cama, y tuve que usar un catéter, el cual era verdaderamente una molestia. No me podía sentar sin dolor, así tuve que usar una almohada inflada cuando la enfermera me escoltó en silla de ruedas a la salida del hospital.

Supe que nunca dormía mas de cincos minutos de un plazo durante el primer año de mi vida, pero nunca esperé que mi niña hermosa pequeña me copiaría de ese manera. Quedaba despierta toda la noche y todo el día por tres meses que su padre y yo tomamos turnos cuidándola. La respuesta de Dan siempre era dar le la botella después de descubrir que yo no producía leche. Tratamos de poner cereal en la botella, y de todas maneras no trabajo.

Las primeras tres semanas fueron llenas de alegría, dolor, y falta de dormir. Muchas de mis punzadas se infectaron, y tuve que sentarme en un baño de "sitz" caliente tres veces por día. Mi madre me ayudó mucho, pero ella trabajaba haciéndoles los quehaceres a otra gente, y no podía estar conmigo por mas de una semana.

Después de tres meses de estar caminando como torpe la mayor plazo del tiempo por falta de dormir, insistí que el pediatra haga algo para poner a Jill a la hora prevista. El dijo que el haría esto por nosotros, y no por Jill, como ella estuvo perfectamente saludable. La puso sobre una cantidad pequeña de paregórico a la hora de dormir y dentro de una semana, dormía toda la noche. Solamente tomaba una siesta durante la tarde, pero eso se nos hizo muy genial. Jamás volvimos a dar le el paregórico. Quedó muy deleitosa, feliz, sonriendo siempre, y un bebé llena de vida.

Jill fue verdaderamente un bebé asombrosa, y quedamos tan orgullosa de ella. Empezó a sentarse sola a los cuatro meses, y a gatear a los cinco. Caminó al rededor de los muebles a los siete meses, y a caminar sola a los nueve meses, y comenzó a formar palabras a los once meses. Porque ya podía hablar, me avisaba cuando tenía que hacer del inodoro, y entonces la entrenamos antes de que cumpliera el año. Cuando el Doctor York, su pediatra, la examinó durante su examen médico del año, ella le dijo, cuando le iba administrar una inyección, "No, no, do, do." También le dijo algunas otras palabras, y la proclamó como un "Quiz Kid"{muy lista}.

Jill no tenía mucho pelo hasta que cumplió los catorce meses, pero era bello, rubio claro, y chino. Marty vino a visitarnos cuando estuvo en la vecindad entregando silla de renta, nomás como un empleo temporal. Adoraba a su sobrina.

Marty se había casado con Bridget Samms, su novia de la preparatoria. Bridget era una rubia bonita quien parecía querer a Marty. Tuvieron un niña curiosa nobrada Robin, Mientras vivían en la calle Brown de Akron, Francisco llegó manejando por la calle en un vagón para sebo. Le tocó a la puerta de Marty cuando la Bridget y Robin se encontraban fuera de la casa. Francisco estuvo con una muchacha joven quien introdujo como su hija. Entraron al apartamento y se sentaron. Después de algunos amenidades, le dijo a Marty, "Puedes hacerle lo que quieres," mientras que se le resbalaba a Marty. Marty quedó consternado, y le dijo a Francisco, "No, tienes que irte." La chica parecía como si estuviera en su propio mundo de sueños, y Marty sospechaba que tal vez estuvo bajo la influencia de drogas. Francisco entendió pista, y cuando se iba, le ofreció a su hijo su mano, cual Marty se negó a tomar. Lo ordenó, "Nomás váyase." El especuló que tal vez papá ha de haber tenido relaciones sexuales con la dicha hija. Mantuvimos contacto con amigos de nuestro grupo de la preparatoria vieja. Todos ya se habían casado, excepto Crystal. Dan y yo tuvimos dos hijos mas mientras vivíamos por la avenida Crestview. Esteban nació cuando Jill tenía diez y siete meses, y Daniel chicho cuando Estaban tenía diez y nueve meses. Esteban era un bebé muy bueno, y le gustaba quedarse en la cuna de jugar. Despertaba cada cuatro horas, a todas horas para tomar su botella. Tenía pelos chinos y alguna gente pensaba que era una niña diciendo, "Que niña tan linda tiene usted." Cuando llego el tiempo que cumplió dos años, lo llevamos al barbero que le cortaran el pelo, y nadie volvió a repetir ese comentario.

Cuando Jill tenía diez y ocho meses, yo la miraba que jugaba afuera con la niñas de la vecina, todas mayores de edad que ella. Planifiqué ir al centro de compras en Wooster-Hawkins Avenue cuando Esteban despertó. Le dije a Jill de la excursión, le di de comer a Stevie, como lo llamaba, y lo puse en un carruaje afuera de la puerta. Entonces el lechero se acerco para colectar su dinero. Recogí a Stevie, y me metí a coger el dinero. Cuando regrese, la Jill se había desaparecido. Casi me dejé llevar por el pánico, y toda la vecindad ayudo con buscarla. Regina, mi vecina, se quedó a cuidar a Stevie en su cuna de juegos, y April, otra vecina, se ofreció a llevarme en su coche por toda la área.

Le cuestioné a la niña de cuatro años, Kelli, quien estuvo jugando con Jill. Me explicó que le había dicho a Jill que yo ya me había ido de compras al centro. Yo figuré que por allá se había ido porque ya habíamos caminado por ese rumbo muchas veces. Silenciosamente me puse a rezar mientras manejamos las ocho cuadras hacía Wooster-Hawkins. April y yo entramos al lote de estacionamiento por Penney's, y con un suspiro de alivio, vi a mi preciosa niña con sus chinos rubios ondulando en la brisa, balanceándose despreocupadamente por el poste en frente de Penney's. La recogí en mis manos, todo el rato dándole gracias a Dios por haber contestado mis oraciones para encontrarla sin peligro. Le pregunté porqué se había ido sin mi, y me confirmó lo que Kelli le había dicho que me fui sin ella.

Mamá se había quedado conmigo por una semana cuando nació Stevie, y, porque el dormía mucho, me volví a sentir normal después de algunas semanas. Poco después de la asustada que me di con Jill, mi vecina, Inge, una buena amiga de Alemania, me preguntó si la podía ayudar. Sufría de problemas con sus riñones desde el nacimiento de su hijo de veinte-un meses, Scott y requería cirugía. Había estado sufriendo tanto dolor de las piedras en sus riñones, y un día cuando me visitaba, se revolcó por el piso en angustia. Lo sentía tanto por ella. Cuando pidió si pudiera cuidar a Scott mientras se recuperaba en el hospital, le dije que, "Si, yo me quedo a cuidarlo por dos semanas." Me gustaba ayudar a la gente y supe que nomás tenía solo una otra amiga en Akron, una mujer anciana.

Que desafío solía ser Scott mientras continuamente brincaba en su cuna, en la sala de estar, y en cualquier lugar que por casualidad se quedaba. Traté de no dejarlo molestarme, pero cuando mi carpeta se hincho por tres pulgadas al centro, me deje molestar un poco. No fue facil cuidando a tres niños, y Stevie nomás tenía dos meses y medio. Creí que podía hacerlo por dos semanas, y lo hice. Entonces Inge llamó del hospital para decir que tuvo algunas complicaciones y tuvo que quedarse por otra semana. La quería a ella y a Scott, pero mis fuerzas se debilitaron. Quedé totalmente exhausta, y le dije que nomás no podía cuidarlo por otra semana. Le sugerí que llamara su otra amiga, quien si se prestó a cuidar a Scott por la tercer semana. Inge arribó a la casa con buena salud, y me agradeció por haberla ayudado. Se mudó un poco después, y la extrañaba.

La nueva vecina, Kitty Marshall, y yo nos hicimos buenas amigas. Tenía tres niñitas; una nació como al mismo tiempo que nació Danny. Jill jugaba con las otras dos por la mayor parte del tiempo, y Kitty y yo las cuidamos cercanamente. Dan y yo tomamos turnos con nombrar nuestros hijos. Yo escogí el nombre de Jill, y el escogió Steven, cual era el nombre favorito de mi madre, también. Cuando Danny nació, tenía pelo largo negro china que le llegaba a los hombros. Se veía tanto como Dan que supe que tenía que nombrarlo Daniel Jr.

Las enfermeras se enamoraron de Danny y pidieron permiso para usarlo para la demostración de baño. Por supuesto, quedé en acuerdo.

Danny tenía una personalidad tan sobresaliente, como Jill, mientras Stevie era callado. Stevie era facil de llevarse y no se metía en travesuras, pero Danny si. El se brincaba sobre todo, hasta el refrigerador. Después de meterse en mi closet de recámara un día, se comió betún negro y se puso morado. Llamé al doctor York, quién me aconsejó que lo observara, y si su piel no se componía, que lo llevara al hospital. Afortunadamente, so se aclaró en unas horas. Un mes después, casi se causó una pinchadura en su oído después de caerse con un Q-tip en la oreja. Pero, era un niño deleitoso, sonriendo y amigable con todo mundo.

Danny fue tan grande para su edad que mucha gente pensó que era mayor de edad. Cuando tenía catorce meses, lo empujaba en un carrito de mercado en la tienda de Acme, cuando sonrió y dijo, "Hola, Abuela," a otra mujer madura mientras la pasamos. Se ofendió con el comentario de mi niño, y enojadamente contestó, "Que niño tan asqueroso." Me sentí mal por Danny, como nomás estaba haciendose el amistoso. Pero, hay de todo para hacer un mundo, y ella fue una de las píldoras amargas que tiene uno que tomar. Tal vez no se sentía bién ese día, o tal vez no conocía la belleza y alegría de vivir y compartir con otros de manera positiva.

Dan nunca se quejó de llevarme en coche al mercado y la iglesia y juntas para juego de cartas, cuales eran una forma de recreación buenas para mi. Sin embargo, se me estaba haciendo un quehacer el vestir los bebes, y tratar de ir de compras mientras los tendía a todos. Por supuesto, Jill era capaz de vestirse sola, y siempre se quedaba cerca del carrito de mercado conmigo, y Dan a veces empujaba uno de los niños en su carrito. Stevie lo habíamos entrenado a los quince meses, muy temprano para un niño, pero el rezongó cuando era necesario, así es que tuvimos dos niños que llevar al baño cuando íbamos de compras.

Stevie no habló tan tempranamente como Cindy, y todo se le hizo satisfactorio para el, hasta una mañana que le dí el cereal incorrecto. Apenas había cumplido dos años, y dijo en una sentencia larga, "Mamá, yo no quiero corn fleis, quiero Wheaties."

Quedé asombrada y eufórica a la vez.

Aunque Dan realmente no le importaba manejarnos por todos lados, yo decidí que mejor me pusiera a aprender a manejar. Dan no tenía la paciencia suficiente para enseñarme, así Regina, mi vecina, y yo nos aplicamos para lecciones de conducir un auto. Me dio mucha dificultad aprendiendo como cambiar de engranajes y estacionarme, creo que volví loco a mi instructor. También como que no aprendí como enfrenar cada vez que estaba disminuyendo de velocidad para rodear las equinas. Cuando tomé mi prueba de manejar, tiré el cono por atrás mientras tratando de estacionarme. Volví a tomar la prueba una vez mas, y volví a tirar el cono, pero la policía me aprobó de todas maneras, porque hice todo lo demás de manera satisfactoria. Que relevo fue el poder hacer mi propia cosa sin tener que llevar los niños por todos lados.

Dan no le importaba lidiar con los niños después del trabajo, y durante los Domingos cuando me iba para escuchar la Misa. Me llevaba a Jill y dejaba los dos niños en la casa la mayoría de veces, porque cuando me los llevaba, tenía que corretear a Danny cuando se ponía a andar por la nave. Distraé a la atención de todos los parroquianos allí.

B. F. Goodrich Company renovaba su contrato cada tres años, tal como lo hacían las otras fábricas de hule. Una compañía de objetivo escogían para huelga si las compañías no respetaban los términos de sus sindicatos, y usualmente era Goodrich. El sindicato les pedía por aumentos de ingresos o mejores condiciones de trabajar, o garantías de seguridad, etc., Goodrich había estado en huelga por dos meses, y fue la primer y única vez que tuvimos que pedirle a otros por dinero. Nos prestó cien dólares su abuela Velma los cuales le pagamos al pronto que resumió su empleo. Apenas habíamos comprado un coche nuevo con transmisión automático un mes antes de la huelga, y no tuvo al dispuesto el pago mensual. La abuela siempre se quejaba de otros en la familia que prestaba les dinero y nunca le pagaban. Ella apreció que no demoramos para pagarle.

La Abuela Velma, abuelo Herman, tío Nathan, y tía Claudia nos invitaron a cenar muchas veces, y se los reciprocamos. Tío Nathan y tía Claudia de veras adoraban al Stevie. Porque decía, "goo, goo" muchas veces cuando era bebé. Dan comenzó a llamarlo "Itzy, goo, goo." Dan les tenía apodos curiosos para todos nuestros hijos cuando eran infantes. Jill era "Doll Face," y Danny era "the Sweetie, Sweet, Sweets."

El hermano de Dan, Leo, siempre lo llamaba "Sweets."

Desafortunadamente, Abuelo Herman falleció cuando Danny era bebé. Tío Nathan sufrió un infarto a la edad joven de cuarenta y ocho mientras conducía el coche desde su trabajo. Apagó la ignición cuando sintió que se le venía el ataque de corazón, y lo encontraron por Wadsworth Road cerco de su hogar. De veras que los extrañamos a los dos.

Marty, Bridget, y pequeña Robin vivían con mamá por un tiempo hasta que estuvo la casa preparada para recibirlos. Mamá siempre tuvo un lugar en su corazón especial para Jill, su primer nieta, y para Robin. Marty trabajaba por el Condado de Summit obrando por la carretera cuando lo tocaron para trabajar en la oficina como dibujante. El sabía que podría acostumbrarse aun sin entrenamiento formal. El había tomado un curso de dibujos técnicos en la preparatoria.

Dan había tenido empleos de mantenimiento para la junta de educación mientras que asistía a la preparatoria, así dejó una aplicación para empleo como bedel con ellos, y lo contrataron inmediatamente para trabajar en la preparatoria de Buchtel. Trabajaba catorce horas por día: ocho en Goodrich, y seis en Buchtel cinco días por semana. Jamás tuvimos que pedir prestado de allí en delante. Siempre llegaba para cenar, y pasaba sus fines de semana con nosotros ayudando con cuidar a los niños mientras aprovechaba yo para hacer recados o me iba a la iglesia. Era importante por nos como familia el tomar los alimentos juntos, un rato para conversar, y ambos gozar de nuestra compañía. También visitábamos mi madre , su abuela, y sus padres durante los Domingos después de la Misa. Ida, la madre de Dan, se quedaba con algunos bizcochos para los niños. Me enseñó como prepararlos desde cero, pero ni uno de los míos me salían como los suyos de hojaldrados. Mas como piedras, y Dan me lo recordaba. Así empecé a usar Bisquick para preparar los bizcochos después de eso.

Marty y Bridget tuvieron un niño quien nombraron Jeremy. Nomás tenía dos años cuando Marty descubrió a Bridget con otro hombre fuera de su casa. Ella le había dicho que se iba con sus amigas a jugar el boliche, pero en lugar estuvo teniendo un romance con otro hombre. Marty no podía vivir así, y posteriormente se divorciaron. El Divorcio siempre deja a los niños desconcertados , y Robin y Jeremy lo atestiguaran.

Zach estuvo noviando Emily Stutzman por aproximadamente ocho años mientras trabajaba por sus estudios del colegio. Se casaron después de que se graduó de Kent State, y consiguió empleo en California como ingeniero de aeronavegación. El trabajo involucro una cantidad tremenda de escrituras técnicas, cuales no le gustaban. Persiguió su título de maestría, y se recibió como maestro del octavo grado, y compró casa en San Diego, California. El y Emily se encantaron con el tiempo y clima temperado de San Diego. Zach tenía problemas con su espalda a causa de jugar el fútbol Americano, y el clima caluroso le ayudaba con controlar el dolor.

Francisco quedó arrepentido después de su visita con Peggy cuando les dijo a su hija y marido que se largaran de la casa. El comprendió que no debería volver a visitar, que todos quedaron contentos sin el. Acabando desesperado por el dinero, no tuvo de quien ampararse con tantos niños que mantener, y la compañía de sebo fracasando. Comenzó a manejar largas distancias otra vez. Paró en Pittburgh para ver a la Rebecca y la Karen cuando iba por la carretera. Se quedó un poco depresionado como ella ya no le demostraba alegría al verlo. Ellen y los niños siempre demandaban mas y mas de su tiempo y dinero, y el se sentía como que cayo en un torbellino vicioso. Deseaba regresar el reloj y empezar de nuevo.   Le hubiera gustado visitar a todos sus nietos, pero comprendía que no era bién recibido.

Confesó sus pecados a un sacerdote, y pidió el perdón. Mientras tanto, mas niños se le vinieron, y la Ellen se había convertido en una rezongadora. La depresión tiene modo de ponerse peor cuando uno se niega a pedir ayuda, así Francisco pensó en un plan de escaparse de sus bastantes penas. Manejo su camión al Lago de Erie, y dejó un cambio de ropa por la ribera para indicar que se había echado al lago y se ahogó. Los periódicos cargaron la noticia que Francisco Hanocek había cometido el suicidio. Que vergonzoso era para su familia y especialmente para Marty quien tuvo el mismo nombre.

El jefe de Marty, quien era bién conocido en la política, revisó el artículo en el periódico *Beacon Journal* sobre Francisco habiendo cometido el suicidio, y preguntó si Marty lo conocía. Marty negó haberlo conocido, pero se preocupo por haber mentido. El próximo día le dijo a su mayordomo la verdad y nada mas ocurrió. El comportamiento de su padre le tuvo un impacto -- no quería ser nada como el. Francisco vivió una vida basada en mentiras.

El suicidio atentado también era mentira. Peggy y sus hijos jamás creyeron por un momento que Francisco se había muerto. Ellen tampoco lo pudo creer. Francisco se desapareció por un rato, pero, como una piedra rodante, reapareció pocos meses después del supuesto suicidio.

Marty se mudo con su madre otra vez. El notó que se sentaba toda sola en la oscuridad a media noche cuando se paraba para usar el baño. Peggy tenía problemas con dormir durante la menopausia. Tuvo mucho en que pensar, pero mayormente rezaba por la paz para si misma, y para su familia. Tal vez, sobre todo, todavía quería a Francisco, y deseaba que todas cosas hubieran sido diferente. Se sentía sola.

Un viudo le había propuesto a Peggy un día que salió con el a cenar y ver una película cuando la acompañaba a su casa del mercado. Sin importarle lo que pasara, sentía ella que todavía estaba casada con Francisco, entonces le contestó, "No, gracias, de veras no puedo salir con usted." Se mantuvo ocupada haciendo quehaceres para la Shirley, la gemela de Emily, y tuvo otros trabajos de limpia.

Ellen tuvo tantos niños que cuidar, tuvo que aplicar para *welfare* para poder darles de comer cuando estuvo Francisco ausente. Habían nueve bocas hambrientas que alimentar. Tal vez sin saberlo la Ellen, el Francisco abusó sexualmente de una o dos de sus hijas. Les dijo que su "otra hija," *Querida*, lo dejaba acariciarla. Las niñas lo temían tanto que no le decían que no. Así fue la mentira que contó de mi que fue la mas difícil de perdonar. ¿Como se atrevió a decir semejante cosa cuando el conocía que era falso en lo absoluto? ¿Como se atrevió a usar una mentira de mi para obtener su cooperación? ¿Como pudo hacer tal cosa tan horrible contra su propia sangre y carne? Tal vez Francisco de versa era mentalmente insano, o tan absorto con el sexo que tenía una fobia del sexo.

Le confesó sus pecados a un sacerdote, y lo perdonaron una y otra vez. ¿Que lo hizo pensar que seguía como Católico practicante, cuando, en realidad, era un bígamo y un pederasta?

Mi vida se había removido hasta de pensar en el. Estuve tan ocupada con criar y educar a nuestros tres hijos y mudándonos a la Avenida Winton, que no me quedaba tiempo para estar pensando en cosas negativas. La casa por la avenida Crestview quedó demasiada pequeña para nuestra familia, y como Dan no era muy útil con la renovación, era mas práctico mudarnos que tratar de completar el segundo piso. Todavía quería moverme para Cuyahoga Falls, pero como Dan trabajaba en su segundo empleo en Buchtel, nos mudamos a 889 Winton Avenue, cuya casa se ubicaba una cuadra de la preparatoria.

Poco después de mudarnos, me embaracé por la cuarta vez

en cinco años. Queríamos por lo menos cuatro, así quedamos eufóricos cuando tuvimos otra hermosa niña. Era la mas pequeña de nuestros hijos, pesando poco mas de siete libras al nacer, con piel muy blanca, pelirroja con café, y ojos grandes azules. Le tocaba a Dan nombrarla, y me preguntó como me parecía el nombre de "Diane," el mismo nombre de una dulce y amigable *majorette* con quien platicaba en Buchtel. Por supuesto, le contesté, está bién, especialmente como siempre me había gustado ese nombre.

Alguna gente se preguntaban porqué tuvimos cuatro hijos en cinco años, y como podría cuidarlos todos, pero era una obra de amor. Yo adoraba a mis hijos con una pasión, y aunque yo era melindrosa, no me importaba cambiarles las pañales, limpiándoles las narices, limpiando la leche tirada, y aguantando con todas las otras frustraciones que tienen las madres. Además, Dios me dio a Jill, quien siempre me ayudó. Ella nunca ni tuvo la gripe durante sus primeros ocho años, así siempre estuvo preparada y dispuesta a ayudarme.

Cuando Diane era infante, Dan empezó a llamarla "Redso." El adoraba el hecho que tenía pelo rojo. Danny parecía no poder pronunciar su nombre de "Diane" apropiadamente, y comenzó a llamarla "Didi." Dios de veras que me estuvo cuidando, porque Didi dormía toda la noche hasta en el hospital. Mamá y yo nos quedamos despiertas durante la mayor parte de la noche al regresar a la casa, pero *ella* no se despertaba hasta el amanecer. Pensamos que tal vez ella salió como los niños, quienes se despertaban a las dos de la mañana cada día hasta que cumplieron los dos años. Que bendición se nos hizo poder dormir durante toda la noche con una recién nacida. Ella también dormía por la mayor parte del día, así pude cumplir con todos los quehaceres, cocinar, y tener tiempo para mis otros hijos.

Hubo un incidente pequeño que me inquietó. De alguna

manera las hormiguillas pequeñas encontraron entrada a la fórmula de Didi cual guardaba en armario de la cocina. Me puse a batallar contra ellos con una venganza, pero me tomó dos semanas para deshacerme de ellos. Jill me ayudó tanto en eso como le gustaba lavar los trastes y estar refregando el piso de la cocina. Quedaba contenta con observar a Stevie y Danny cuando salían afuera. La calle era moderadamente concurrido. Un día llevé mi madre y los niños de compras en Wooster-Hawkins al centro. Cuando regresamos a la casa, cargué a Didi adentro de la casa, y Jill y Stevie me siguieron. Asumí que mi mamá tenía a Danny al lado, y ella asumió que yo lo tenía. De repente, mientras veíamos afuera por la ventana de la cocina, notamos que mi carro se salía de la entrada. Cruzó la calle y rodio hacía la entrada de carros de mi vecino. Entonces realizamos que Danny no estaba en casa. Corrí para fuera y allí estuvo, manejando el carro, o tal lo creía el, como lo había puesto en reverso. ¡Hablando de ángeles que nos cuidan!

Después de que Jill y Stevie comenzaron la escuela en Septiembre, quedé cuidando a Danny en la yarda trasera mientras que colgaba la ropa. La yarda era tan hermosa, llena de de todas clases de flores planteadas por los dueños anteriores. Didi se quedaba durmiendo en su cuna. Cuando terminaba, descubrí que nos quedamos afuera sin llaves. Se me había olvidado al abrir el seguro. Busqué por la ventana trasera para checar a Didi, y seguía en su mundo de sueños. Usé el teléfono del vecino para llamarle a Dan en Goodrich, algo que raramente hacía, solo que si era una emergencia.

Arribó a la casa aproximadamente dentro de veinte minutos. Didi empezaba a despertarse al mismo tiempo que Dan nos rescató. ¡Que buena bebé era! Escondí otra llave en el garaje para asegurarnos de que jamás algo semejante volviera a pasar.

Cuando Didi cumplió los seis meses, decidí llevar a todos

los niños de compras en O'Neil's. Fue la primera y última vez que atenté semejante viaje por camión. Mientras nos encontramos en el camión hacía el centro, todos quedaron divertidos, creo yo, con nomás observarme tratando de cuidar cuartos niños a la vez. Un pasajero me preguntó, "¿Donde encontró niños tan hermosos?" Eso, por supuesto, es lo que a todas las madres les gusta escuchar, y me ayudó con hacer el viaje mas placentero. Al llegar a O'Neil's, Danny corrió y se escondió por las percheros de ropa cercas de la salida. Tomó mucha persuasión para poder sacarlo. Jill y Stevie se quedaron juntos a mi, y la Didi se quedó en su cochecito. Otra vez el Danny corrió y se escondió dentro de la ropa. Después de sacarlo, no podía aguantar mas y tomamos el camión de regreso, sin comprar una sola cosa. Es divertido pensar lo travieso que anduvo gateando, y después en el jardín de niños recibió un certificado por el mejor comportamiento de su clase.

Tuvimos algunos buenos vecinos por la avenida de Winton. Un abogado, Della, vivía abajo de la calle, una familia maravillosa Judía al cruzar la calle, y un amigo quien trabajaba con Dan vivía en la próxima casa. Jill se hizo amigas con Carolyn y Naomi Goldberg al otro lado de la calle. Siempre la alababan por sus rulos rubios. La familia nos había invitado a su casa por el Sedar del Viernes, y lo gozamos de pronto. Me comí tantos galletas de matzo como niña cuando papá los traía de las tiendas Hebreas. Sopa de bolas de Mazo era una de mis favoritas.

Jill y Carolyn caminaban a la escuela de Schumacher juntas. Me avisaron que votaron a Jill como la mas popular y bonita niña del jardín de niños. Pensé que era inusual que un jardín de niños ponerse a votar por la popularidad y apariencias. Siempre ella tuvo una manera especial con la gente y empezó a atraerlos de muy joven, aunque era ella avergonzada con adultos antes que cumpliera los cinco años.

Ella era muy muy penosa cuando le hablaba Zach -- el tenía una voz muy autoritario. Pensaba que tal vez lecciones de baile la ayudarían dominar su timidez con adultos, y así lo fue. Se puso a estudiar tap y ballet, bailó en dos recitales, hizo un baile rodeando un bastón acompañada con la canción de "Puttin on the Ritz" con seis otras niñas (Carolyn era una de las otras), y bailaron la hula en disfraces cuyas yo les había cosido. Me encantaba hacerles la costura para disfraces y ropa de niña. hasta las hileras de lentejuelas para los disfraces de baile era una obra de amor. Vivimos en una vecindad muy diversa. Muchos Afro-Americanos se estaban mudando por la avenida Winton. Eso me quedó bién, excepto uno de los niños quien Danny seguía por la calle a los tres años, tomó cerillos para quemar el tendedero de Della. Danny nomás se quedé parado, observando. Nuestro amigo, Della, el abogado, no culpo a Danny, porque el no lo había hecho. Un día Danny estuvo jugando con Corey, el hijo de Della, y empezó a caminar por los escalones del porche de frente, Corey abrió la puerta, accidentalmente tumbando a Danny. Se cortó el trasero de su cabeza y le quedó una cicatrice de tres pulgadas que probablemente debía haberse tratado con puntos. Parecía parar de sangrar y se durmió. Cuando despertó el próximo día, había manchas de sangre sobre su almohada, pero el cicatrice se mejoraba, por eso no lo llevamos al doctor. Era un Domingo, de todas maneras, y planificamos irnos al carnaval de St. Peter's, la iglesia en cual asistíamos.

Los niños estaban todos limpios y listos para irse. Todos estuvimos entusiasmados por el carnaval. Jill se ganó una canasta de provisiones, y los pequeños se divertían con los juegos de niños. Danny y Didi quedaron riéndose mientras circulaban sobre el trenecito. Después de algunas vueltas los dos últimos carros que los llevaban se despegaron de resto del tren, y los dos se sentaron sobre sus cabezas. Nos fuimos inmediatamente, como la cabeza de Danny sangraba de nuevo, y a Didi le quedó un moretón detras de su cabezita. ¡Que tanto por el carnaval!

Cuando Stevie entró al jardín de niños, lo tuvieron en la preparatoria de Buchtel porque la escuela de Schumacher no le quedó espacio para acomodar las dos clases necesarias. Stevie tuvo que cruzar la carretera de Copley para llegar a la escuela. Tenían una guardia que los dejaba cursar, pero permaneció por poco tiempo. Stevié temía a los perros grandes porque uno lo había tumbado cuando tenía tres años. Una mañana durante una tormenta, Stevie caminaba a la escuela cuando un perro grande se le acercó. Quedó Stevie congelado, y se quedó parado. Lo miré de mi puerta de frente mientras caminaba por la banqueta, y se dio cuenta que estaba petrificado. Mi vecino del otro lado no se encontraba en casa esa mañana o le hubiera pedido que se quedara con Danny y Didi. El no saber que hacer, y se estaba haciendo tarde, le pedí a Danny que se fijara en Didi por unos minutos mientras caminaba con Stevie a Buchtel, por una cuadra. Supe que la guardia de cruzar no iba estar presente.

Cuando regresé algunos minutos después, Danny y Didi había gateado hacía el segundo piso y el brincaba sobre la cama, pero Didi estuvo bién. A veces las madres se encuentran en situaciones donde tienen que hacer una decisión que son cuestionables. Afortunadamente, los niños quedaron bién. Me preocupe que Didi se subía por los escalones desde el día que Jill la cuidaba, la levantó, se tropezó, y Didi cayó y se pegó en la cabeza sobre la cabecera. Didi también se cayó de su silla y casi se cortó la lengua. Una lengua no se pueda restaurar con puntos, así que ese fue un periodo muy difícil, porque no podía tomar su botella por dos días y lloró de mas.

Poco después, Danny y yo evidentemente habíamos comido

atún podrido, y nos quedamos envenenados. Dar le gracias a Dios que los otros no comieron del atún. Danny se vomitó como diez veces sobre toda la casa, y luego parecía que se había compuesto, mientras yo tenía dolor terrible en el estómago. Llamé a mi madre y me aconsejó que me tomara un poco de citrato de magnesia. Eso no fue el peor consejo que jamás me había dado, como se me desarrolló un síndrome de intestino irritable después de haberme tragado eso. Finalmente me fui con el doctor y me puso en dieta blanda. Por seis semanas comí nada excepto crema de trigo, sándwiches de crema de queso, pollo, y puré de patatas.

Cuando mamá quería ir de vacaciones a Wisconsin para visitar a tía Claire, tío Warren y su hija Wendy, le pregunté al doctor lo que el pensaba de dejar los tres niños en el cargo de Dan como ellos apenas se estaban recuperando de la Gripe, para poder acompañarla. El dijo que sería una buena idea para mi que me saliera por un tiempo. Mamá, Jill de seis años y yo tomamos el camión para Chicago, donde tío Warren y tía Claire nos recogieron. Viajamos a su casa en Waukesha. Eran tan gracioso con nosotros y nos llevaron a comer en restaurantes fabulosos. Empecé a comer todo y mi sistema digestiva quedó bién otra vez.

Habían lagos bellos por esa área, y todos fuimos a nadar. Wendy era alérgica a algo que existía en el lago, y se le desarrolló urticaria. Todos lo sentíamos por ella. El dormir se nos dificultó en la casa de mi tía Claire porque ferrocarriles pasaban prácticamente por la pequeñita yarda trasera. Al anochecer uno pasó, nos despertamos para ver que toda la casa temblaba. Nos reímos, y tuvimos una vacación maravillosa. El humor de tía Claire nos dejaba riéndonos hasta que casi acabamos llorando.

Cuando mamá, Jill y yo retornamos a la casa, los tres hijos mas chicos estaban bién, excepto Didi tenía ronchas de pañal terribles. Dan la había cambiado solamente una vez por día, y uno de mis buenos vecinos paraba cada tarde, para cambiarla. Dan no quería cambiar sus pañales susios. Extrañé mis pequeños durante todo el tiempo, y los llamé cada día, pero Dan no me platicó que se negó a cambiar sus pañales como debía hacerlo. Sin embargo, en unos días, el sarpullido desapareció. Abuela Velma había venido para ayudarle a Dan con las comidas y con los niños. Habían comido sandía, y se derramó en el piso de la cocina, atrayendo a las hormigas. También encontré nata montada seca cubriendo la mayor parte de las cortinas de la cocina.

Se mi hizo bién salir por una semana, pero decidí que no lo volvería a hacer. Le hizo bién a mi madre estarse con su hermana y su familia, así es que jamás me arrepentí de haberlo hecho de hacer el viaje.

Durante el Verano, algunos de los vecinos y yo tomamos nuestros hijos al lago para nadar. Jill tenía ocho años, y Didi tenía tres. Una semana después, a dos de los vecinos les dio pulmonía, y luego a Jill se le pegó. Hacían 90 grados de calor durante ese Agosto cuando yo sucumbí a la pulmonía una semana después. Tenía una temperatura de 104 grados. Mamá vino para ayudarme, pero como era tan contagioso, ella también se enfermó con el virus en pocos días, así es que me quedé sola. Corrí con la fiebre alta por una semana, y luego una temperatura mas baja por todo un mes. Se me había desarrollado un infección de vejiga, tenía nausea, y no podía parar de toser. En dos semanas, perdí veinte libras. Jill mejoraba, y pudo empezar la escuela con buen tiempo. Me sentí terrible, y el doctor me dijo que si no me quedaba en la cama por veinte-cuarto horas, no iba a sobrevivir.

La mamá de Dan me dijo que cuando primero nos casamos que no contara con ella para lidiar con los niños, así es que temía pedírselo. Dan llamo y si llegó para ayudar por un día.

Me quedé en la cama por todo ese día y la noche, y mi temperatura cayó a 99, lo cual aguanté por lo menos un mes. Ese Verano era uno de los peores experiencias de mi vida. La tos no me dejaba dormir apropiadamente, y seguía con la nausea y quedé exhausta de cuidar a nuestros hijos. Jill siguió bién, pero Stevie, Danny, y Didi se enfermaban continuamente. Didi parecía contratar cada virus conocido por la humanidad. Tenía sangre saliendo de sus orejas, y de sus ojos -- lo que se imaginaba uno, ella lo tenía. No pasaba una semana cuando no tenía ni uno, o los tres en la oficina del doctor. Gastamos el extra dinero Dan ganaba para cuidarlos y pagar por la medicina de prescripciones. Pero lo sobrevivimos, y para el próximo Verano, quedamos normales, aunque había repuesto solamente diez libras que había perdido. Durante ese tiempo pesaba 125 libras, que era apropiado para mi edad y altura. Medía cinco pies con cinco pulgadas.

Durante el periodo de convalecencia, prácticamente todos mis conocidos temían visitarnos, excepto la Hilary, quien vivía a pocas cuadras de nos. Ocasionalmente llegaba empujando su bebé, Tammy, en su cochecito para visitar en las tardes. De veras que apreciaba su preocupación y sus visitas, y estaba contenta que nunca les pegó ese virus en particular. Hilary tuvo tres hijos, Drew, quien tenía tres meses mas que Jill, Patty, y Tammy. Ella y Earl lucharon para que les ajustara todo durante todo su matrimonio. El intentó a recibirse como doctor, pero la presión se le hizo demasiado para el. Trabajó en varios empleos, y Hilary trabajó durante la mayor parte de su vida casada.

Hilary y Earl, Crystal y Troy, y Dan y yo tratamos de reunirnos en nuestras casas seguidamente cuando vivimos por la avenida Winton, cada par tomando su turno. Crystal se casó con Troy en 1955, y Hilary fue su madrina de honor, y yo serví como dama. Troy era muy callado, y a veces se dormía mientras Dan y Earl se carcajeaban con los chistes. Las visitas siempre eran agradables.

Pasaron diez años desde que había oído de mi padre. De veras que no me importaba de ninguna forma, y tal vez sentía ansiedad si me pusiera a pensar en el. Era mi única pesadilla. Vi su nombre y retrato en el periódico *Beacon Journal*, un artículo de un escritor local y muy popular discutiendo la división de propiedad que acabó en polémica y por los árboles sobre el, un problema que trataba de resolver con su vecino Poco supo lo mísero que era la historia comparado a sus viajes actuales. Tuvo una frase que usaba para sus reportes, llamando alguna gente como "Aristócratas del Espíritu." Yo creí que esa frase se aplicaba a nuestra familia, y nunca se me olvidó. Años después escribí una poema con ese título:

ARISTÓCRATAS DEL ESPÍRITU

Levantamos nuestras cabezas
Nos mantuvimos limpios,
Años de pobreza volaron,
Años de triunfo habíamos visto

Triunfo del alma sobre la oscuridad,
Triunfo de la mente sobre la materia,
La risa y amor durante la necesidad,
Paz y valentía para juntar.

Desplegando nuestra alegría entre las lágrimas
Extendiendo la compasión y ánimos
Despreciando la pena y el terror
Viviendo cada día con una pasión.

Trabajamos durante el hambre
Trabajamos durante la trauma,
Nuestra voluntad se hizo mas fuerte
Abarcada con drama.

Drama viviendo cada día a lo verdadero --
Aristócratas del Espíritu, veas

Poco después, como si hubiera aparecido del aire, Francisco re-apareció al lado de nuestra puerta, con una bolsa de mentas rosadas en su mano. Me quedé consternada, diciendo lo mínimo, pero lo invité a la cocina. Trató de abrazarme y yo no le respondí. El actuó como si fuera ayer que no me había visto, y comenzó con abrazar y a besar sus nietos. Quedaron confundidos y se preguntaban *quien era este viejo quien los trataba de abrazar.* Les dije que era su abuelo. Por supuesto, les gustaron los dulces, especialmente a Didi, quien ya tenía cuatro años. Se quedó por media hora y dijo que se tenía que regresar al trabajo. Tuve un sentimiento de instinto que no lo iba a volver a ver por mucho tiempo.

Francisco abandonó a Ellen y todos sus hijos unos años después. El había previsto el empezar una nueva vida. Algunos de los hijos de Ellen ya trabajaban, y lucharon tal como lo habíamos hecho mientras crecíamos. Dejó su empleo y empezó un nuevo trabajo manejando un camión en Erie, Pensilvana. Ellen trató de buscar lo, pero no pudo localizarlo de primero.

Yo seguí ocupada con mis problemas propios. Cuando Didi tenía cuatro años de edad, un protegido de nuestro vecino al otro lado había aventado un cuchillo y casi le pego su cabeza mientras estaba sentada en el porche del frente. Habían algunos Afro-Americanos ricos vecinos, uno se hizo influyente en Washington, y después fue un ministro. Un par de Afro-Americanos nos habían ofrecido un precio enorme para nuestra casa dos años antes, pero nosotros lo rechazamos y quedamos satisfechos con vivir en una vecindad mixta. Siempre me gusta pensar de cada ciudadano como nomás un Americano. A mi manera de pensar, todos fuimos creados igualmente, y tenemos las mismas oportunidades de superar nuestra condición humana. Sin embargo, por las diferentes circunstancias, algunos no pudieron encontrar su camino, y lo siento mucho por ellos, y siento que los Estados Unidos debe de hacer mas por los pobres y los sin hogar para ayudarlos escapar la pobreza.

Un año después, solo quedaban dos familias Caucasianas en nuestra cuadra. Con renuencia pusimos nuestro hogar en venta, y comenzamos a buscar otra casa, preferiblemente con cuatro recámaras y dos baños, porque necesitábamos mas espacio.

Buscamos en varias áreas, incluyendo North Hill, Akron, y Cuyahoga Falls. Encontré uno que cumplía con nuestras necesidades cerca de Cuyahoga Falls preparatoria, y también uno por North Hill. Cuando primero miré las afueras de la casa por Clifton Avenue, North Hill, pensé que tal vez sería demasiado pequeño. Que sorpresa me dio cuando vi que tan substancial era por adentro, con cuatro recámaras, dos baños, una cocina grande, y un cuarto de recreación. Conocíamos unos amigos quienes vivían cerca de allí por Riverside Drive, Natalie y Sam Petrulla. Yo había conocido a Sam desde que cumplí los diez y ocho años. El había asistido en algunas de las fiestas que tuvimos después de que nos graduamos de la preparatoria. Crystal tuvo una fiesta de Halloween un año, y Sam se trajo a Beverly quien vivía por la calle Vincent, y a veces iba con nuestro grupo par conocer lugares. Sam luego se casó con Natalie y tuvieron cuarto niños. Sam y Natalie fueron padrinos de Didi. Sam había sido un zapatero, y luego un vendedor de alfombras, y nosotros le compramos la mayoría de nuestras carpetas. Tenían cuatro hijos, y Jill se hizo la mejor de amigas con Lana, la mayor.

Compramos la casa en 1232 Clifton Avenida por contingencia, aunque de todas maneras quería ver por dentro la casa en Cuyahoga Falls. Dan ni quería considerarlo, así no pude mas que diferir con los deseos de Dan de vivir mas cercanamente a su empleo.

Tratamos por meses de vender nuestra casa por Winton Avenue, pero sin éxito, aun por un precio reducido. Finalmente, como lo habíamos comprado sobre un contrato de inmueble, encontramos un par, el cual calificaba por un contrato de inmueble. Nosotros sabíamos que no nos podíamos mudar a la casa de Clifton Avenue hasta que los dueños previos se mudaran, en todo caso.

Cuanto antes, Dan estuvo quejándose de sus pies adoloridos. Parecían extremadamente hinchados, entonces le sugerí que hiciera cita con el doctor. El nunca quería ir a ver un doctor o tomarse medicinas, así es que nomás aguantaba los dolores, hasta que lo encontré tirado por el piso del baño dos semanas después, sin poder pararse. Quería llamar una ambulancia, pero el insistió que eventualmente podría levantarse mismo, cual lo hizo con mi ayuda. Llamé a su madre, y ella cuidó a los niños mientras yo lo llevé en coche al hospital de St. Thomas.

Estuve acostumbrada a cuidar nuestros niños durante todas sus enfermedades, cargando a Didi por toda una semana cuando ella y el resto de mis hijos tuvieron la viruela Alemana, el episodio de la pulmonía viral, y ahora me preocupaba que tuviera que lidiar con Dan, el mero que mantiene a la familia. No pude soportar verlo con tanto dolor, y pensamientos de la enfermedad que pudiera haber tenido relampaguearon dentro de mi mente.

Es una cosa cuando los niños se enferman, pero un

escenario muy diferente cuando el esposo no podrá irse al trabajo. Aun Siendo una persona de manera de pensar positiva, yo descarté esos pensamientos y me puse a rezar. Siempre sentí que Dios nunca te otorga mas de lo que puedas soportar.

Dan estuvo en el hospital de St. Thomas por dos semanas. La última vez que había estado allí fue cuando nació la Didi. Mientras cruzaba el puente a St. Thomas, pensaba en esa mañana cuando apenas llegué a tiempo al hospital. Dan manejó como maníaco cruzando el mismo puente porque mis dolores de parto fueron tan intensos. El no quería tener que partir a su propio niño. Didi nació inmediatamente después de que arribamos. Yo había tenido partos falso por dos semanas anteriormente, así realmente no estaba segura cuando irme al hospital. Me recuerdo de la enfermera que estuvo comentando, "Creyera uno que alguien que ya había tenido tres hijos supiera cuando venir al hospital." Nomás me puse a reír. Nos dilataron por quince minutos mientras Dan fuerase a recoger a su madre, quien siempre estuvo dispuesta para emergencias, y por eso quedamos muy agradecida con ella.

Los doctores hacían todas clases de pruebas para determinar lo que pasaba con Dan. Se quedó en la cama durante todo este tiempo, excepto se levantaba para mirar afuera y saludar a sus hijos con la mano cuando los traía para ver lo. Después de diez días, el diagnosis fue que sufría de artritis reumática en su espalda y sus pies. Le dieron cortisone, y le aconsejaron que no volviera a sus trabajo por dos semanas mas, y que renunciara su segundo empleo en Buchtel.

Aun, si hubiera y había yo admirado a mi esposo, era durante esta trauma. Fue tan bravo y fuerte con todo su dolor, regresó a los dos empleos para trabajar, a pesar de los consejos del doctor. Sus pies quedaron tan inflamados e hinchados al fin de cada día, sentí tanta compasión por el. El raramente se quejaba. Dicen que los hombres son infantes cuando se trata

del dolor, pero Dan se comprobó que eso no era necesaria-
mente cierto.

Para Septiembre, poco después de que nos mudáramos,
Dan se sentía mejor. Otra vez, con fe, oración, y
determinación, lo sobrevivimos. Cada día le daba gracias a
Dios por su ayuda.

Capítulo 23

Después de que había nacido la Didi, pudimos manejar a Pittsburgh para ver la niña de tía Grace, quien era mayor por algunos meses que Didi. Toda la familia quedó tan feliz que tía Grace finalmente tuvo un bebé saludable después de tantos abortos. El año antes que naciera Julie, tía Grace había tenido un niño bebé de plazo completo quien salió con el cordón enlazado por su cuello. No sobrevivió. Tía Grace fue tan valiente con embarazarse de nuevo, pero tenía fe y se lo pagó. Ahora tenía una niña linda y llena de vida.

Yo sabía que amaba a los niños, y cuando bautizamos al Stevie, se lo pedí a ella y a tío Sean que fueran sus padrinos. Lo bautizamos en la iglesia de St. Peter, y el se veía tan curioso en su saco azul, sombrero, y medias que le compraron. Tuvimos celebraciones de cena después.

Nos quedamos con tío Art y tía Loretta en su casa mientras visitamos Pittsburgh. Tenían una casa grande y una familia grande, pero siempre nos urgían que nos quedáramos con ellos. A veces teníamos que dormir en el piso. Tía Loretta siempre tenía recién hecho cada mañana y la aroma llenaba la casa cuando despertábamos.

Dan y yo también llevábamos nuestra familia a visitar sus parientes en Centerberg, Ohio. Su tío Clem y esposa Cassie vivían en la granja de su abuelo. La granja se localizaba sobre la carretera de Douglas, nombrada por el. Todos los parientes se reunían allí por años para tener reuniones de familia el último Domingo de cada Junio, cada uno trayendo un plato diferente. Habían como cien miembros de la familia Douglas atendiendo, y todos tuvieron un rato bién genial.

Nuestra familia manejo a la granja solos ocasionalmente, y

nos quedamos por la noche en una de las recámaras grandes del segundo piso. Tío Clem y tía Cassie eran muy hospitalarios. Hubo desayunos grandes, y mas grandes lonches y cenas. Parecía que tía Cassie pasaba la mayor parte del día cocinando, y tendiendo a su jardín, enlatando, y también cuidando los borregos. Tío Clem y sus tres hijos trabajaban el resto de la granja. Tía Cassie gozaba a nuestros hijos, especialmente a Jill. No podía creer que podía cantar toda la canción de "How Much Is That Doggie in the Window?" sin cometer ni un error cuando había cumplido los dos años. También visitamos a tío Otto y a tía Miranda y sus hijos. A veces íbamos en caballo y en giras por carruaje por la casa de su hija. Tío Otto era una persona muy cariñoso quien también tenía un gran sentido de humor. Era facil sentirse cómodo con tío Otto y tía Miranda, y nos quedamos toda la noche con ellos durante varias ocasiones.

Los padres de Dan, Ida y Noah Douglas, esperaban mudarse a Ft. Lauderdale después de visitar a sus hijas, Sheila, Doris, y Melanie, quienes se habían mudado allí con sus familias previamente. Doris se caso con Dennis Blackfoot, y tuvieron tres hijos, y Melanie se casó con Orrie Williams y tuvieron un hijo. Desafortunadamente, sus matrimonios fallaron. Sheila y Rod Goings tuvieron cuatro hijos. Jill había sido una florista en su boda cuando casi cumplía los tres años -- le cosí un vestido largo hermoso rosado de seda y rayón fruncido.

Debbie, la hermana mas chica de dan, se casó con Caleb Hastings y tuvieron cuatro hijos.

Estuvimos empacados y preparados para mudarnos a Clifton Avenue, así mi mamá planificó ayudarnos a limpiar, tal como lo había hecho cuando vivimos en Winton Avenue. Nos reímos otra vez sobre lo que pasó después de que nos mudáramos a Winton Avenue, y supimos que pudiera volver a ocurrir. Mientras limpiábamos los trastes del almuerzo, Stevie empieza a gritar afuera. Jill estuvo con el, y corrió a la casa para decirnos que se había atorado la cabeza entre las rejas del frente porche. Se veía tan cómico, y lamentable a la vez, cuando tratamos de aplicar jabón para liberar su cabezita. No pudimos sacarlo, entonces tuve que llamar a los bomberos. Me mandaron el escuadrón de rescate, y de alguna manera forzaron las rejas bastante para poder liberarlo. ¡Que relevo se nos hizo! El hogar de Clifton Avenue no tenía rejas ni por el porche de enfrente ni el porche trasero.

Nos mudamos a 1232 Clifton Avenue en Akron, el 3 de Octubre, 1960. El día antes que nos mudáramos, Octubre 2, mis 33 cumpleaños, todos {excepto la Didi} refregamos cada pared y piso en la casa de ocho años. Mi madre, bendita sea su corazón, otra vez se puso a refregar junto con los demás. Cada uno tenía un cuarto que limpiar. Se sentía bién el tener todo bién limpio y listo, especialmente el mudarse a otra casa. Yo creo que la limpieza es divino, a lo largo que no toma precedencia sobre las necesidades de la familia.

La primera noche en Clifton Avenue, seis niñas pequeñas llegaron por la puerta trasera para llamar a Didi que saliera a jugar. Sobre Winton Avenue, no habían niñas de su edad con quienes jugar, así es que tenía un poco de vergüenza con los otros niñas de Clifton. Pronto ella pertenecía al grupo, y jugaron mucho y peliaban mucho. Jill se hizo amiga con la muchacha del otro lado de la calle, Polly Pragen, y Steve (Stevie ya nos pedía que lo llamáramos Steve para entonces) y Danny jugaba con los hermanos de ella, los gemelos Kevin y Kyle Pragen.

La escuela de Jackson se ubicaba cerca del cerro cerca de nuestra casa. Era tan conveniente como podía mirar a todos los niños caminando arriba del cerro de Clifton desde la recámara del primer piso por la ventana cada vez que lo deseaba. Caminé con ellos el primer día y llevé a Danny a su primer clase del primer año. El maestro le pregunto, "¿Has reprobado?" en frente de los otros estudiantes. Se mortificó, porque empezó a leer cuando tenía los cuatro años, y el era el mas inteligente de su clase en Schumacher, y el mas alto. Muchas veces a través de su vida, la gente lo llamaba "tall Hall."

Jill y Danny sobresalieron dentro de sus clases respectivas, y siempre los incluyeron en la lista de honor. Steve, como nació en Agosto, era uno de los mas jóvenes de su clase, y fue un estudiante a medias. Yo les guardaba orgullo a todos.

Jill y tantas amigas, hasta a los muchachos les gustaba. Especialmente por un niño en particular, Gabriel Good, quien vivía al rededor de la esquina sobre Magnolia Avenue, y la seguía a la casa cada día escolar. En el Invierno, le aventaba bolas de nieve, y ella se quejaba, "Quisiera que ese Gabe Good me dejara en paz. Siempre me habla y luego me pega con bolas de nieve duras."

Yo le dije, "Tal vez le gustas."

Tuvimos muchos vecinos amigables por Clifton, y las mujeres se reunían una vez por mes para jugar las cartas. También platicábamos afuera mientras cuidábamos los niños.

Me mantenía saludable por la mayor parte, pero de todas maneras contrataba muchos virus y me pego la pulmonía otra vez pero de menor grado. Sin embargo, nuestros hijos todos eran mas saludables desde que nos mudamos de Winton Avenue y quedé agradecida por eso.

Dan colectaba renta una vez por mes de los compradores de nuestra casa por Winton Avenue. A veces tenia problemas con la colección cuando no se encontraban en casa, o les faltaba el dinero. Un día un perro le mordió su pierna, y les pidió que trataran de comprar la casa en lugar de continuar con el contrato de inmueble. Eventualmente lo compraron.

Francisco se quedó fuera de la vista, excepto cuando se iba

a Pittsburgh para ver su hermana Theresa, y algunas veces al tío Art. La noche que paró a ver su hermano Paul, y esposa Hannah, tía Hannah quedó muy desconcertada. Después de que tocó, ella abrió la puerta de la cocina mas o menos a la hora de la cena. Era el Otoño, y se ponía oscuro a las diez y ocho horas. Quedó tan sorprendida al ver a Francisco, como no se había parado allí por varios años. La mesa quedó preparada para la cena, porque esperaban a Paul que llegara a cualquier minuto. Francisco se sentó a la mesa y le dio a avisar que estaba preparado para comer. Hannah había cocinado un olla de un guiso de cordero, pero cuando Francisco acabó de comer, ya no había mas. Le pidió a su hermano si se podía quedar la noche, y Paul le contestó que no se podía quedar allí. Tía Hannah le dijo a su esposo que ella lo hubiera abandonado si le había dado permiso para quedarse. Hannah estuvo desconforme con la familia Hanocek en general como alguien empezó el rumor que ella había cometido el adulterio después de que ellos habían estado casados por siete años. No era cierto. Jamás volvieron a saber de Francisco hasta años después cuando recibieron una llamada de colecta desde California. Francisco les pedía el perdón y para dinero. El recibió ni uno de los dos. Francisco regresó a Pittsburgh para ver a Theresa, la esposa de Mark, en la facilidad mental, en varias ocasiones.

Dos años y medio después de que nos mudáramos a Clifton Avenue, nuestra hija mas chicha, Aimee, nació el 11 de Febrero de 1963. Durante ese tiempo, tantos niños nacieron por nuestra vecindad, que creímos que tenía algo que ver con el agua.

Las dos semanas antes de su nacimiento fueron memorables. Jill tenia casi doce, Steve tenia once, Danny casi los nueve, y Didi siete. Steve de repente tenía pus saliendo de su cuello mientras comía, y de primero creí que era algún alimento o bebida que el había derramado. Cuando ocurría por varios días, lo llevé con el doctor. El doctor supo inmediatamente que tenía un quiste branquial por su pescuezo. Le pregunte al doctor que es lo que era, y el me explicó que un quiste branquial era un agalla de pez, y solo habían tenido cuarenta casos en toda la área. Dijo que tenía se que removérselo de una vez o Steve sufriría de infecciones por todo su cuerpo. Lo significante del diagnosis no me pego de una vez, y luego me preguntaba como podría ser -- un agalla de pez. Siempre creí que Dios había creado a Adán y luego a Eva, y todavía lo creo. Tal vez con el pasaje del tiempo, lo que se presumía ser el día de la creación, actualmente le tomó muchos años. Yo no soy experta de la evolución, pero de este asunto, prefiero creer que Dios y la evolución van mano en mano.

La cirugía fue exitosa, y la agalla de pez lo preservamos en una botella por todo el tiempo. Pasé la mayor parte del día con Steve en el hospital. Tenía equipaje para traqueotomía junto su cama de hospital, y empezó a ahogarse, entonces llamé a la enfermera, y pudo ayudarlo sin hacerle la traqueotomía. Resé que quedara bién, y así lo fue.

Algunos días después, Steve lo habían citado para despacharlo del hospital, empezaron los partos del nacimiento de Aimee. Llamé al doctor Sanders en su oficina, y la enfermera me dijo que fuera para que me revisaran. Doctor Sanders confirmo que me daban los partos, pero que podía pasar todo el día. No nomás tuve que traerme a Steve del hospital, pero tenía que prestarme como patrocinadora de Confirmación esa noche para Lana. Natalie iba ser la patrocinadora de Jill, y el padre de los gemelos, Lewis Pragen, iba ser el patrocinador de Steve. Yo había planificado una reunión después con las familias involucradas, y a mi madre.

Todo fue bién. Steve estaba en casa, y caminé por la nave en la iglesia mientras me pegaran los partos, y tuvimos el festejo con pastel y nieve. Para la cena ese día, había cocinado puerco con sauerkraut y me lo comí. Eso mas que la nieve y el pastel me dio una nausea en el estómago junto con dolores de los partos, y se estaban acelerando. Como a la medianoche, se acabó el festejo, y Steve se quejaba que su cuello le dolía donde el obispo lo había tocado. Figuré que después de que descansara y durmiera, iba sentirse mejor.

Mi madre me dijo, "Meg, ¿no piensas que es tiempo para que te vayas al hospital?" Estuve de acuerdo y Dan y yo arribamos al hospital de la ciudad después de la medianoche. Aimee nació a las 3:30 A.M. de la mañana, después de una hora dolorosa en la cuña. ¿Cuando iba aprender yo de no comer cuando tengo la nausea? Sauerkraut y puerco no son comidas ideales de comer cuando uno tiene partos. Eso, mejor dejar de comer.

Regocijamos con el nacimiento de nuestra tercera hija. Aimee pesaba nueve libras y tenía ojos brillantes y era saludable. Por casualidad compartí el cuarto con una amiga que conocía, e insistía con abrir la ventana porque estuvo muy sofocado. Yo lo seguía cerrando, porque estaba resfriada, y era Invierno. Después de jugar ventanas musicales con ella por una semana, me dio un caso malo del gripe cuando arribé a la casa con Aimee.

Mamá se quedó con los niños mientras estuve yo en el hospital, y quedó exhausta. Tuvo un rato muy difícil como estuvo envejeciendo. Steve parecía que no podía tragarse la píldora antibiótico, la cual tenía la medida de las píldoras que les dan a los caballos, y se tenían que remoler dentro de su sándwich de mantequilla de maní. Ella se preocupaba de Steve durante todo el tiempo, y se quedó por casi una semana después de que había yo arribado a la casa, pero tuvo que regresarse al trabajo. Dijo enfáticamente, "Ya no tengas niños, Meg. No podré ayudarte la próxima vez." No había planificado tener mas, de todas maneras, como me lo había aconsejado el Doctor Sanders, o mi vejiga se iba a caer. A Dan le hubiera gustado tener otro varón después de Aimee, pero no se podía realizar.

Después de que mamá regresó al trabajo, tuve suerte con tener a Jill que me ayudara. No me había recuperado completamente de la gripe, así dependía de su ayuda durante las noches después de sus estudios. Todos los niños adoraban a Aimee. Era tan curiosita, y tan buena, durmiendo por toda la noche desde el día que arribó a la casa. Siempre sentía que Dios me ayudaba cuando me dio dos niñitas quien dormían por toda la noche.

Cuando Aimee tenía tres semanas, Steve se quejaba de dolores intensos en su estómago. Tuvimos que llevarlo al doctor quien lo hospitalizó de nuevo. Resultó que tenía una forma de apendicitis falso. Algo del veneno del quiste se había drenado en otras partes de su cuerpo. Eso comprobó que el doctor tenía razón con remover el quiste. Steve permaneció de buena salud por la mayor parte después de eso.

Danny estuvo en los Niños Exploradores. Me pidió que si toda su tropa podía venir a ver su hermanita de seis semanas después de sus estudios. Por supuesto, estuve de acuerdo, y nunca me olvidaré la expresión de orgullo en su cara cuando la presentó. Estuvo descansando en su cuna despierta, y sonriendo con su muñeca de cordero tierno, cuya se doblaba como un cogedor de botellas cuando no podía cargar la.

Aimee, aunque dormía por toda la noche, no tomaba siestas durante el día. La cargaba y la ponía en su balancín mientras preparaba los alimentos y los quehaceres necesarios. Trataba de lavar toda la casa cada año, preferiblemente en la Primavera cuando podía abrir todas las ventanas. Limpié el cuarto de los varones en el segundo piso, lavé las paredes, cortinas, camas, ventanas, y pisos, mientras Aimee brincaba en su silla. Acabé antes que arribaran los niños de la escuela. Cuando Danny y Steve subieron arriba para cambiarse la ropa, empezaron a luchar y rompieron todo por el cuarto. Plumas de las almohadas volaban por todos lados. Ese fue la única vez en mi vida que perdí el humor con los muchachos. Tomé un cinturón y les dí nalgadas y por las piernas, y me sentí tan mal y triste después. Nunca quería herir a mis hijos maravillosos. Danny tuvo huellas en las piernas por un día, y yo quedé decepcionada con mi misma por haber escogido nalguear los, pero los muchachos jamás volvieron a destrozar su recámara. Niños de veras quieren y aun necesitan la disciplina, y las nalgadas de vez en cuando usualmente hacen por tener mejores ciudadanos respetuosos. Seguidamente los niños que apapachan, o los chiquean, y los hacen el centro de atención, acaban muy difícil de controlar durante la pubertad. La mayoría de niños responden a todos aspectos de la vida mejor cuando sus padres son cariñosos pero también responsables por el comportamiento de sus hijos.

Todos los hijos se entusiasmaron por tener una niña hermana, y la adoraban. Diane (quien decidió que prefiere que la llamáramos por su nombre dado) la empujaba en su cochecito cuando el tiempo se ponía caluroso. Secretamente, Diane aun le tenía celos porque le había quitado la posición de ser la mas chica de la familia. Admitió que cuando ya había crecido que a veces le pegaba la cabeza a Aimee por su cochecito mientras la sacaba a caminar.

Quedé eufórica con nuestra familia y con cuidar los. Nunca realmente me sentía presa, como había llevado a Aimee conmigo cuando jugaba el boliche, o asistía a juntas del PTA. Yo fui la secretaria del PTA de Jackson durante ese año, mientras que Rita Good, mi amiga, era la presidenta. El hecho que nos habíamos ido de vacaciones a ver Washington, D.C., cuando estuve tres meses embarazada con Aimee, ayudó también. No me importaba quedarme para cuidar a mi esposo y mis hijos. Cocinaba alimentos substanciales cada día excepto algunos Domingos cuando llevábamos a mamá y la abuela Velma a las polleras de Barbeton, cuales eran popular por esa área. Siempre preparaba postres ricos, como el Jello, pudin, fruta, pasteles, o empanadas.

Dan y yo no creíamos en chiquear a los niños con dulces y tentempiés toda la semana, pero compraba chips de patatas y sodas como premio cada Sábado por la noche. Por el bién de su salud, de hacerlos que se comieran todas sus frutas y vegetales. Los varones se comían todo, pero a las niñas no les gustaban los chicharros, habas de Lima, ni el hígado. Les ponía una cucharada de todo sobre sus platos, y esperé que por lo menos probarían un poco de la comida nutritiva. Una noche cuando Didi tenía cuatro años de edad, le dije que se sentara por la mesa de la cocina hasta que se comiera sus chicharros. Estuve ayudando los niños con su tarea y casi me olvidé que Didi seguía sentada allí. Cuando la revisé, la encontré a la pobre niña dormida sobre sus chicharros y puré de patatas. la desperté, y la puse en la tina inmediatamente para lavar su pelo. Esos hermosos rulos prietos incrustados con comida no se me hizo bonito. Me hice mas indulgente después de eso, y jamás la forcé a quedarse en la mesa para que comiera los chicharros, aunque seguía poniéndoselos en su plato. Ella usualmente se los daba a sus hermanos o los doblaba en su servilleta. Algunos crearán que fue algo equivocado el tratar de alimentarlos con puras comidas sanas, pero aquel entonces creía que era la mejor cosa que hacer. Estoy horrorizada por como los niños de hoy son tan melindrosos y desperdician la comida. Nunca hubiera podido prepararles comidas especiales para cada niño como algunas madres de esta generación lo hacen. Yo creo que existen algunos ideas, correctos o equivocados, que se quedan con uno desde la niñez, y el idea de desperdiciar la comida se me hace uno que me deja descontenta. Tal vez existen demasiadas opciones de alimento el día de hoy.

No creo que uno debería vivir su vida madura en acuerdo de, o culpando, su propia niñez. Algunos cosas menores se quedarán, como el no querer desperdiciar la comida. A pesar de eso, uno tiene que ignorar o superar algunos factores de la niñez por tal de obtener una vida cumplida, pacífica, y productiva. El perdón de otros y de si mismo ayuda, también.

La Música siempre era parte de mi vida cotidiana. Todos los niños tomaron instrumentos musicales a la escuela, y ensayaban cada noche. En la primaria, yo le enseñe a Jill como tocar el piano, y Danny, Diane, y Aimee tomaron lecciones de violín. Danny fue maestro de concierto y Diane como dama del concierto respectivamente, en el sexto grado en la escuela de Jackson. Los dos fueron escogidos para lecciones especiales en el Verano dentro del Conservatorio de Música de Akron. Aimee le gustaba tocar el violín particularmente, por eso nomás tomo algunas lecciones por solamente un año. Danny también tocaba el contrabajo en la secundaria.

En la preparatoria, Jill, Steve, y Diane estuvieron en la banda. Como *majorettes, a* Jill y Diane las requirieron tocar un instrumento musical, y las dos escogieron el clarinete. Steve tocaba el trombón, y el y Jill estuvieron en la banda al mismo tiempo. Danny jugaba todas clases de deportes, por eso no tenía tiempo para la banda.

Jill era realmente muy buena para girar la batuta, y se hubiera hecho una perfecta majorette -- era flaca, y bonita y disciplinada. En su último año de la preparatoria, aun, todas las muchachas querían ese honor, por eso decidieron que tomarían turnos actuando como la principal *majorette*. Cuando le llego su turno a Jill, hubo una tremenda tormenta. Ella y todos los otros, majorettes y miembros de la banda, parecían como ratas ahogadas. El tocador de la tuba se resbaló por el lodo y se cayó. Quedó para reírse. La experiencia de Diane como majorette también tuvo algunos trastornos. Ella quería ser la majorette principal en su año final, por eso pagué para lecciones privadas durante el Verano anterior. Diane era muy talentosa al girar la batuta y las lecciones mejoraron su rendimiento. Ella, y su mejor amiga Erica, las dos eran giradoras excelentes. Durante las pruebas, las dos actuaron admirablemente, sin tirar ni una vez sus batutas. En vez de eso, una muchacha quien dejó caer su batuta varias veces la escogieron como la principal majorette. Había rezado y rezado por Diane, y hasta conté una novena. Ella lo quería tanto, y quedó muy decepcionada que no la escogieron. Mas tarde, escucho un rumor que los jueces no la habían escogido ni a Erica porque no querían desbaratar su amistad. Desde ese día, decidí que jamás volvería hacer novenas para los deportes, excepto rezar que nadie se hiriera.

Diane se divirtió como majorette, y se divertía con sus amigas, Erica y Gloria. Se reían, y hablaban de los muchachos. Diane quedó fuerte otra vez después de haber contratado un caso terrible de mononucleosis infecciosa el año previo. Se había hinchado, y tuvo una fiebre constante y glándulas hinchados, y generalmente se sentía sin fuerzas. El doctor nos aconsejó el descanso en cama, así se quedó en su cama por aproximadamente tres meses. Como era contagiosa, quedó aislada del resto de la familia por la mayor parte. Cumplió con sus estudios, así no le afectó sus calificaciones.

Cuando Aimee contrato el *mono* algunos años después, tuvo un caso ligero, y quedó completamente sana en pocas semanas. Es extraño como, en una sola familia, todos los niños salieron tan diferentes.

Jill era una obrera con la personalidad mas soleada, y gozaba de la escuela y quehaceres de la casa y la vida. Steve y

Danny se llevaban fácilmente y trabajaban duro por todo lo que tenían. Aunque Diane y Aimee les disgustaba los quehaceres hogareñas intensamente, de todas maneras esperaba que ayudaran con los quehaceres, aunque tomaban mas tiempo. Yo podía doblar una pila de ropa en cinco minutos, mientras Diane tomaba una hora para hacerlo. A veces tenía que volver a lavar los trastes, pero valía la pena, porque ellas aprendieron la consistencia de esa manera.

Jill nunca tuvo un argumento con sus hermanos ni con Aimee, pero una vez regaño a Diane por haberse metido con su maquillaje. Diane y Aimee no siempre se llevaban bién. Ellas ocasionalmente se correteaban con una batuta. Una vez Diane aventó la puerta en la cara de Aimee, y ella le pegó con la batuta. Todavía permanece una huella sobre la puerta aunque lo habían reparado. Cuando Aimee tuvo la enfermedad de mono, debía haberse ido a Texas para visitar a Jill, pero cancelaron el viaje porque Jill no quería exponer el bebé Nicholas a la enfermedad. Aimee quedó tan alterada, pateó la pared de la sala de estar, aunque lo habíamos reparado varias veces. Me pongo a mirar la huellas cariñosamente como símbolos de nuestra familia con sus frustraciones normales, pero aquel entonces no me parecía tan simpático.

Por lo tanto, tuvimos una experiencia tan maravillosa creando y educando a nuestros hijos. Tal vez cuando hay mas hijos en la familia, es mas facil. No queda tiempo para hacer demasiado   hincapié en cosas triviales.

Marty estuvo noviando a   Marsha Evans.   Ella era enfermera, y cuya familia vivían en Kentucky, excepto su hermana, Cecilia, quien se migró a Akron. Marsha estuvo profundamente enamorada de Marty, y Marty la consideraba como su mejor amiga. El había estado enamorado con una muchacha quien trabajaba en el juzgado, pero escogió a otro para casarse. Marty estuvo un poco inseguro del matrimonio,

como el primero habíase fracasado
    Cuando Jill tenía trece, tuvo una adenoma fibrosa removida de su pecho. No la preocupé con estarme preocupando de ella. El tumor resulto benigno. El día que regresó del hospital, tuvimos una comida para nuestros amigos, los Fitzgerald. Cuando habían tardado una hora, y la comida quedó prácticamente incomible, Me decidí no volverlos a invitar jamás. Yo seguí aun como su amiga, especial-mente Nellie. La Nellie era una artista y pintaba dos retratos de toreadores para las paredes de nuestro cuarto de recreación. Ella y yo ayudamos con solicitar donadores para el Instituto de Arte de Akron.

    Si existían unas palabras que podrían describir nuestra familia, tendrían que ser "dignos de confianza." Dan y yo raramente llegábamos tarde por cualquier clase de cita, y tendemos a exigirse los de otros. Marty tampoco llegaba tarde por cualquier cosa, hasta después de que se casó con Marsha. Ella era familia, aun, y tratamos de tolerar le lo tardío. Ella era una persona dulce, amorosa, y era genial reunirnos con ellos durante el Día de Acción de Gracias, y la Navidad y con Robin y Jeremy. Los niños decoraron nuestro árbol de Navidad y siempre colocábamos tarjetas y favores para las mesas de las fiestas.

    En Agosto, cuando Aimee tenía dos años y medio, planificamos tomar un viaje a Florida para visitar a las hermanas de Dan y a sus familias. Era Domingo y debimos habernos ido el próximo día.

    Cada fin de semana visitábamos alguno o mas de nuestras familias. Mamá había tenido un caso severo de fiebre del heno cual parecía sufrir cada Agosto. Me llamó ese Domingo y me dijo que empezaba a sentirse mejor, y pensé que había cumplido con sus quehaceres, etc., las cuales había descuidado al principio de esa semana. Entonces decidimos visitar a Ida y

Noah. En el camino, tuvimos un accidente sobre Avenida E. Cuyahoga Falls y la calle Avon. Un carro se había salido como dardo, volteando a la izquierda en frente de nosotros. El único de nuestros hijos que no estuvo en el carro era Danny, quien habíase salido con los Exploradores. Tuvimos una camioneta Plymouth -- Dan y yo nos sentamos al frente, Jill y Steve en el asiento del medio, y Diane y Aimee por atrás. Yo fui la única que se hirió, golpeándome ligeramente, ocasionándome un moretón por la rodilla.

Me habían dicho que no existen las coincidencias, y tal vez sea cierto. Tal vez existen Dios-incidencias. Nuestro carro quedó demolido, nunca visitamos a Ida y Noah, y nunca pudimos irnos a Florida. Esa mera noche, mas bién, temprano por la mañana a las tres de la madrugada, 16 de Agosto, 1955, Marty llamó para decirnos que nuestra mamá había sufrido una embolia, y llamó a Marsha, quien tomo el teléfono y me aseguró que mamá seguía viva y la llevarían al hospital. Me puse a temblar, y recé, pero esta vez mis oraciones no se contestaron. Algunos minutos después, Marsha llamó otra vez para decirme que mi mamá había fallecido. Quedé en estado de shock, Me caí contra la pared de la cocina, gritando, "¡No, no puede ser! Mamá se sentía mejor. Había estado sintiéndose muy bién, y hasta tomaba lecciones de natación a los cincuenta y nueve años! Dios mio, ¿como puede ser?" Dan salió de la recámara para abrazar me. No solía llorar mucho, pero esta vez fue como un diluvio de emociones contenidos.

No me podía consolar por todo un mes. Decidimos que le hicieran una autopsia. Mamá había fallecido a causa de una oclusión del corazón, y sus arterias quedaron obstruidas con colesterol. Nadie supo que los huevos y el hígado contenían tanto colesterol, y mamá comía huevos mas que cualquier otro alimento. Se debía, tal vez, al los genes, o era ya su hora, o una combinación de los tres factores.

Marty me había despertado a la media noche, y creó que había escuchado algo, pero el abanico estuvo prendido a todo dar, y no estaba seguro. El encontró a nuestra madre sobre el sofá con su mano atravesado sobre su corazón. Todas las luces quedaron prendidas en el primer piso. Nos reprochamos uno al otro, el diciendo que si hubierase parado de pronto cuando creó haber oído un ruido, y yo diciendo que si yo le hubiera dicho, "No, no hagas tantos quehaceres y refregando este día, nomás descansa," que estaría todavía con nosotros. Años después, escribí una poema que tal vez me hubiera consolado aquel entonces:

EL AMOR NUNCA MUERE

Cuando el arrobamiento se convierte en la ruptura de la vida
Y alguien quien adoras se haya ido,
Sus emociones se bambolean desde la ira hasta la pena,
Entonces la incredulidad.
Entonces dejar las lagrimas derramar,
Es solo lo humano, sabe usted,
Pero no pierda la esperanza,
Se toma tiempo para darse abasto,
Y el espíritu del amor cuya compartieron,
Jamás se dañará.

Zach no regresó para asistir al funeral de nuestra madre -- dijo que quería recordar la tal como era la última vez que la vio, durante la fiesta del Día de Acción de Gracias el año antes de que muriera. Ella se apuró para calentar la cena de Gracias para el al pronto que escucho el rugido de su motocicleta. Estuvo tan feliz y excitada, porque lo extrañaba tanto.

Zach y yo quedamos de acuerdo que el debería quedarse en la casa de nuestra mamá, entonces nos entregó a cada uno quinientos dólares para re-reembolsarnos. Marty se preocupó por los gastos del funeral y la lápida, uno de los mas únicos que jamás había visto. Tiene una pintura de La Sagrada Virgen tallada en su centro cuya es inusualmente encantadora --tiene una vista de saber y añoranza en los ojos. Cada año, le pongo flores o una corona sobre la tumba de mamá cada día de Memorial, pero se nomás que sus restos están allí, y siento que me puede ver, observándome desde el cielo.

Capítulo 24

Nuestros vecinos en Clifton todos eran bondadosos y nos trajeron comida a la casa después del funeral. Un vecino anciano al otro lado de la calle nos aconsejó que me acercara mas a mi hija, o sea Jill, como ella era ya de bastante edad para comprender la soledad que sentía. Yo de todas maneras tenía buenas relaciones con mis hijos, pero porque Jill era la mayor y extrañaba a su abuela, también, desarrollamos una mejor relación de comunicación.

Sin embargo, me quedé en shock y desmiento por todo un mes después de que mamá había fallecido. Cada vez que el teléfono sonaba, pensaba que era ella llamando. Extrañaba hablar con ella cada día. Extrañaba sus visitas, y las visitas que yo le hacía. Extrañaba su presencia. En Septiembre, ella se me apareció en un sueño muy vivaz -- parecía tan real. Estuvo sentada completamente formada en frente de mi, con una sonrisa en su cara. Me dijo, "Meg, estoy feliz donde me encuentro, así sigue adelante con tu vida. Cuida tu familia." Un sentimiento de paz me abrumó después de eso por la mayor parte.

Habíamos planificado un viaje a New York para la Feria Mundial de New York, como no fuimos a Florida. Nuestro carro se reparó en un mes, y nos fuimos para la ciudad grande una semana antes de que comenzara el año escolar. Mientras pasábamos Pittsburgh por la autopista de cuota, Dan manejaba en alta velocidad, y sentía pánico. Me recordaba de mi madre y mis raíces, y pensé que íbamos tener otro accidente. Le grité, "¡Dan, por favor disminuye la velocidad!" El pensó que yo tenía paranoia, y no disminuyó la velocidad por un rato. Cuando comencé a gritar de nuevo y le supliqué que hiciera por reducir la velocidad, al fin lo hizo. Cualquier persona que maneja así de rápido siempre me altera los nervios. Tengo que cerrar los ojos a veces para tolerar lo rápido que manejan otros. Cuando arribamos a la ciudad de New York, manejamos por el rededor buscando hospedaje. Cada hotel ya estaba lleno o reservado, y acabamos quedándonos en un hotel de segunda con colchones muy incómodos. Aun, eso no nos disminuyó los ánimos.

Los niños quedaron excitados y se comportaron admirable-mente durante todo el viaje. Las exhibiciones de la Feria Mundial fueron informativas y llenos de color, y todos quedamos eufóricos a ver la Estatua de la Libertad el próximo día mientras tomábamos el ferry a la isla Staten. Fuimos de compras en Macy's y comimos en algunos de los restaurantes mas famosos de New York. Cruzando la calle era un desafío, especialmente con cinco niños de cargo. Los operadores fueron tan impacientes, nos sentimos como que estábamos tomando nuestras vidas en nuestras manos. El viaje de regreso fue sin incidente, y el viaje nos hizo a todos mucho bién.

Jill, Danny, y Diane sobresalieron en la escuela, y quedaron al frente de sus clases, y los estudios de Steve quedaron a medias. A Jill le dieron el papel principal en varios presentaciones de teatro en Jackson, y ella compuso una canción que ganó primer lugar en una competencia de música. Estuvo matriculada en la secundaria de Jennings cuando un joven de los vecinos le pidió que asistiera al carnaval. Yo le había dicho que yo preferiría que no saliera con jóvenes hasta que cumpliera los diez y seis años, por eso yo los llevé. Yo sabía que podía confiar en ella, pero sentía que tenía que respetar las reglas. Sin embargo, a veces yo relajaba las reglas dependiendo de las circunstancias.

Danny arribó a la casa un día después de sus estudios con una expresión de susto sobre su cara. Tenía diez años. Mientras miraba por fuera, sabía que algo quedó mal, porque un hombre uniformado quedó parado atrás de el. Era policía del Ferrocarril, y explicó que había encontrado a Danny y a otro niño subiéndose a un carro por la vía, cuya acción era contra la ley. Danny casi llegó a lágrimas cuando admitió que lo había hecho, pero no realizó que era contra la ley, y que su amigo fue el instigador. Le aseguré a la policía que mi hijo jamás atentaría eso otra vez. Yo no castigué a Danny pero le pedí que se alejara de esa amistad en particular. Danny me escucho, y jamás volvió a tener esa clase de problemas.

Por supuesto, Danny y Kevin y Kyle eran traviesos a veces. Un día mientras estuve alicatando el baño, oí pasos arriba del techo. Mis manos estaban llenos de pegamiento, y salí afuera para revisar, y estaban, los tres, sobre el techo. Un Halloween, Kevin y Kyle habían echado algunas calabazas de fiesta que quedaron sobre nuestra cama de flores. Les advertí que los llevaran de regresó a su yarda trasera.

Nuestros niños todos les encantaba el Halloween. Aparte de la Navidad, era su fiesta mas divertida. Les di a los muchachos unas fundas de almohada para cargar sus dulces. El primer Halloween después de que nos mudamos a Clifton Avenue, algunos adolescentes le robaron a Danny su funda llena de dulces. Steve se lo trajo a la casa y yo le di otra funda de almohada. El próximo año, la funda de Danny se rompió por abajo, y perdió algunos de sus dulces.

Jill llevó a Diane (y Aimee mas tarde), y cuando Diane retornó a la casa, siempre se comía todos sus dulces esa misma noche. La dejaba hacerlo, porque creía que tal vez se enfermara, e iba aprender que no fuera ella un glotón. Jamás se enfermó, aun por haber comido todos los tentempiés. También contó las grageas en las Pascuas para estar segura de recibir la misma cantidad que tomaron sus hermanos. Fue muy divertido. Durante unas Pascuas les compré a todos trajes completos, vestidura, sombreros, corbatas, nuevos zapatos, y sacos de Primavera. Había nevado dejando seis pulgadas de nieve esa mañana de Pascua, y quedó demasiado frío para usarlos. Jamás volví a comprarles trajes completos. En lugar, les cosí vestidos iguales para Jill, Diane, y para mi para estrenar para las Pascuas y los modelamos en un show de modas en Jackson. Hice lo mejor de mis cortinas, y también del sofá y coberturas de las sillas. Decorando era un hobby para mi, y me encantaba comparar los colores. Azul es mi color favorito, y es prominente por toda nuestra casa.

Jill y Diane tomaron lecciones de batuta en el estudio de baile Mellanie y marcharon en muchos desfiles. Les ayudé coser disfraces para los diferentes desfiles, y pasaba los Domingos después de la Misa manejando las muchachas aquí y allá. Las muchachas pertenecían a las Tropas Exploradoras, tocaban instrumentos musicales, y se mantenían muy ocupadas.

Danny jugaba béisbol de la lega pequeña. Era bueno para los deportes. Steve trato por algunos, pero nunca lo escogían para los equipos. Era genial, aun, pero no apreciaba que los otros compañeros de la escuela lo compararan con su hermanito.

Los dos muchachos tenían rutas de periódico como una milla de la casa. Caminaban desde y al regresar de su ruta excepto durante malos tiempos. Dan usualmente los transportaba y los ayudaba juntar los periódicos cada Domingo temprano por la mañana. Yo llevé a Danny una vez cuando cayó bajo cero la temperatura y había casi dos pies de nieve, porque Dan se estaba recuperando de la cirugía por una hernia, y Steve sufría de una garganta estreptococo. Ese fue verdaderamente una experiencia. Me dormí profundamente por dos horas al arribar a la casa. Steve y Danny les daba garganta estreptococo muchas veces, e inyecciones de penicilina cada vez, hasta que a Steve se le desarrolló una alergia a la droga milagrosa.

Le dio la urticaria, cubriéndole todo su cuerpo después de salir de la oficina del doctor. Regresamos y el doctor inmediatamente le administró adrenalina. Tomó dos semanas para que se recuperara completamente. Dan había tenido dos operaciones para la hernia, y le dijeron que no regresara a trabajar por todo un año después de la tercera. Alguien tenía que traer mas ingresos, por eso apliqué por un empleo en el juzgado del condado de Summit, cortesía del hijo del oficinista de las cortes. Había cuidado le su niña por un tiempo y el ayudó con tratar de meter a Jill como modelista. Jill era flaca y bonita, y participo en la corte de Navidad y de Mayo durante su año final de la preparatoria. Cuando caminó bajo la nave del auditorio de la escuela, quedamos tan orgullosos de nuestra linda hija. Era ella muy popular y participó en muchos sociedades privadas, incluyendo la Sociedad de Honor durante la secundaria y en la preparatoria, también.

La Navidad siempre fue muy agradable en nuestra casa. De temprano, les había educado a mis hijos que ayudaran a otros. Cada año nos poníamos a escoger una familia necesitada para ayudarlos, y todos donaban uno de sus propios juguetes nuevos par que otros niños pudieran creer que de veras existía un Santa Claus. Mientras crecían, mandaba regalos anónimos a los niños de la vecindad y a otros. Tengo gran empatía para los pobres, y durante una Navidad envolví como cien juguetes para dárselos a los pobres.

Mi empleo en el juzgado fue interesante, como había indiciado todos los casos, incluyendo los casos de divorcio. El cuarto del sumario de causas pendientes era caliente y estaba cubierto de polvo, pero era todo mio. Yo copié los certificados de divorcio y mandaba los recibos para órdenes de presentación. El hombre que tuvo este trabajo antes de mi se había jubilado, y a mi me ofrecieron un pago decente, pero, por supuesto, no tanto como el se había ganado.

Era un tiempo muy ocupado, y en las mañanas parecía una película vieja. Me levantaba a las siete de la mañana, despertaba los niños, lavaba una pila de ropa, y apuradamente los arreglaba por el tendedero en tiempos calurosos. Le hacía el desayuno a Aimee, quien tenía seis años, y la mandaba a la escuela. Yo comía un desayuno de cereal frío y jugo de naranja. Los hijos mayores se tendían por sus propias necesidades. Salía de la puerta a las siete y media y empezaba a trabajar a las ocho, arribando a la casa a las diez y seis horas y media, a tiempo para cocinar la cena. Después que todos habían comido, quedaba tan cansada que tuve que tomar una siesta a las diez y nueve horas por toda una hora. Jill siempre limpiaba los trastes, y los muchachos y Diane hacían los quehaceres. Mientras Dan recuperaba, empezó a ayudar con lavar la ropa, y Diane doblaba la ropa limpia. Tomaba toda una hora para hacer algo que me tomaba a mi quince minutos, pero, no obstante, la esperaba que hiciera su parte justo. No le gustaban los quehaceres como a Jill. Ni a la Aimee.

Jill se matriculó en la Universidad de Akron en la mañana y luego trabajaba por los Ingenieros Sanitarios de Condado de Summit durante las tardes. Marty fue instrumental en conseguir le el empleo. Al anochecer, después de que se guardaban los platos, hacía su tarea, o salia noviando con Gabe Good, el mismo joven quien la fastidiaba durante su cuarto año en la primaria. Ella y Gabe empezaron a noviarse cuando ella cumplió los diez y seis años. El era uno de los mas respetuosos jóvenes que jamás había conocido, y por eso lo aprobé. También la urgía que saliera con otros para que ella pudiera comparar personalidades. Ella salió con solo algunos, pero siempre se reunía con el Gabe. Jill y Gabe salieron al baile de la secundaria y de la preparatoria juntos.

Cuando Dan regresó a su empleo, mi buena amiga y vecina

del otro lado, Darcy, cuidaba a Aimee en las mañanas antes de la escuela. Ella tuvo cuatro hijos, y las dos hijas mayores eran amigas con Aimee. A la Aimee nunca le gustaban los cambios, y se enfermaba en el estómago durante algunas mañanas después de que la dejaba con Darcy. Ella estuvo tan acostumbrada a caminar a la casa para tomar su lonche y quería mantener la misma rutina. Yo le preparaba sopa de vegetales o de pollo con fideos y sándwiches para el lonche durante la mayoría de días escolares, y extrañaba lo caliente de sus lonches en casa. Los tres años y medio que yo trabajé en el juzgado eran años felices. Me entusiasmaba por la camaradería de las muchachas en la oficina con quienes tomaba mi lonche. En tiempos buenos, caminaba al centro a O'Neil's o Polsky's para reunirme con Marty para lonchear, o hacer unas compras. El aire fresco y el ejercicio me vigorizaba. Nunca me involucré con los chismes o pleitos de la oficina.

Algunos de los abogados y los abstractores se hicieron mis buenos amigos, y gozábamos de la plática cuando trabajaban en el cuarto de sumario de causas pendientes. Uno de los abogados, sin embargo, me acosó con comentarios y trató de abrazar me y besar me. Yo le dije, "Por favor, déjame en paz -- Soy una mujer casada y contenta." Finalmente, entendió el mensaje. Pude averiguar que a otros dos abstractores les gustaba, pero ellos nunca dijeron ni una cosa fuera de lo debido. Tengo que admitir que era agradable el recibir atención cada día.

Durante mis días allí, un rumor se circuló sobre uno de los jueces. El era corrupto y tenía romances extra maritales con algunas de las empleadas. Poco después, como lo había sospechado, resultó que era cierto.

Otro abogado se me acerco con una proposición que involucraba a Danny y a donde intentaba matricularse para el colegio. Ofreció un carro nuevo y dinero. Mi respuesta era que mi hijo tendría que decidir por si mismo donde quería matricularse para el colegio.

Aproximadamente cincuenta universidades mayores estaban reclutando a Danny para una beca académica y/o para el fútbol. Medía seis pies con cinco pulgadas, y pesaba 230 libras. En su segundo año y su año final, le tomaron una foto para las páginas de deportes en el periódico *Beacon Journal* muchas veces. Jugaba la linea ofensiva y defensiva por la preparatoria de North, ganó el premio de Chrysler, y fue muy popular. El era un gigante gentil.

Obtuvo el récord por el tiro de la pesa para la preparatoria de North por muchos años, y lo nombraron como Toda-Ciudad, Todo-Condado para el fútbol, y Todo-Estado en la pista. Me encantaba asistir a sus juegos, y de veras que jamás me preocupaba cuando jugaba el fútbol. El basketbol era otro cuento. Casi se mordió la lengua durante un juego cuando alguien le metió el codo. Después de eso, el basketbol me preocupaba. Una cosa desafortunada ocurrió cuando los campeones de la ciudad de basketbol de North se iban a tomar una foto. Danny cayó con una fiebre de 104 grados, y no pudo asistir para tomar la foto.

Steve y Danny compartían una recámara juntos, y a Steve le dio mucha dificultad dormir porque Danny se ponía a toser durante las noches por años (supuestamente tenía alergia contra si mismo), y se caía de la cama a veces.

Steve estuvo en la lavandería un día cuando escuché un ruido y llamó por fuera. Bajé los escalones para revisar, y el se había caído sobre la tabla de planchar cuando se hincó para amararse la cintas de sus zapatos. Se desmayó otra vez y cuando lo llevé al doctor, la explicación era que Steve estaba creciéndose demasiado pronto. Medía seis pies, con tres pulgadas.

Dan trabajó su segundo empleo en la escuela de Jackson, el cual fue tan conveniente como podía regresar para la cena como siempre. Steve lo ayudó por un tiempo. Estuvimos orgullosos de las costumbres de trabajo de nuestros hijos. Después de que nuestros hijos habían dejado su trabajo de ruta de periódico, trabajaron en restaurantes lavando trastes de primero. Ellos trabajaron en El Mars en Bath, LaVita's, y Parasson's, haciendo varios trabajos. Ahorraron su dinero, compraron bicicletas, y guardaban el resto en el banco para el colegio. Las muchachas primeramente cuidaban niños, entonces Diane trabajo en un McDonalds, Aimee en el Dairy Queen, y en Hygienic durante su año final.

Cuando Aimee tenía como siete años, fuimos a una granja y nos traemos un gatito blanco cual nombró "Mama Kitty," un nombre apropiado porque tuvo tres crías de cachorros. En retrospectiva, la debíamos haber llevado para esterilizar la, como tuvo once cachorros en total por cuales encontramos nuevos dueños. Una cosa chistosa ocurrió cuando parió la última cría de siete. El entrenador de Kent State nos hablaba sobre lo que ese colegio le podía ofrecer a Danny. Supimos que Mama Kitty iba dar luz a su cría pero no la encontrábamos. De repente oímos que maullaba atrás del sofá y allí estaba con sus bebés. Casi nos habíamos olvidado de la presencia del entrenador mientras limpiamos la sangre después del parto y admiramos a los gatitos.

Regalamos seis de los gatitos, y nos quedamos con uno blanco y negro, cuyo gatito nombramos "Geraldine." Mama Kitty empezó a traerme regalos por la puerta de enfrente, primero un pájaro, luego un ratón, figuré yo que era tiempo que la lleváramos a una granja. Aimee quedó muy descontenta con la situación, por eso le sugerí que se quedara con Geraldine. La pequeña Geraldine no se brincaba por los muebles y se ponía a escuchar todo lo que decíamos. A mi de veras me gustaba eso.

Pero Aimee no lo soportaba, entonces las llevamos a las dos a la granja. No comprendo porqué no quiso a Geraldine.

Cuando Diane estuvo en el sexto grado, la invitaron a una fiesta par niñas y niños. Hasta la fecha nomás había ido a fiestas solamente para niñas, las cuales yo le aprobaba. Sin embargo, le dije, después de revisar la invitación, que el sexto grado era demasiado joven para tener fiestas para niños y niñas. Ella cometió el error de decírselo a sus amigas lo que yo había dicho. Ellas resintieron el comentario, probablemente porque creían que eso iba influenciar a sus madres. Le gritaron a Diane, "Te vamos a agarrar después de las clases."

Por lo seguro, como cinco de sus supuestas amigas la asaltaron en el lote del estacionamiento cuando acabaron con sus estudios por el día. Comenzaban a pegar le cuando Dan salió de la puerta de la escuela y los regañó. Se habían olvidado que el papá de Diane trabajaba allí, y jamás volvieron a provocarla.

El abuelo Douglas se murió un año después de Peggy. El y la abuela se habían mudado a Florida, y regresaron a la casa para una visita un año después, durante el Verano de 1966. Dan y Noah planificaban irse a ver un juego de los Indios de Cleveland, pero Noah canceló cuando le dio el ataque de enfisema, y luego la pulmonía. Había fumado cigarros por muchos años, y se murió en el hospital, sus pulmones hinchados de agua, causando que su corazón fallara.

Capítulo 25

La abuela Douglas retornó a Florida después del funeral de Noah, y vivió con su hija Melanie y el hijo de Melanie, Dustin. Decidimos visitar los parientes en Ft. Lauderdale cuando Aimee tenía los siete años. ¡Hablando de un carro repleto! Dan, Steve, y Danny en el asiento de enfrente, y las cuarto damas en el asiento trasero. Aimee se acostó a lo largo de las otras tres. Los pies de Danny colgaban de la ventana parte del tiempo. Fue placentero y un viaje muy afable por el camino abajo, pero cuando arribamos en Ft. Lauderdale, no pudimos encontrar la calle 23. Me paré por el centro comercial, cuyo se ubicaba cerco de la casa de la abuela y Melanie, y llamamos a su número. Estuvo ocupado, por eso le preguntamos a un caminante a donde se ubicaba la calle, y nos mandó por la otra dirección. Encontramos la calle 23, pero no la dirección de la abuela. Manejando de regreso al centro, le preguntamos a otro peatón para direcciones, y arribamos a la misma calle incorrecta del número 23.

Dan ya había aguantado bastante, y quería que regresáramos a la casa. Lo convencí que no era buena idea, y tratamos de llamarlas otra vez, y esta vez Melanie contestó y me dijo como llegar a la calle 23 correcta, solamente a una distancia de tres o cuarto cuadras.

Después de visitar por un tiempo, encontramos un motel por la playa. Como nadie nos había invitado de primero a comer con ellos, tuvimos una comida afuera por el motel e invitamos a la abuela. Nadamos en el océano y caminamos por la playa, recogiendo varias conchas de mar de muchos colores. Diane se hizo amigas con uno de los inquilinos de la otra puerta, y se iban al océano, donde a Diane la picó una medusa de mar. Tenía mucho dolor por varios días. Fuimos al Animal Safari, y el Acuario. El último día que estuvimos en Ft. Lauderdale, Sheila planifico un picnic por la costa. Comimos hamburguesas, jodojes, ensalada de patatas, y sandia. Su esposo, Rod, llamo, "¿Por donde está el pastel? Nunca supe yo de visitar a parientes y no llevar pastel." De alguna manera no importaba, como todos tuvimos un tiempo divertido. Sheila trabajaba de horas completas con cuarto hijos, y no esperábamos que hiciera mas de lo que podía.

El viaje de regreso fue sin incidente excepto por los niños peleando por el espacio en el carro. Yo quería ver Cypress Gardens, pero Dan quedo con ira que los hijos estaban peleándose y se negó a parar de primero. Pude convencerlo que parara, como nosotros probablemente no íbamos a volver a pasar por este camino, por eso fue dispuesto a hacer me el favor. Fue muy entretenido.

Nosotros nunca mas volvimos a Florida por coche, aunque mas tarde volamos por allá. Ahora que me pongo a pensarlo, era una cosa valiente que hacer con cinco hijos, cuatro de ellos casi crecidos. Es una manera de ver lo bueno de los E.E. U.U, las grandes ciudades, y las áreas pobres.

Jill continuó estudiando en la Universidad de Akron, trabajando y noviando con Gabe. Steve asistió a la Universidad de Ohio State y luego a Kent State durante su primer año del colegio. Se transfirió desde Ohio State porque lo habían amenazado con un cuchillo por uno de sus cuatro compañeros de piso quien había abusado de las drogas. Era mas práctico vivir en casa y asistir a Kent State para recibir su licenciatura de silvicultura.

Danny examinó los campus de varios colegios, pero se enamoró de la Universidad de Cornell y su extensivo campus lleno de árboles. Decidió mayorar en la administración de hoteles. Obtuvo una beca totalmente pagada y jugó del fútbol.

El primer año le tocó conocer a   Ed Marinaro, quien era el estrella estratega para Cornell.

Danny se metió a la fraternidad de Chi Psi, y se prestó como mesero allí como su beca cubría todo menos una fraternidad. Cuando lo estaban iniciando, se emborrachó por la primera vez en su vida, se enfermó mas tarde, y jamás volvió a emborracharse. Le regalamos el carro viejo para que tuviera transportación, y luego le regalamos $500 para ayudarlo, y eso fue el alcance de nuestra ayuda para su educación del colegio. Los años cuando Danny estuvo en Cornell habían sido algunos de los mejores años de nuestras vidas. Viajamos cada fin de la semana de fútbol sobre la ruta 90 por siete horas, observamos los juegos de fútbol, fuimos a los festejos de la fraternidad, nos quedábamos por la noche en nuestro motel favorito, y regresamos a la casa los Domingos después de Misa en el campus. Aimee nos acompañaba la mayor parte de veces, y dos veces nomás yo y Marty nos fuimos juntos.

Conocimos a Audrey Landers allí, quien era una actriz en una telenovela y luego se hizo estrella de cine. Era una de las favoritas novias de Danny. Danny conoció un par de muchachas bonitas allí, y las estuvo noviando por algún tiempo. El nunca se hirió jugando fútbol excepto por un dedo quebrado, y artroscopía de la rodilla. Lo premiaron con All Ivy durante su año final.

Jill se graduó de la Universidad de Akron y comenzó como maestra del sexto grado en Octubre de 1973. Steve se había graduado de Kent State y siguió para recibir su licenciatura en la silvicultura en la Universidad de Michigan. Obtuvo un buen empleo cuyo pagaba bién en Monroeville, Alabama en un molino de pulpo.

Manejando junto con Dan y Steve a Michigan cuando tenía los cuarenta y siete años me causo que perdiera el sentido de oír por mi oído zurdo. Tuve un resfriado cuando nos fuimos, y el aire soplando contra mi mientras estuve sentada por el asiento trasero tal vez lo causó. Cuando arribamos a la casa, me negué a ver un doctor por dos semanas, y para esa hora, se había ido el sentido de oír por el oído zurdo. El especialista me metió tubos por la nariz dentro del canal eustachiano, y mi oído derecho se abrió, pero el nervio zurdo quedó dañado. Me sentía mareada y mi cuerpo se sentía como queriendo bambolearse todo el tiempo, una sensación muy inusual, similar a un carro que lo dejan andando al ralentí.

Mi nuevo especialista de oídos, Doctor Zaban, me hizo una prueba de balance, y descubrió que tenía un imbalance del diez y seis por ciento. He vivido con el tinnitus, el perder el sentido de oír, y el imbalance desde entonces. Cuando uno no puede cambiar la casa, uno tiene que acostumbrarse a lo que cabe. Hice el propósito que el tinnitus, y el imbalance fueran parte de mi ser.

Por la pérdida del poder escuchar, duermo mejor que otra gente. He tratado de usar audífonos y me causaron que el oír sería inaguantable, como misma me escuchaba masticar, y mis pasos parecían como que el monstruo Bigfoot pasaba. Desperdicié $400 probando tres diferentes tipos de audífonos. Por supuesto, respondí a algunas preguntas con decir no en lugar de si, pero mucha gente quien me conoce nomás se ponían a reírse. ¡Gracias a Dios me queda un buen oído!

Capítulo 26

Aunque no había sabido de mi padre por años, en 1970 llegó una carta, cuya fue la primera de muchas que me escribió durante los próximos dos años. Que hacer de ellos, estuve segura excepto que percibí un hombre llorando que lo ayuden, para el perdón, y por la validación. ¿Fue sincero, o estaba todo confuso? Los dejaré para que hagan sus propias conclusiones. Las cartas llegaron de Francis M. Hanocek, Rear 2616 1/2 Parade St., Room 2, Erie, Pennsylvania, 16504. La primera, fechada 5-5-70, verbatim, cual asumí lo intentaba para mi madre:

No existen las palabras que pueda decir para hacer y cambiar la situación que hice de mi vida. De veras que dejé un desorden de todo. Mi padre siempre decía que la manera que haces tu cama así etc., Estoy expiando y haciendo penitencia y rezando como nunca lo había hecho en mi vida, te digo rezando de veras. Tuve un sueño que sostenía tu mano y nosotros estuvimos caminando arriba por la carretera de la loma de Troya y caí en un hoyo lleno de agua. Me dejé de tu mano y caía abajo, y abajo, y abajo y vi una luz brillante mientras tanto miraba para arriba y tu estabas parada mirando hacía abajo. Comencé a orar el acto de contrición y rezaba en voz alta y llorando cuando desperté. Rezaré por tu felicidad, los hijos y nietos. Espero y rezo que encuentres la felicidad, tu y los niños lo merecen. Que mi Dios y Señor sea con ustedes y los demás siempre.
Mudándome a Pitts.
Nomás yendo a la iglesia no es suficiente y confesando nuestros pecados a los sacerdotes. Tenemos que confesar

solamente a nuestro Padre en el Cielo. Tenemos que vivir Jesucristo, creer en Jesucristo, hablar de Jesucristo, rezarle a Jesucristo y hacer todas cosas por Jesucristo y saber las escrituras en la Biblia y los mandamientos cuyos no los había guardado. Ahora si los guardo, Estoy expiando todos mis numerosos pecados.

Así como lo soy, vos lo recibirá os nos dará la bienvenida, perdonar, limpiar, relevar Porque Su promesa creo en.

O Cordero de Dios, vendré, vendré
Así como lo soy Su amor desconocido
Me ha roto cualquier obstáculo
Ahora poder ser suyo, si, solamente suyo
O Cordero de Dios, vendré, vendré
Este es mi fe en Mi Señor y Salvador
Me ha salvado por su sangre
Jesucristo, creerme, Lo juro
Y lo alabo a El.

La próxima carta que recibí de Francisco fue fechada 5-13-70, como seguía:

A mis hijos de Cristo:
Escribo esta carta para hacerles saber que me voy a mudar, es tiempo que lo hiciera, estuve poseído por la lujuria de este mundo bastante tiempo pero ahora vivo solamente por Jesucristo mi Señor y mi Dios. Me fui a la oficina del sheriff en Akron, Ohio, y me rendí, les dije quien yo era y lo que había hecho, me metieron a la cárcel por la noche y me revisaron y revisaron de nuevo mis datos e historial, pero no tienen nada contra mi, por eso me dejaron ir. Les escribo y les digo donde estoy en caso de que encuentren algo contra mi. Pero me contestan que lo que había pasado hace tanto tiempo a nadie le importa lo que supuestamente hice, pero a mi de veras que

me importa. Como una persona pudo haber hecho las cosas que yo cometí no les puedo decir porque yo, desde luego, estuve con el diablo y claramente me tuvo en su poder. Puedo escribir todo un libro sobre mi mismo y quedarían todos asombrados. Espero que todos ustedes, y Zach y Marty y su madre, queden con buena salud. Orando como jamás lo había hecho pero es el rezar con la mente, corazón y alma y arrepentirme por todos mis pecados. O si me dan las tentaciones, pero le digo a mi Señor y mi Dios ayudame de veras necesito ayuda mi querido Señor. Rezaré por ustedes todos los días en mis oraciones y nunca cesaré.

Suyo en Cristo Jesús,
Desde su viejo sin valor
POR ENCIMA

Díganle a su madre que nunca me olvidé de la oración que me enseñó cuando primero la conocí. Yo se que esta oración me ayudó. Es una oración hermosa. "Ave y bendita sea la hora y el momento en cual el Hijo de Dios nació de la Virgen Puríssima a la medianoche en Bethlehem entre frío mordaz. O, mi Dios escuchar esta oración entre los méritos de nuestro Señor y Salvador Jesucristo y Su bendita Madre, Amen." Aquí hay una oración hermosa que repito desde que la Gracia me salvó. Yo se estas oraciones por memoria, los digo cada día y noche cuando me retiro. Así como lo soy sin ni un ruego etc., Las 23 Salmas, 51 Salma, Juan 3-16 y otras oraciones, los supe de memoria y los repito y aprendí a rezar con el Rosario. Asisto al templo Bautista junto de la iglesia Católica, pero la iglesia Católica ya no contiene el espíritu para mi. Todavía rezo todas mis oraciones Católicas, también. Nunca me olvidaré de ellos y las canciones buenas y viejas que antes cantaba.

El Testamento será lo último que les escribo. Quiero expiar

todos mis pecados y por todo el daño que les he causado a todos.
Adiós, y que Dios los bendiga.

Cuando realicé que Francisco no estaba enterado del hecho que mi madre se había fallecido, le mandé una carta corta mencionándole el hecho. Creo que nunca lo recibió, porque otra carta siguió en 7-17-70 escrita a nuestra madre querida difunta:

Querida Peggy:
No tengo mucho tiempo por vivir. Tengo que enderecharme con Dios y contigo. Lo siento mucho, mucho lo que les hice a los niños y a ti. Pero Dios me castigo con el cáncer de la espina por todos mis pecados y hay muchísimos, te digo muchísimos. Yo quisiera que Dios me lo hubiera hecho mas antes pero creo que jamás es demasiado tarde para Dios. Mi Padre tuve el buen idea , antes decía Francisco la manera que hagas tu cama así dormirás sobre el. Si te deseo toda la felicidad en este mundo, tu de veras te lo mereces. Por la gracia de Dios, por favor, por favor perdoname las cosas que te hice y a nuestros hijos.
180
Hasta que Dios me quita de esta tierra he quedado salvado por la Sangre del Cordero de Dios y expiando y arrepintiéndome por mis pecados.
Suyo en Cristo Jesús
Mi Señor y nuestro Dios
Francis M. Hanocek

En el mismo día, recibí otra carta de el:

Queridos Hijos de Dios:
¿Me perdonarán por favor por todo lo que hablé que te
hirió, Querida? Lo siento tanto por mis pecados y pagando
mucho por ellos ahora. No tengo mucho tiempo que vivir,
tengo cáncer de la espina. Estuve en el hospital por una
semana y me mandaron a la casa, ellos no pueden hacer nada
por mi. Querida por la Gracia de Dios por favor perdóname
por haberte herido mientras hablaba, estoy muy muy
arrepentido ahora por mis maneras pecantes y mis pecados.
Estoy tan contento que he encontrado mi Señor y mi Salvador
Jesucristo con ser salvado por la sangre del Cordero de Dios.
Rezaré por todos ustedes y Dios esté con ustedes y lo suyo.
Francis M. Hanocek

Le escribí a mi padre para decirle que yo lo había
perdonado a el y su alma torturada, y otra vez le expliqué lo de
la muerte de nuestra madre. Recibí una carta de Francisco el 7-
31-70.

Querida: _Saludos en Jesucristo Nuestro Salvador_
Ella era solamente una madre algunas gentes dirán
eso ellos quien mas sabiamente pueden ver.
Ella de veras era de actitud, y en todas maneras
Como Dios había intentado que sea todos los días.

Por los días de su vida fueron gastadas sin egoísmo
En ayudar a sus hijos crecer
Con sabiduría y amor de El quien había mandado
Hasta ahora Su propio imagen se le ve.

Solo una madre, Dios nos dio que
nunca contemos ligeramente quien llamen
Por una mujer dispuesta a ser madre
En dándose todo a Dios a sus hijos.

Querida, yo se y puedo sentir que está en el cielo y se ye ha rezado por me cada día en sus oraciones y por ustedes. Nunca había una madre como ella. Como la herí y a ustedes nuestros hijos. Dios supo todo lo que había hecho y como de como los había dañado a todos, Salma 6-6 - O Dios, estoy tan cansado con mis quejas toda la noche que preparo mi cama para nadar en agua y mojo mi sofá con lágrimas.
Tuyo en Jesucristo Mi Señor y nuestro Dios
POR ENCIMA

Ya no te escribiré ni te fastidiaré de mas, tenía que escribir esto para dejarte saber que mi amor por ella jamás se había cambiado. Pero es demasiado tarde ahora. Mi Padre siempre dijo, Francisco, la manera que dejas tu cama así dormirás. Palabras mas verdaderas jamás se han dicho. Dios te ame y lo tuyo y tus hermanos y los suyo. Adiós. Díganle a Marty y a Zach que lean Juan 8-2-12. Soy un pecador ya salvado. Hay una cosa mas que quiero que todos sepan, ella nunca, nunca los enseñó a odiarme. Yo saber de esto profundamente en mi corazón. ¿Conoces esta canción que canto y lo rezo en mi corazón?

"Tal como lo soy si ni un ruego
Pero que Su Sangre se derramó por mi
Y que Vos me pide que me acerque hacía ti
O Cordero de Dios, vendré, vendré,
Así como lo soy pobre, desdichado, ciego
Así como lo soy y sin esperar
Riquezas de Vista curando de mi mente
Por deshacer mi alma de borrón oscuro y hecho
Así todo lo que necesito es Usted para encontrar
Para Usted cuya sangre puede limpiar cada mancha
O Cordero de Dios, vendré, vendré, etc."

O Cordero de Dios, vendré, vendré.
Así como lo soy aventado por todos lados
Con muchos conflictos y muchas dudas
Luchando por dentro y terrores por fuera
O Cordero de Dios, vendré, vendré.

Volví a escribirle a Francisco para decirle que lo había perdonado, pero no podía hablar por mis hermanos. Le sugerí que si lo hacía sentir mejor, el podía pagar sus deudas poco a poquito. Como un mes después, recibí esta carta de el:

Querido Hijo, Hija y Nietos en Jesucristo Mi Señor y Mis Dios:
Querida: No se como agradecerte por haberme perdonado mis traspasos y todo el mal que les hice a mis hijos. Tuvo tantos sueños de tu Madre el Martes último, y soñé que estábamos sentados en un cuarto, podía sentir sus manos cargando la miá, fue tan real mi dijo que rezara, y yo dije que de veras sabes como rezo y me desperté. ¿Porqué nuestro Padre en el cielo recoge todos quien ama y deja una RATA como yo seguir viviendo? Pero mi día llegará de pronto, no lo se. Tan contento que encontré a Jesucristo y estoy salvado por la Sangre del Cordero de Dios. Tengo azúcar muy malo en la sangre y cáncer de la espina. Estuve en el hospital por seis días para un examen verdadero pero me dijeron que no valía la pena. Les dí permiso de abrirme, pero ellos se negaron y me dijeron que me vaya a mi casa y descansar lo mas que pueda, me ayudaría con prolongar mi vida. Pero no me importaba seguir viviendo. Como he encontrado la gracia en el rostro de Dios y en los suyo. ¿Que es lo que tenía Dan, estuvo muy enfermo? Por favor díganmelo, y Dios les dio cinco hijos. Dios los quiere a ti y lo tuyo. ¿Donde enteraron a su madre? Por favor dejen me saberlo.

Suyo en Jesucristo, mi Señor y mi Dios.
Francisco
P.S Ahora me puedo morir en paz.

Le mandé una nota diciéndole que mi madre la habíamos enterado en Oakwood Cemetery y que Dan había sobrevivido tres operaciones para su hernia en dos años pero que se estaba recuperando de bién. También le *dije* que yo rezaría por el. No supe de el hasta el 5 de Enero de 1971. El escribió:

FELIZ AÑO NUEVO para todos. Dan, Querida e Hijos:
Tal vez se te hizo una nota pequeña pero para mi eran diez millones y billones de palabras. Siento como hombre nuevo desde que volví a nacer en Cristo y salvado por la gracia de Dios - que sensación tan maravillosa es vivir y ser curado de todos mis males. Pero era por la gracia de Dios. Ya no mas cáncer, no mas azúcar, no mas presión baja etc. Lo tuve, pero Dios me probó con todos esos males. Entonces cuando el doctor me dijo que ellos no podían hacer por mi que me fuera nomás a mi casa y tomar todo ligeramente. Me hinqué y le supliqué a Dios que me ayudara, que yo viviría mi vida por El solamente. ¿Como se están llevando los hijos, y se siente mejor el Dan? Rezando por todos y nuestro Zach y Marty y sus familias.
Suyo en Cristo Jesús nuestro Señor y Dios. Mucha felicidad.

Poco después, recibí una nota de el, indicando algún tipo de Testamento:

Querida -- Tengo mi cuenta de ahorros en tu nombre y el mio. Mrs. Daniel E. Douglas, 1232 Clifton Ave., Security Peoples Trust Company, 18th Parade St. Erie, 16503 Penna.

Tu no tendrás problemas con esto. Cuando me moriré, todos mis pertenencias, serán tuyas y de tu familia, hagan lo que quieran con ellos. Singer máquina de coser, Televisión, mas de $110 en provisiones y cinco trajes y cinco sacos, herramientas, y lo que he escrito sobre mi máquina de coser. Es todo para ustedes y sus hermanos.
Dios te quiera y lo tuyo

En Enero 17 de 1971, recibí esta carta:

Queridos Amados Hijos:
Nomás una linea o mas para dejarte saber que estoy pensando y rezando por todos ustedes. Hijos, recen que Jesús está porvenir. Mirar, esperar y rezar. Contemplar, El viene de pronto Rev. 22-7.
Estaré en Akron como el 25 para mirar la sepultura de mamá.
Querida, creer con la ayuda de Dios, voy a vivir por mucho tiempo, tal vez 20 años o mas, solo Dios lo sabe. Pero estoy preparado cuando el me llame al hogar, mi vasija, y lámpara esta llena de aceite cuando llega el novio.
Tuyo en Cristo Jesús, Mi Señor y Nuestro Dios -
Dios los bendiga a todos
P.S. ¿La madre de Dan y su padre siguen viviendo?

Francisco nunca mencionó algo sobre su cáncer por un tiempo, y me preguntaba si de veras había tenido el cáncer. Sería un milagro si lo habían curado de todas sus enfermedades. El dijo que tal vez iba vivir por mucho tiempo, y tal vez el nunca tuvo el cáncer. Con el, siempre era difícil averiguar la verdad de las mentiras.

Otra carta arribó en Enero, fechada 1-29-71:

Queridos Amados en Cristo Jesús:
Nomás algunas lineas para dejarles saber que estoy
pensando hacerme un misionario. También rezo por ti toda la
gracia de Dios que los cuide a todos. Nunca realicé que era
tan maravilloso vivir por Cristo y despertar en la mañana con
una canción y una oración en mi corazón. Ave el Señor.
Mandándote una caja de dulces. No tengo a nadie por quien
comprarles regalos excepto ustedes mis hijos. Jesús dijo que
era mejor dar que recibir. Dios los bendiga a todos. Nunca se
había sentido tan bién en toda mi vida. Sin dolores ni
dolencias. Estoy viviendo porque Jesucristo vive dentro de mi.
Nacido de nuevo en Su Espíritu. Dios los quiera a todos. Rezar
que Jesús está por regresar pronto.

Francisco jamás mandó los dulces. No se si vino a Akron
durante el veinte-cinco o no. Sin embargo, su próxima carta
fechada 2-10-71:

(No hubo salutación)
No me escriban hasta que oigan de mi. Donde estaré
todavía no lo se, rezándole a Dios que me guíe en el trabajo
que quisiera hacer por Cristo Jesús. Rezando por todos
ustedes cada día y rezando a nuestro Señor y Salvador
Jesucristo y a la Santísima Virgen María a convertir a Rusia, a
la Inmaculada Corazón de María. Especialmente por Dios que
bendiga y salvar a América. Nuestro país está condenado si no
le rezamos a Dios que lo salve.
Suyo en Cristo Jesús Mi Señor y Nuestro Grande grande
Dios -- Dios esté con todos mis hijos y bendecir cada de tus
suspiros que toman en la vida.

En Abril recibí una carta fechada 4-4-71 que tuvo una
nueva dirección de retorno -- Room 9, 1206 East 6th St., Erie

16507, Penna.:

Queridísimos hijos en Cristo Jesús Nuestro Salvador,
  Estuve en Pittsburgh y visitando amigos y hermana
Theresa, esposa de hermano Mark en Mayview mental
hospital. La habían confinado en ese hospital por 37 años, no
me conocía esta vez pero si me reconoció la primera vez que
estuve allí en el 41. Si jamás has visto una vieja hermosa, no
tan vieja, 67 años, ni una arruga sobre su rostro y le dí un
beso grande y le dije quien yo era. Ella se quedó muy alegre
pero su mente se le va. Le pregunté de Mark si el en alguna vez
viene a ver la y sus hijos, y ella dijo que no, que yo soy el único
que jamás a venido. Hijos, ella es tan bella como cualquier
belleza que jamás he visto. Me voy a verla otra vez la semana
que entra. Si no recibo palabra de Lincoln, Neb. me dijo que
viniera, le dije que lo haría. De veras vengo de un buen padre
y una buena segunda madre y mi madre era también por lo que
me acuerdo de lo que había escuchado de ella. Pero sus hijos
no valían nada, incluyendo me a mi. Ni uno de mis hermanos o
hermana Theresa jamás habían ido a verla, especialmente su
esposo. El no podía esperar hasta que consiguió el divorcio de
ella. Yo se que yo era una rata y no era bueno. Pero sus hijos
no saben en donde está. Me fui a la casa de su hija Charlotte
para hablarle pero no regresa de su trabajo hasta muy tarde.
  Querida, nunca voy a perder la fe por lo que Dios ha hecho
por mi. Podría meterme en muchas travesuras y causar daños
y pecar como lo hacía, pero jamás lo volveré a hacer. Nomás
viviendo por Jesús y haciendo una buena demostración en
frente de los ojos de Dios, eso es todo lo que me preocupa
ahora. Alabanzas al Señor, y el será bueno como tu me lo
escribiste. Sean buenos. Gracias a Dios todo está bién y todos
están bién, rezando por todos ustedes y tus hermanos y sus
familias. Trabajando hace la vida un poco mas difícil para

uno, pero ofrécelo todo a Dios y El te cuidará. Regresando al trabajo también y estableciéndome en hogar y cocinando. Lo que quiero comer, me encanta cocinar y preparar mi barra de carne y camotes, es de otro mundo de rico, deberías prepararle uno para tu familia, les encantaría. Di le a Dan que lo saludo, y que se ponga a rezar, es tan facil cuando nos resolvemos, amar a rezar y cantar canciones religiosos. Rezando por todos y pidiéndole a Dios que los bendiga abundantemente. Reza por mi, yo puedo usar todas las oraciones que la gente puedan hacer por mi porque Jesús nos quiere, y me quiere a mi tanto. Alabanzas al Señor. Dios esté contigo hasta que vuelva a escribirte y encontrarnos en el cielo algún día preparados a morir por Jesús Cristo mi Señor y nuestro Grande grande Dios. Ave Señor.

Otra carta fechada 4-5-71 llegó el próximo día:

Querida y familia, mi hijos en los ojos de Dios. Podrán creerlo pero no puedo quitarme la sonrisa y mirar para fuera de mi mente desde que vi a hermana Theresa en Mayview Hospital. Creer que ella es una santa, sola una santa pudo tener esa sonrisa y una cara bella como lo tiene que ni una arruga a su edad, es muy difícil creer pero solo Dios lo sabe. Querida, ella iba cada oportunidad que tenia de estar en la iglesia y le rezaba a la Santísima Virgen cada chanza que tuvo tal como tu mamá, y ellas de veras creían en la Madre Virgen.

Ellas eran buenas mujeres como tu de Dios. Y solo Dios puede hacer milagros. Me fui a ver Mi Padre, Mi Madre, y mi segunda madre y las sepulturas de parientes, Madres, Padre, y Madre Bruenner. ¿Alguna vez has recibido palabra de la tía Grace o de cualquier de la familia, tío Rick, Pat, Art y tía Claire en Waukesha Wisconsin? Que tengan buenas Pascuas y tomar buen cuidado de esa familia maravillosa por cual rezo por todos. Recen por mi como mamá antes lo hacía, y creo que sigue rezando por mi en el cielo y para sus hijos. Querida, mandame esa tarjeta a hermano Zach por mi, por favor. Dios te bendiga y los guarde todos en su Gracia que el nos otorga cuando hacemos Su Voluntad y obedecemos con paciencia, Obediencia, y comprensión de si mismo. Amen, Amen."

Le contesté su carta y todas la preguntas, pero tenía confusión por el con decir que su hermana Theresa estaba en el hospital mental Evidentemente leí la carta de corrida y lo metí en un cajón, donde guardaba toda su correspondencia. Después de recibir la próxima cara fechada 4-14-71, lo volví a leer las dos cara previas, y realicé que lo había dejado muy claro.

Queridos hijos en Cristo Jesús:
Recibí tu carta. Dios bendiga a todos ustedes, y quedé muy contento al recibir toda esa información. Querida, mi hermana Theresa no está en Mayview, sigue viviendo, y a los 75 años de joven, y su esposo tiene 79 años de joven y sigue por adelante muy fuerte. Mi hermana Theresa ya no se puede mover como antes lo hacía, pero de todas maneras se mueve bién. Sus piernas quedaron tan gordas, mas grandes que una jarra de galón. Cuando había dicho que hermana Theresa, quise decir la esposa de Mark, ella es mi hermana en Cristo Jesús, es una joya en los ojos grandes de Dios. Sueño tanto de Mamá, y tuve visiones y sueños muy inusuales. Ella debe de estar rezando por mi en el cielo porque estoy tan feliz que Dios me deja soñar de Ella como lo es. Me pongo a llorar, pero es demasiado tarde para eso. Arrepintiéndose y expiando los muchos pecados míos-------pecados, quiero decir muchos. Rezando por ti tu lo tuyo en mis oraciones. No supe que tía Grace tuvo algunos hijos, y ciertamente estuve contento con saberlo. Tío Pat vive en Bloomfield, Ptts. La última vez que lo

233

vi caminaba bajo la avenida de Liberty en Bloomfield, le hablé pero seguía caminando, entonces lo dejé en paz. Recibí contestación de Lincoln, Nebraska, pero tengo que escribirles a otras misiones. Ciertamente me gustó la linea sobre Señora Rankin que me escribiste. Querida, jamás podrás creer cuantas mujeres podría yo noviar si las deseaba. Nunca creí que cualquier hombre lo podría hacer. Pero creerme, es algo de que pelear le a ese mata-patas el diablo. Dejé de asistir al templo, y me salí de la legión de María sociedad, me voy a la catedral aquí en Erie en las mañanas, no me preocupo con otros, trato de evitar a hombres y mujeres, todo lo que tienen en sus cerebros son pensamientos susios. Es algo de que alejarse de semejante tipos de gente. Tu sabes como algunas mujeres se visten el día de hoy, y es una lástima el insultar La Mas Santísima Virgen María de la manera que las mujeres lo hacen el día de hoy, y no tienen vergüenza. Estuve en el templo de First Baptist hace dos meses, y una mujer se sentó junto a mi, tenía como 35 o 40 años de vieja, tenía puesto un vestido, o lo que llaman vestidos, que le alcanzaba a sus caderas, y luego cruzó sus piernas, el hombre junto a mi empezó a tocarme por las costillas, para que me fijara en la mujer. Me levanté, y me senté en otro lugar. ¿Como pueden los hombres evitar de fijarse en semejantes mujeres? Entonces, nomás dejé asistir al templo por cualquier tipo de servicio, Protestante o Católico. Te mandaré un retrato de mi. Querida, parece que tengo 50 años de viejo, y tu sabes como me gusta vestirme de la manera que me gusta, es actualmente algo.

La gente no me creen cuando les digo que tengo los 65 años de viejo. Cuando te mando el retrato, fíjate en el, y luego romper lo. Tengo que hacerme nuevas fotos cuando me voy al campo de misionarios. No puedo esperar hasta que me vaya a trabajar por el Señor y Dios. Que Dios los bendiga todos. Estoy rezando por ti y lo tuyo.

¿Hizo Zach por escribirme en algún tiempo, y decirte si pudo cambiar los órdenes de dinero? Odio tener que perder ese dinero, y tengo que regresarme al banco para las fechas de esas copias, hace casi 5 meses. Si no, entonces decir le que te los regrese, y tu puedes quedarte con el dinero, yo se que tu lo podrías usar. Yo se que tu revisaste con Marty, entonces eso se resolvió. Querida, tengo un galón de condimento. Yo usualmente lo saco del galón, y lo pongo en litros y los sello bién, y queda bién por algún tiempo. No puedo oír como pude en el pasado, me estoy haciendo viejo y no quiero acabar pesado. Tengo buena forma, y así lo voy a conservar. Sigo queriendo ser un viejo activo a los 65 años de edad. Que Dios los bendiga a todos, y estoy rezando por todos. Recen por mi, porque si necesito oraciones para una buena vida."

Francisco incluyó su retrato con la última carta, por esc le escribí y le agradecí, y le dije que se veía bién por su edad.

La próxima cara fue fechada 4-16-71:

Queridos Hijos en Cristo Jesús:

Hice mi visita al catedral, y hablé con el Obispo, el estuvo hincado por el altar superior, y le dije de mi mismo, y que tu madre había fallecido hace cinco años y algunos meses, que yo quería recibir el Eucaristía Sagrada. Me preguntó si estaba viviendo con una mujer ahora, y le contesté que no. Me dijo que podría recibir la Eucaristía Sagrada, pero hablar le a un sacerdote y explicarle lo que yo le había dicho, y decirle al sacerdote que yo había hablado con el Obispo, y el me dio su permiso. Fuese tan maravilloso el recibir otra vez la sagrada comunión. No había yo recibido la sagrada comunión en una iglesia Católica desde 1928, y creo que no me quiero morir a menos que estoy en estado de gracia. Querida, entonces puedes ver que tu madre está rezando por mi, abundantemente.

De todas maneras, el irme al campo misionario si es voluntad de Cristo, y Dios se dispone de mi, como quiero hacer su voluntad. Con la ayuda de Dios tratando de no volver a pecar. Dejándome en manos de Dios, y mi ángel guardián. Esta es una batalla que tengo que pelear con la ayuda de Dios. Alabanzas al Señor. ¿Por casualidad, has oído de tu tía Claire, sigue viviendo, o tío Warren? Cuida bién esos hijos, mantenerlos en los ojos de Dios, no dejes que se extraviasen, estoy rezando por ellos y por ti, y tu maravilloso esposo, el es una joya, y tu cuídalo bién. En los ojos de Dios, el es invalorable.

Tengo como $200.00 o mas dólares en provisiones. Pagaré el camión por ti, la máquina de coser, televisión, leña, etc. Se que puedes usar estas cosas. Cortinas y material para cortinas, tostador, nuevo, y herramienta que no necesito, cerrojos, tornillos, clavos, e hilos, etc. lo que tu quieras, como catorce libras de dulces."

A este punto, creo que Francisco pensaba que el se iba de misionero, cuando seguía enlistando todas las piezas que nos iba a dejar. Yo realmente no quería ni necesitaba ni uno de ellos, pero en lugar de ofenderlo, no lo mencioné en mis cartas.

No supe de el hasta que recibí una carta fechada Junio 23, 1971, arribo de tal manera:

Queridísimos Hijos y nietos en Jesús:

Gracias por el halago Querida, tan contento que te gusto el retrato. Querida, tu crees en milagros porque Dios de veras me cuida después de como me enfermé y sufría de dolores del cáncer, el azúcar era bastante malo, dejad del cáncer o la presión de sangre baja. Bajé para un examen y mi azúcar está normal y nada de cáncer, como se le hace a uno de lo que es capaz Dios, porque nada es imposible para Dios, cree en eso.

Tu sabes que clase de rata fui, y poseído por el diablo. No puedo dejar salir Dios de mi mente ni por un momento. Alabanzas al Señor por Sus bienes que hace por nosotros. De veras aprecio lo que El ha hecho por mi. ¿Porqué es Dios tan consciente de tantos pecadores como lo era yo, y fui para dar las gracias por expiar mis pecados y vivir como un hombre debe de vivir? Si, la tentación es muy bueno, pero podemos sobre pasar cualquier cosa con la ayuda de nuestro Padre en el cielo. Nuestra madre tuvo mucho que ver con que recibiera yo la gracia. Ella ha de haber rezado, y rezó sin cesar. Ella esta en el cielo y mirándome de arriba diciéndole a Dios Padre en el cielo, Bien hecho, otra alma tratando de entrar al cielo. Alabado sea el Señor, Alabado sea Dios.

Hablé yo con su tía Eleanor quien vive atrás de mi hermano Pedro. Ella es dueña de su propiedad. Tu sabes que cercanas son las casas sobre la loma de Troya. Estuve en la yarda donde naciste tu, pero

Harriet Gammel no estuvo en casa. Entonces me fui a la próxima casa a ver Madeline Seisel, y su esposo ya falleció, murió el 12 de Junio de 1965. Ella era mi enamorada durante mis años de estudio, y de veras que recibí un beso grande de ella. Ella quiere que le escriba, y que pare la próxima semana y visitar la. Está completamente sola. Yo no quiero regresar a verla ni escribirle. Solamente interesado en Cristo Jesús y en no volver a pecar. El viejo mata-patas, ese diablo sucio no me volverá a manosearme si lo puedo prevenir. Madeline Seisel es una mujer muy buena, pero no es para mi.

Te he dicho de la otra vieja peleadora, estuvo aquí en Erie para ver me con Martin. Descubrió donde estaba por medio del Seguro Social. Debía haberme examinado la cabeza cuando conocí a esa mujer. Pero no hay un pendejo como un viejo pendejo. Cometí todos los pecados que he querido hacer en toda mi vida. Es tan bueno el vivir por Dios y Su Santísima

Madre. ¿Te acuerdas de la oración que nos enseñó tu madre? - Ave y bendita sea la hora etc. De veras que me gusta esa oración. Perdóname si te aburro, pero tenía que decirte del lugar donde habías nacido. Nunca, ni por un minuto, me olvidaré de esa noche y día. ¡Lo que sufrió mamá! Que Dios los bendiga a todos, y yo estaré rezando por todos, y tus hermanos Zach y Marty y los demás.

La última carta que recibí de papá desde Erie, Pa., fue fechada el July 5, 1971, como sigue:

Queridísimos Hijos en Cristo Jesús:
El Señor Watson y yo no vamos a Ecuador, ellos sacaron una nueva póliza por la gente jubilada que tenemos que pagar nuestro propio pasaje y aprovisionar nuestra propia herramientas. He recibido $127.85 de mensualidad y el costo de vivir en Quito, Ecuador, o cualquier lugar en Sud América, cuesta mas o menos $185.00 por mes o mas. Señor Miller de la alianza de misionarios estuvo aquí esta noche y habló con Señor Watson y conmigo. Watson le dijo a Señor Miller que eso no era lo que nos había escrito de primero. Watson y yo le dijimos a Miller que alguien ha de creer que somos Kris Kringle o Santa Claus. Le pregunté que donde en el mundo tomaron la idea que tenemos dinero que donarles para todo. Trabajando 10 o 12 horas por día, seis días por semana, y nuestras herramientas y ropa, esos cuestan dinero para reemplazar a los precios de hoy de herramientas y ropa. Alguien se está robando ese dinero que donaron a las Misiones, y no tiene sentido. ¿En que se está convirtiendo la religión, y la Cristiandad? Nomás no es buena la manera que la gente donar dinero a las misiones. Regresaré para trabajar para mi mismo. "

No hubo comunicación por algún tiempo después de eso, excepto en persona. Un día en Septiembre de 1974, ya que estuve preparando la cena, y Diana se preparaba para su primera cita con Ross Hecker, Papá tocó la puerta trasera, y entró directamente a la cocina como si fuera una ocurrencia cotidiana.

Huelga decir, que sorprendida al verlo, y me abrazó y me besó por la mejilla, siguió con Diane, y la abrazó y la besó en su mejilla. Diane no estaba segura que pensar como no había visto a su abuelo desde que tenía cuatro años de edad, y realmente no se acordaba de el. ¡Que consternante! Aimee nunca lo había visto.

Francisco se sentó a la mesa y comió saludablemente de hígado y cebollas, puré de patatas, y jugo de carne asada, chicharros, y pudin de chocolate. Diane y Aimee casi ni hablaron. Francisco fue el mas hablador, diciéndonos que el intentaba mudarse a California de pronto, pero no estaba seguro en cual ciudad se quedaría.

Se veía mas viejo y flaco de lo que yo me acordaba, y tenía menos pelo, pero seguía teniendo la don de charlar. Hablamos de cosas en general mientras comíamos, y de pronto que acabamos, el dijo que tenía que irse, pero se comunicaría conmigo desde California.

Los niños quedaron asombrados que el se había aparecido de repente y actuó como si siempre se había comunicado. Les platiqué algunas cosas del pasado, pero ellas nomás se preocupaban por sus vidas ocupadas, y yo no estaba segura lo que habían absorto. Todo fue en el pasado, así que raramente aun mencioné mi papá y sus infidelidades.

De primero, me preguntaba misma si se fue para California, pero como no había sabido de el, lo saqué completamente de mi cerebro.

Capítulo 27

No tomamos muchas vacaciones con todos los hijos, pero ahora podríamos llevar a Aimee nomás como todos se habían ido al colegio, o estaban trabajando. La única otra vacación que tomamos con los hijos, aparte de Wildwood por el mar, New Jersey, New York City, y Florida fue para Washington, D.C. cuando estaba embarazada de Aimee por tres meses. Diane se quedó con mi madre durante ese tiempo porque siempre parecía que se enfermaba en el carro, y ella realmente no quería irse. Mamá siguió preparando sus paletas y corrigiéndola cuando decía la palabra "poopy." Regocijaron en su compañía mutua por una semana.

Los demás nos divertimos tanto en Washington. Nos quedamos en un hotel de eficiencia y llevamos los tres chicos a todos los lugares históricos, incluyendo la Casa Blanca, con tal salones elaboradamente decorados. Dan creó que la mejor parte del viaje eran los desayunos con panques {hechos con crema verdadera}en un restaurante cerco de nuestro hotel. Aunque estuve embarazada, pude caminar por todos lados, pero nos quedamos en el hotel durante la noche para poder descansar y por la seguridad.

Tomamos un viaje a Boston para caminar a lo largo del camino que tomó Paul Revere. Quedé intrigada con el acento de Boston. Siempre tuvimos buen tiempo durante todas nuestras vacaciones, pero siempre es bueno salirse de la casa, y mejor al regresar a nuestro hogar.

Cuando fuimos a restaurantes para la cena, Dan ordenaba espagueti cuando podía. Nuestra gira a Wildwood, New Jersey, con nuestros cuatro hijos, antes de que naciera Aimee, fue memorable en el respeto que Dan comía espagueti todos los días. Nos preguntábamos porqué no se enfadaba de el. Tal vez era para ahorrarnos un poco de dinero, porque parecía que el espagueti era uno de las opciones mas baratas de cualquier carta. Dan quería que los demás ordenáramos lo que deseábamos, y eso se mi hizo tan bondadoso de el. Rentamos una casita no lejos del océano, y nadamos y tomamos excursiones por bicicleta, fuimos al parque de atracciones sobre el paseo marítimo, e hicimos todas las cosas divertidas que tenían. Queríamos que los niños vieran parte de su patria y que salieran de la rutina cotidiana.

Tuvimos algunas aventuras graciosas cuando tomamos vacaciones con Aimee. En Cook Forest, Pennsylvania, probamos andar por canoa, aunque Dan jamás había metídose en una canoa en su vida, y yo era inexperta. El canoa se atoró por una piedra, y no pudimos maniobrarnos fuera de esa situación hasta que Dan se metió al agua con sus zapatos nuevos para jalarnos a todos de allí. Se tomaron dos días para secar sus zapatos, y como era el único par que se llevó, caminaba por el fango con ellos hasta que arribamos a la casa.

Cuando fuimos a Williamsburg, Virginia, Dan se perdió de Aimee y de mi por varias horas. Camiones viajaban de una locación a otra, y Dan siempre le gustaba ser el último al subirse al camión. Aimee y yo entramos, y Dan dejó que otros se subieran, cuando el operador le cerró la puerta. No habíamos discutido a donde nos íbamos a bajar, y aunque Aimee y yo nos bajamos en la próxima parada, no encontramos a Dan hasta tres o cuatro horas después. Fue, no obstante, una gran vacación, históricamente y de otro tipo.

Tampa, Florida, era un lugar lindo que visitar después que visitamos la familia de Dan en Ft. Lauderdale, junto con Aimee ya de once años. Nuestras amistades desde Crestview Avenue, los Marshalls, vivían allí y era genial poder ver a Kitty y Cliff después de que visitáramos los Jardines de Busch. Ellos comentaron que jamás habían visto una niña tan educada y de buen comportamiento.

Cuando Danny estudiaba en la Universidad de Cornell tomando administración de hotel, lo requerían que trabajara durante los Veranos en un resorte. Cuando estuvo en Grossingers en New York, Dan, Aimee, y yo los visitamos. Era un resorte lindo de alta escala con bosques cercanos donde vimos venado, fuimos nadando, y comimos platos deliciosos. Danny le gustaba jugar del golf allí durante sus días de descanso, pero lo extrañamos, y el a nosotros. El y yo tuvimos una relación muy especial -- nunca me dijo una palabra grosera aun siendo adolescente, y siempre me daba muchos halagos. Su personalidad siempre granjeaba a otros.

Cuando trabajó en Greenbriar, lo último en excelencia y elegancia, pasamos varios días allí como huéspedes. Aimee salia de equitación, ella y yo íbamos nadando, y todos saboreamos la cocina. Los muebles en nuestro suite eran blancos de estilo Victoriana, había una sala de boliche, un teatro, etc.

Danny eligió quedarse en Ithaca después de su tercer año, como tenía empleo y una novia. Para ese tiempo estuvo acostumbrado estar lejos de la casa, aunque siempre regresaba para la Navidad.

Todos fuimos afortunados que Jill vivía en la casa mientras estudiaba en la Universidad de Akron, y que Steve vivía en casa cuando asistió a la Universidad de Kent. Nuestra familia siempre ha sido lo mas importante para mi junto con Dios, y la vida fue mejor cuando llegaban a su hogar.

Después que Jill y Gabe se graduaron de la Universidad de Akron, todos salimos a cenar en celebración; eso fue todo lo que quería Jill. Jill y Gabe se casaron el 17 de Agosto de 1973, en la iglesia de St. Martha. Yo cosí los vestidos de las damas de crepé arrugada de color violeta, excepto Robin hizo el suyo y Marsha hizo el de Paige. Paige, la hija de Marty y Marsha, era la dama de las flores. La amiga de Jill, Lana, la hija de Sam y Natalie, era la madrina de honor, y Robin, Diane y Aimee siguieron como damas. Jill fue una novia hermosa, y las muchachas todas se veían lindas en sus vestidos. La recepción fue maravillosa, todos comentaron.

No fue facil ver a Jill y Gabe irse para Strongsville, en donde Gabe obtuvo empleo de cuentas con Glidden. Jill fue maestra del sexto año en St. Hyacinth y le encantaba. Viajé a Strongsville para ver los, y ellos regresaban a la casa cada fin de semana.

Un año después, Gabe, quien seguía con Glidden, lo transfirieron a Lewisville, Texas. Jill tuvo suerte y consiguió de pronto un trabajo como maestra. Fue devastador para mi el tener que Jill se fuera de la comarca. Pensaba en ella, y lo sigo haciendo, no solamente como mi hija cariñosa, pero como mi mejor amiga. Por supuesto, siempre he tenido muchas amistades, pero nadie puede comparase a mi Jill -- la mas dulce, bondadosa, cariñosa persona que conozco, la epitome de todo lo que una mujer debe de ser, y yo no soy la única persona que piensa así. Nunca ha insultado ni a su padre ni a mi. La extraño tanto, y no pude dormir la primera noche después de que se fueron.

Fue durante la menopausia que la necesitaba, y sin culpa de ella, no estaba allí. Ella si había llamado, y mandó muchas notas, y libros que me ayudarían, pero extrañaba su presencia. Nomás dormía dos horas de sueño cada noche, y si no lo ha probado, mi consejo sería, no lo haga. Pude funcionar, aun, de todas formas, pero estuve muy cansada y necesitaba descanso mas de lo usual. Recordé que mi mamá había tenido el mismo problema, pero eso no me consoló. Dan fue muy atento y comprensivo durante ese periodo pero la única cosa que podía ayudar me era el recibir una buena noche de dormir.

Diane y Aimee estuvieron noviando durante ese tiempo, y cuando si podía dormir, me despertaba cuando llegaban a la casa. Era yo una de esas madres que necesitan saber que sus hijos estén en casa por la noche. Hay muchas madres que son así. Pero mucho del tiempo, no podía recuperar el sueño. Cuando tenía los cincuenta años, en el mero corazón de la menopausia, de repente ya no pude dormir ni por nada, y eso fue cuando solicité ayuda. Después de tres semanas de quedarme sin dormir, comencé a temblar, y Aimee me dijo, "Si no llamas al doctor, me voy a huir de la casa."

Eso lo hizo para mi. Inmediatamente llamé el doctor, como realicé que estaba deprimida. De ser feliz no importando lo demás, sucumbí al abatimiento. Sin embargo, siempre le agradecí a Dios por lo que me pasó, como nunca comprendí anteriormente como cualquier persona puede sufrir de la depresión. Ahora tengo entendimiento mejor del abatimiento, cuya le puede caer a cualquier persona.

Tres semanas después, y después de tomar el *limbitrol*, me sentía como nueva, y durmiendo toda la noche otra vez. Jamás he pasado otra noche sin dormir. Afortunadamente, pude dejar el medicamento en menos de tres años.

Dan y yo nos aprovechamos de siete viajes gratis (o así lo entendimos) cada año que se nos presentaban, como Danny trabajaba como agente de compras para la Aerolínea American después de que se graduó de la Universidad de Cornell. Volamos a Texas a visitar a Jill y Gabe, y a Chistopher, su primer hijo, después de que había nacido, y Danny y a su esposa, Candace, después de que se mudaran allá. Fuimos a Hawaii, Las Vegas, New Orleans, siete países en Europa, San Diego, San Francisco, Colorado Springs, etc.

Volamos al margen, y fuimos afortunados al subir sin problemas excepto una vez en Chicago, y un apuro en Hawaii. La vacación en si mismo fue agradable en todo sentido. Vimos a Pearl Harbor, el show de Don Ho, (Don besó a todas las abuelas), un show de hula, y el zoológico. Volamos a Maui en aeroplano pequeño, y tomamos el recorrido turístico por camión de la isla con sus campos de caña de azúcar y de piña. Comimos mucha piña fresca, cual es la fruta favorita de Dan. Después de una semana allí, se llegó el tiempo para regresarnos a la casa. Cuando habíamos registrado con el aeropuerto, hubo ochenta y cinco reservaciones de espera. ¡Increíble! No creía verdaderamente que nos iba quedar oportunidad de subirnos al avión, pero recé un rosario mientras esperábamos, de todas maneras. Tal vez un milagro pequeño nos podría ocurrir, y así lo fue. Llamaron ochenta y tres nombres, y luego el nuestro. Aunque Dan y yo no pudimos sentarnos juntos, no nos importaba sentarnos en las últimas dos sillas que quedaban en el avión. No conocíamos a ni un extranjero.

También volamos a New Orleans para Mardi Gras, donde nos reunimos con Steve y su novia, Jessica, quien lo acompañaba. Steve la había conocido en Monroevile, y parecía encariñarse mucho con ella. Tuvimos una experiencia muy agradable, y la Jessica nos calló muy bien. Dan si se frustró, aun, porque tuvimos que comer a cierta hora, porque la Jessica tenía diabetes desde que era niña. Ella casi se desmayó mientras observábamos uno de los desfiles, y Steve corrió para comprarle jugo de naranja.

Comimos comida estilo Cajun, tomamos un crucero de barco, y caminamos por las calles mientras tocaban los conjuntos su música. Gente en disfraces, y un hombre desnudo me abrió su saco y tome su foto. Después de que se desarrolló, noté que había tenido puesto un órgano gigante falso.

Jessica lloraba esa noche y le pregunté que es lo que le pasaba. Ella dijo que no le gustaba trabajar, y no quería trabajar toda su vida. En la iglesia Católica el próximo día, me dijo que no comprendía la religión Católica y se burlaba de la costumbre de arrodillarse uno.

Steve no se casó con Jessica, como el había asumido que no iba quererse salir de Alabama, y el de veras quería casarse con una chica Católica. La introdujo a alguien quien conocía, y ella acabó casándose con el, y se mudaron a California. !Que vale por asumir cualquier cosa!

Capítulo 28

No supe de Francisco hasta que me llamó desde Long Beach, California, la última parte de Octubre, y me dio su dirección. Le mandé una nota corta con las noticias mas corrientes. El nueve de Noviembre de 1976, recibí una carta de el, compuesta con máquina de escribir. Fue lo siguiente:

DIOS, Saludos en el Nombre mas Sagrado de Jesús, y Su Santísima Madre, María -

Para mis hijos, las BENDICIONES, desde arriba, y mis bendiciones. Recibí tu carta, y todas las noticias maravillosas. Quedé tan contento con saber las noticias. Me he mudado, el lugar donde vivía era tan ruidoso. Cometí un BO BO, yo mandé mi cambio de dirección, al correo demasiado pronto, y fue un BO BO, creer me lo. Mi cheque del estado de California me lo regresaron a Sacramento, y probablemente no recibiré uno este mes. Estoy en la mejor de salud, el tiempo está super genial aquí. Sube la temperatura a los 90s, y es hermoso. Asisto a la iglesia de Saint Vibeanos cada jueves y doy un sacrificio para mis muchos pecados que he cometido en mi vida, ellos exponen el SAGRADO SACRAMENTO, desde las 12/30 hasta las 5 P.M. y luego conducen la Misa. QUE DIOS LOS BENDIGA A TODOS ABUNDANTEMENTE, SON MIS ORACIONES PARA USTEDES TODOS. Perdona mis muchos errores con la máquina de escribir, no puedo acordarme como antes lo podía, eso es una seña verdadera de la vejez (SD V).

Suyo en Cristo Jesús, y Su Santísima Madre, María.

1255 East 10 Street,

Long Beach, California 90813

LMH   Francis M. Hanocek

P.S. Estuve en San Diego, y no me gustó, y no me gustó Los Ángeles.

Capítulo 29

La única vez que supe de el después de eso, creo yo, fue en 1980. Recibí una llamada telefónica desde California. Francisco me habló por algunos minutos, y luego pidió si podía poner su amiga en el teléfono, y le dije, "Está bien."

Su nombre era Gwen y sonaba muy buena, entonces cuando comento,"Tu papá es una persona tan maravilloso," reaccioné de manera negativa, con contestarle, "Bueno, tu de veras no lo conoces."

Contesté eso porque temía que el no le había platicado de su pasado y no sabía yo si había procurado un divorcio de la Ellen en Medina. El había prometido que se iba alejar de cualquier otras mujeres. Quería que la Gwen se enterara de el para que no volviera a cometer la bigamia, como lo había hecho con Rebecca y la Ellen.

Durante su última visita a nuestra casa, me contó que la Rebecca tenía cáncer de la garganta. Pensé que esa era una forma terrible de morirse, y nunca averigüe lo que le pasó a Rebecca y su hija.

No supe de el después de eso. El se casó con Gwen en California y jamás volvió a comunicarse conmigo.

Marsha y Paige fueron a visitar a Ellen en Medina sin consultar a Zach o a mi. Habían aprendido un poco sobre lo que le pasó mientras tanto Francisco vivía con Ellen y los niños.

Dijeron que el había molestado sexualmente un par de sus hijas. Las forzó con decirles que yo le había dado permiso de tocarme, una mentira completa. Esa fue la explicación de sus cartas cuando me suplicaba el perdón por haber mentido de mi.

Tengo que admitir que estuve furiosa cuando supe de esta

información. Pero no me sorprendió demasiadamente porque el nos había mentido durante todas nuestras vidas, y toda su vida había sido una gran mentira. Actualmente lo perdoné por todo, porque yo nunca pensé de el como un ser estable. El no perdonar solamente daña al ofendido. He tratado de vivir mi vida perdonando a la gente, estable o inestable, y rezo por ellos. Mucha gente piensan de si mismos como estables, o normal. ¿Pero que y quien es realmente normal? Algunas gentes anormales creen que son normales. Se requiere mucho coraje para que una persona admita que tiene un problema. Cuando uno reconoce el hecho de que tiene problema, sea lo que sea, eso es el primer paso hacia la recuperación. En ese respeto, nadie es perfecto excepto Dios, y todos tenemos defectos.

Con Francisco confesando sus pecados, uno se deja creer que fue un comienzo para empezar a mejorarse. Tal vez lo fue, y cuando vivía en California, el pudo haber sido un ciudadano sólido y un buen marido para su nueva esposa.

Dejó un legado de hijos quien tienen vidas respetables y exitosas a pesar del abandono. Nunca le tengo lástima para gente quienes culpan su niñez o sus padres por sus problemas como adulto. Uno tiene que superarse sobre cualquier cosa que pase durante la niñez, y vivir en el presente. El pasado se ha ido, el día de hoy esta aquí, y el futuro no está predecido. Tenemos que hacer lo mejor cada día en todo lo que hacemos y dejar buen ejemplo para las generaciones del futuro.

Capítulo 30

El libro no estará completo si no escribo sobre Chico, el perro quien se hizo parte de nuestras vidas por quince años. Todos quisimos a Chico y Dan todavía lo extraña, especialmente cada 25 de Agosto. Cuando Danny tenía diez y seis, el me pidió si podía comprar un perro. Estuve de acuerdo al tanto que fuera un perro pequeño. Empezó a buscar por los periódicos para avisos de perros, y cuando encontró uno cual creía que iba ser apropiado, el y Diane manejaron a Wadsworth Road. La dirección se ubicaba junto a donde vivía tía Claudia después de que su marido (tío Nathan) había fallecido. Ella vivió con sus hermanas y hermano en el hogar de la familia.

Chico era parte Chihuahua y parte Manchester terrier de juguete, un perro pequeño negro con lineas color café por el hocico. Danny supo que era el perro para el, como el fue el único de la cría que se le acercó. Pagó $20 dólares de su propio dinero para el Chico, cuyo nombre significa "niño pequeño" en Español.

Por los dos años mientras Danny todavía vivía en casa, el se preocupaba por Chico, excepto Dan y yo lo sacábamos a caminar cada día. Toda la familia lo chiqueaba, era tan curioso e listo, y sus orejas se paraban cuando le hablábamos. Después de que Danny se fue para la Universidad de Cornell, Dan se hizo el encargado principal del perro pequeño que tanto quería.

Dan lo llevaba a caminar antes de irse a trabajar en Goodrich a las cinco de la mañana. Una mañana mientras cruzaban la calle en la oscuridad, Chico se cayó por la alcantarilla cerca de nuestra casa, y de primero Dan no realizó lo que había pasado. Sin embargo, después de escuchar a Chico ladrando, el supo que el ruido salía de la alcantarilla. Dan, siendo una persona fuerte como lo era, de alguna manera levantó la cobertura de la cloaca, y alcanzó por abajo para jalar a Chico hacia la seguridad. El pobre perro quedó temblando.

Durante otra mañana, Chico no obedecía a Dan cuando empezaba a caminar a la casa. Era tiempo de irse para el trabajo, por eso se puso Dan inquieto y tiró su taza de café sobre Chico, quien inmediatamente lo siguió. El café se había enfriado para entonces, así que no le había hecho daño a Chico, pero lo asustó para que sea obediente.

Unos meses después, durante lo mero frío del Invierno, Chico se huyó de Dan. Dan regresó para llevarse el carro y rodeó la vecindad, pero no pudo encontrarlo. No me había despertado para decirme que no aparecía Chico, entonces cuando la campana de la puerta sonó, me preguntaba quien pudiera ser tan temprano en la mañana. Cautelosamente mirando por fuera, quedé sorprendida al ver Hildegard, nuestra vecina del otro lado, cargando al Chico. Ella y su marido estaban parados desde temprano, y vieron a Chico prácticamente enhielándose por la entrada de carros. Estuvimos agradecidos con ella por haber salvado a Chico de una muerte fría. Le dije a Dan que me despertara si volviera a ocurrir algo semejante. A veces no pude comprender lo que pensaba Dan. Sabía que quería mucho a Chico de su propia manera, y a veces era complejo en su personalidad. Siempre lo descartaba como cosa de varones, o una cosa individual de varón.

Después de la boda hermosa de Diane con Rex Sakorski el 13 de Octubre de 1979, y después de que Aimee se fue para Virginia, Diane cuidaba a Chico por nos cuando tomábamos nuestros viajes. Durante una ocasión, mientras Chico se hacía mas viejo, el perdió control sobre su intestino grueso y se hizo por toda la carpeta de Diane. Ella lo quería, así es que no le importaba limpiar detrás de el, aunque era ella tan melindrosa como lo soy yo.

Mientras Chico se acercaba a los quince años, quedó siego y desorientado. Empezó a morderme las anclas, algo que jamás había hecho. Dan le dio espagueti para comer, lo cual ya no podía digerir. Cuando comenzó a toparse con las paredes, lo sentía tanto por el, y sugerí que lo durmiéramos para relevar lo de su miseria. Dan se negó. El no quería seguir sin Chico.

Cuando Danny regresó a la casa para una visita desde Texas, pudo ver lo miserable que estaba el Chico, y cuando le sugerí que lo llevara al veterinario para que lo durmieran, quedó en acuerdo que era lo humano que hacer. Eso paso el 25 de Agosto, 1985, y Dan sigue llorando por la pérdida de su perro. Acabó siendo *suyo* cuando Danny se fue al colegio. Chico nació el 2 de Abril de 1970 y vivió por quince años. Tomó mucho tiempo Dan para que nos perdonara por haberlo mandado que lo durmieran.

Este libro también no será completo si falto a mencionar cuanta diversión tuvimos todos mientras tanto crecían los hijos. Nunca hubo un momento aburrido, especialmente cuando Dan estaba en casa. El era exuberante y bromeaba y mucho se burlaba de los niños. Aunque el trabajaba dos empleos por catorce años, el siempre llegaba para la cena. Los hijos a veces se pateaban bajo la mesa durante la comida, pero los niños siempre culpaban sus pies grandes por todo eso. Recuerdo haberles dicho muchas veces, "Paren de pelear, no puedo digerir mi comida."

Después de que rezamos, los tenedores que mas pronto se movían agarraban las chuletas. A veces a mi no me tocaba una, pero no importaba. Marty siempre se divertía cada vez que comía con nosotros. A mis hijos si les enseñé modales de educación, pero cuando les daba el hambre, cuidarse uno. Y, parloteaban constantemente de lo que les había pasado durante el curso del día. Todos querían hablar de lo suyo. Por supuesto, la hora de la cena es la mejor hora para reunirse. Dicen que familias que rezan juntos, se quedan juntos. Yo le agregaré: familias que cenan juntos, permanecen juntos.

Algunos de los desayunos que tomamos juntos los Sábados o Domingos fueron divertidísimos, ahora que me acuerdo de ellos. Dan creía que era el un gastrónomo cuando se trataba de la comida. Si los panques no le quedaban suficientemente lo redondo, iba a decírmelo. Un día no le gusto la forma de los panques, y aventó uno a través de la mesa y cayó sobre la cabeza de Steve. No pudimos controlar la risa. Mucho del criticismo de la comida nomás lo ignoraba; estaba demasiadamente ocupada para ponerle atención, aunque tengo que admitir que de veras no me gustaba.

Todos tenemos faltas, pero es mejor ignorar algunas par mantener un matrimonio estable y feliz. Por supuesto, este no es el caso si resultan en el abuso. La única vez que toda la familia se asusto de Dan fue cuando el se puso a patear la cortacésped. Las circunstancias llegando a cabo fue su inhabilidad de repararlo. Tuvimos que pagar treinta dólares para las reparaciones, y de todas maneras no funcionaba como se debía. Cuando Dan me dijo que no funcionaba, le sugerí que lo llevara de nuevo y que volvieran a reparar lo que habían descuidado. Tal vez Dan se quedó con ira contra otra cosa, pero fue mortificador ver lo pegar la máquina una docena de veces con el martillo. Tuvimos que tirar el cortacésped y comprar uno nuevo.

El cuento de la máquina de cortar pelo es otro "clásico" de Dan. Cuando los muchachos eran muy joven y vivíamos por Winton Avenue, yo les pelaba y arreglaba el pelo en el sótano. A veces nomas se los rasuraba, como lo acostumbraban aquel entonces. Un día cuando Danny tenía como diez y ocho meses, empezó a gritar cuando le cortaba el pelo. Dan bajo del segundo piso, cogió la máquina de mi mano, lo aventó contra el otro lado del sótano donde se hizo pedazos. De todas maneras les cortaba el pelo a Steve y a Danny después de ese incidente. Dejé de hacerlo cuando Danny tenía diez años, porque la máquina accidentalmente se resbaló, y se le quedó un espacio calvo, redondo, la medida de una moneda al lado de su cabeza. Mas o menos frenético por su apariencia en la escuela, le junté su pelo rubio hermoso ondulado, y se lo pegué al espacio calvo. Nadie supo, aunque tuve que pegarle mas pelo junto por varios días.

Por la mayor parte, Dan ha sido facil con quien vivir, y nomás ha perdido los estribos durante esas pocas veces. Los niños creían que era genial que raramente los disciplinaba.

Nuestro matrimonio sobrevivió todos los agarres, las enfermedades, los problemas cotidianos de cuales nadie se puede escapar, y aguantando nuestros idiosincrasias. Nunca tuve un dolor de cabeza, y el nunca me fastidió cuando me sentía enferma con pulmonía o con virus. El respeto mutuo funciona.

De lo que me acuerdo mas y tuvo la influencia mas profunda en nuestras vidas fue la armonía de cada día y relación de comunicación que sostenía nuestra familia uno por el otro. La armonía eclipsaba las pruebas y tribulaciones. Armonía, ¿Que no es uno de los logros mas importantes de nuestras vidas?

Hay tantas memorias buenas de nuestra vida cotidiana, tal como las noches después de la cena cuando los hijos y yo nos poníamos a ver una hora o dos de televisión. La televisión era sana aquel entonces y nadie tenía que preocuparse por la influencia que tuvieran los programas sobre la juventud. Los niños se estrechaban por el piso con sus cojines pequeños, mientras las niñas y yo nos quedábamos en la sofá. Nos reíamos juntos con los programas. Algunas noches jugábamos Monopoly o Damas, o el Scrabble.

Aunque teníamos un cuarto de recreación, por la mayor parte nos juntábamos en la sala de estar. El cuarto de recreación lo usamos para reuniones de Exploradores de niños y Jóvenes, tocando el piano, celebraciones de cumpleaños, La Navidad, y otras fiestas de familia. Dan también podía bajarse y esconderse cuando quería escaparse de la conmoción.

Los chicos ambos fueron mayormente afables. Cuando Steve y Danny estaban el la preparatoria, Diane y Aimee les preparaban tentempiés por la noche. Los tentempiés consistían de siete sándwiches para Danny, y varios para Steve. Las provisiones eran una grande parte del presupuesto. Cuando Danny trataba de desarrollar su cuerpo para el fútbol, comenzó a comerse un medio galón de helados cada vez. Cuando llegó a las 230 libras, luego rebajó la cantidad.

En la preparatoria, Jill, Steve, y Diane tocaban el conjunto escolar. Como majorettes, a Jill y Diane las requerían tocar un instrumento. Las dos escogieron el clarinete. Steve tocaba el trombón, y el y Jill estuvieron en el conjunto al mismo tiempo. Danny jugaba todos clases de deportes, por eso no tuvo tiempo para meterse al conjunto. De alguna manera Jill y Danny tenían tiempo para pertenecerse a varios grupos privados, y, desde luego, eran miembros de la Sociedad de Honor.

Jill fue muy buena para girar la batuta, y hubiera sido una majorette principal perfecta -- era flaca, bonita y disciplinada. El año final, aun, todas las muchachas querían ese honor, entonces, se decidió que tomaran turnos siendo la majorette principal. Cuando se le llegó su turno a Jill, hubo una tormenta terrible. Ella y todas las otras, majorettes y miembros del conjunto, parecían ratas ahogadas. . El músico de tuba se cayó en el lodo. Era para reírse.

Veo eso años y le doy gracias a Dios por darme hijos tan preciosos quienes nunca nos dieron tiempos tan difíciles. Y le agradezco a Dios por un marido bueno quien nunca fue infiel, y por un hermano quien siempre me apoyó. Le doy gracias a Dios, también, por toda nuestra familia y amistades. Le doy gracias a Dios hasta por las penurias y por los apuros en mi vida, cuyas creo que me forjaron para ser una mejor persona.

Y, mas que nada, le doy gracias a Dios por una madre extraordinaria quien guió a mis hermanos y a mi por la dirección derecha y nos quiso suficiente para quedarse con un hombre quien le causaba tanto dolor. A veces pienso que ella pudo haber sido una santa. ¡No como Francisco!

Capítulo 31

Francisco se casó con Gwen, la mujer con la voz dulce con quien hablé por el teléfono, poco después de su llamada a mi. El no quedó contento que había comentado, "No lo conoces." El no comprendió que aunque lo había perdonado, yo jamás lo recomendaría para "marido del año."

Vivieron en Los Ángeles, California. Creo yo que fue fiel con ella porque ya quedaba demasiado viejo. Su diabetes, lo cual mencionó en una de sus cartas, le regresó, causándole la impotencia. Era difícil para Francisco que mantuviera su dieta para el diabetes, y algunas de las mejores medicinas todavía no llegaban al mercado. Gwen lo cuidó lo mejor que pudo, pero tuvo dolencias y enfermedades debilitantes también. Sus problemas del corazón aceleraron y cuando falleció, el se quedó completamente solo. Ella le dejó bastante dinero para pagar su casa de retiro en donde vivía.

Tuvo el una lesión infectada en su pie que no se curaba por culpa de la diabetes avanzada. La gangrena se le estableció, y no hubo alternativa excepto amputarle la pierna hasta la rodilla. Poco después, el otro pie se lo amputaron asimismo.

Vivió por un año después de las amputaciones, pero falleció de fallo cardíaco congestivo el 21 de Agosto, 1988, en el Hospital de Rehabilitación de Orangegrove. Fue cremado el 30 de Agosto, 1988, por la Sociedad de Neptuno en Anaheim, California.

Había yo obtenido el certificado de muerte con escribirle al departamento de servicios de la Salud del Estado de California, Rama de Estadísticas Vitales. Me averiguaron de su muerte por su primo Paul Hanocek. Paul había recibido una carta del investigador privado en Modesto, California, diciendo que había pasado considerable tiempo y dinero localizándolo. Pidió cincuenta por ciento de la comisión si podía comprobarle a Paul que era el heredero.

Paul no quería nada que ver con la supuesta herencia de Francisco, por eso su esposa Irene me escribió una carta fechada el 1 de Septiembre, 1990, estableciendo que el investigador buscaba los herederos de la propiedad de Francisco con valor de $23, 321.34. Escribió que en California mantienen herencias por cinco años. Asumí que, si existía una herencia, era dinero que Francisco había heredado de la Gwen.

Les dije a mis hermanos Zach y Marty de la carta, y ellos, como yo, no creían que había dinero, o, si lo había, que jamás íbamos a recibir una porción de el. Ni uno de nos realmente quería su dinero. Sin embargo, nosotros mandamos las formas al investigador. También me comuniqué con Della, mi amiga abogada. Ella recibió una respuesta del administrador público del Condado de Orange, California, confirmando el hecho que ya no existían fondos en su herencia. No nos sorprendimos.

Francisco murió un pobre, todo solo. Ha de haber sido muy doloroso el no poder caminar y tener que depender de otros para la asistencia. Yo le tendría compasión para mi peor enemigo en esa situación, por eso me sentía muy triste que tuvo que sufrir tanto, no importando lo que había hecho.

Pensaba de mi niñez, los tiempos mas felices cuando el había sido un verdadero padre quien amaba a sus hijos. Tal vez, porque fui la mayor, solo me recuerdo que era orgulloso de nosotros y nos cuidaba. El hecho que amaba otras mujeres aparte de mi madre se debía a un defecto en su personalidad, o a un tumor del cerebro, o adicción al sexo. Existen hombres y mujeres que pueden amar mas de un compañero/a a la vez. Algunos son débiles cuando se trata de la sexualidad, algunos son alcohólicos, o son abusivos de muchas maneras, verbalmente, físicamente, o sexualmente.

Yo había oído que decían que los hombres no fueron hechos para la monogamia. Yo realmente no creo que sea cierto, porque existen muchos hombres quienes lo son. Si creo que algunos hombres luchan con su sexualidad. Y, como lo había dicho antepasado, Yo nunca quisiera ser un hombre y tener que tratar con excitación constantemente. Le doy gracias a dios que soy una mujer quien jamás ha tenido ese problema.

Dios nos hizo con el propósito de la procreación en la mente. Nos dio los Diez Mandamientos que siguiéramos para ayudarnos adelante del camino de la vida. Obviamente, no todos están de acuerdo con eso. Algunas cosas son misterios que no se debían aun solucionar.

Cualquier cosa que no puedo solucionar, o realmente no le se la respuesta, se lo entrego a Dios. Sin embargo, también creo que Dios ayuda a los quien mismo se ayudan con rezar por las soluciones o respuestas. Le aplico la Oración de Serenidad hacia la mayor parte de situaciones antes de rendirme por completo: *Dios, concedeme la Serenidad para aceptar las cosas que no puedo cambiar, Coraje para las cosas que puedo cambiar, y la Sabiduría para conocer la diferencia.*

Mi papá fue un misterio para mi, y yo no soy su juez. Dios también perdona a los pecadores si le suplican por el perdón un instante antes de morir. Tal vez es lo que hizo - sus cartas indican que tal vez lo haya hecho. Yo creo que todo es posible.

Mientras el pasaba por toda esa trauma, estuvimos teniendo el tiempo de nuestras vidas. Danny fue empleado como Agente de Compras por las Aerolíneas American, y pudimos volar prácticamente gratis. Pensábamos que era gratis porque el no nos había dicho que el se encargaba de pagar los impuestos por varios años. Cuando lo descubrimos, luego lo pagamos mismos. Fue el tan generoso, y lo sigue siendo. Volamos a Texas muchas veces para ver a Jill, Gabe, Christopher, y Jason, y Danny, Candace y Nicholas.

Jason nació tres años después de Christoper, el 22 de Octubre, 1981. Yo volé para ya para cuidar a Christopher mientras Jill estuvo en el hospital, y me quedé por cinco semanas para ayudarla. Jason fue tan curioso, pero casi no dormía. Dan, Diane y Aimee se reunieron con nosotros para el Día de Acción de Gracias y nosotros todos volamos de regreso a la casa. Jason nunca durmió toda la noche hasta que tenía cuatro años y medio. Se levantaba alas cinco de la mañana cada día con una sonrisa grande en su cara, aunque el no había dormido mucho durante la noche. Falta de dormir fue dura para sus padres.

Danny había conocido a Candace Lively en Tulsa, Oklahoma, y luego fue transferido a Dallas, Texas. Se casaron el 26 de Julio, 1981, y Nicholas nació el 15 de Junio,1983. A Candace le dieron partos prematuros, y Nicholas pesaba solamente cuatro libras, seis onzas. Danny me llamó para decirme que Nicholas tenía poca chanza -- tenía muchos tubos pegados. Recé fervorosamente, y quería volar a Texas para ayudar si lo podía, pero el dijo que no había nada que podría yo hacer. Sin embargo, gracias a Dios, Nicholas sobrevivió.

Los visité cuando Nicholas cumplió un mes. Pensé de el como un bebé milagroso. Danny lo podía cargar en la palma de su mano. Candace fue tan buena madre para su infante diminuto. Nicholas dormía casi exclusivamente sobre el pecho de su madre para ayudarlo mantenerse calentito y seguro. Me asombrada de eso, como yo no se si yo hubiera podido dormir de cualquier manera mientras sostenía a un infante. Nicholas crecía con fuerza, y hasta el tiempo que tomamos nuestro viaje a Europa, quedó como un macizo, saludable niño de diez y seis meses.

Dan había prometidome que el me llevaría a Italia algún día, y gracias a Danny, ese sueño se cumplió. Pensé que iba ser fascinante el ver como otra gente vive. Reservamos una recorrida turística con Trafalgar Tours, y Steve (quien vivía en la casa temporalmente aquel entonces) nos llevó en coche al aeropuerto de Cleveland el 25 de Agosto de 1984. Paramos en Dallas donde trasbordamos el avión al aeropuerto de Gatwick en Londres, Inglaterra.

Hubo tiempo para visitar a Danny, Candace, y Nicholas. Jill, Gabe y los muchachos se habían mudado a Kansas. Nos pusieron como los primeros en la lista de espera del vuelo, y luego pasamos tiempo con la familia. Candace había preparado sloppy joe's para el lonche, y Danny tomó videos de todos. Nicholas fue adorable. Danny nos regresó a DFW donde nosotros corrimos un maratón de puerta en puerta después de que un agente nos entrego información incorrecta. Danny nos salvó el día, y bordamos el avión a tiempo, y volamos de primera clase.

Europa fue mas de lo que esperaba, sin duda uno de los viajes mas excitantes que jamás habíamos tomado fuera de visitar la familia. En Londres vimos el palacio de Buckingham, Green Park, Trafalgar Square, Westminster Abbey, y Big Ben mientras caminábamos a lo largo de Río Thames. Tomamos el metro a St. Paul's Cathedral donde los servicios los estaban conduciendo, y prendí una vela para Aimee. Luego tomamos el metro a la Torre de Londres.

Me preocupaba por Aimee, aunque yo se que es una pérdida de tiempo el preocuparse. Ella y su marido, Alex Collier, estaban viviendo en Carolina del Norte en un tráiler aquel entonces, y estaba embarazada con su primer hijo. Se habían casado en Virginia el 1de Diciembre, 1983. Alex era un electricista y ganaba solamente seis dólares por hora. Ella había estado trabajando en un almacén de departamentos vendiendo zapatos para que les rindiera el dinero. Su bebé quedó por venir para Marzo de 1985. Cuanto antes que fuéramos a Europa, Aimee llamó para decirnos que estaba en el hospital y había perdido un bebé. Luego descubrió que estaba preñada con gemelos.

Yo quería estar con ella, pero ella insistió que fuéramos a Europa como ya habíamos pagado por la gira. Le prendí velas en todas las ciudades que visitamos. Cuando la llamé desde Londres, ella me dijo que los doctores posiblemente tendrían que coger el otro gemelo, como seguía sangrando y podría costar le la vida. Yo le pregunté si ella había dormido durante todo ese tiempo en el hospital, y no lo pudo hacer. Le sugerí que pidiera por una píldora de dormir, como yo creo que el dormir es buen curandero. Lo hizo, y cuando la llamé el próximo día había cesado la hemorragia. Recé ardientemente que ella podría cargar el infante durante todo el término completo.

Las cincuenta personas que formaban parte del recorrido fueron muy agradable. Venían de Australia, Sud África, Inglaterra, y los Estados Unidos. Nuestra guía, Isabelle, era originalmente de Portugal, y el camionero, Oscar, vivía en Bélgica.

Fuimos en coche a París después de cruzar el Canal Inglés y pasamos por Caláis, Francia, donde vimos las ruinas de la Segunda Guerra Mundial. En París, paramos en Montmatre, donde los artistas exhiben sus pinturas, y luego al Sagrado Corazón donde tuvimos una vista panorámica de la ciudad.

El próximo día vimos el Arco de Triunfo, manejamos por el Campos Elíseos, paramos en la Torre Eiffel y la Plaza done habían cortadoles las cabezas de Marie Antoinette y otros, recorrimos y prendimos velas en la Catedral de Notre Dame, y comimos en restaurantes fabulosos. Decidimos no visitar el palacio el próximo día, entonces vimos a París por nuestro propio asunto. El tipo de cambio fue confuso en cada país, pero de alguna manera pudimos comprar comida y recuerdos. El cuarto en el hotel de Brochant La Tour fue muy pequeña, pero el baño estuvo grande. No pude figurar como prender el agua en la tina. Después de darle vueltas a todas las llaves por el lavabo, agua finalmente corrió desde abajo del plato de jabón hacia la tina. En la mañana, Dan y yo despertamos con nuestros colchones cayéndose al piso. Las camas de Europa no están hechas para gente alta, y Dan tuvo que dormir en una posición fetal en algunas de ellas.

Escribí y mande como diez tarjetas, algunos de ellos nunca se recibieron. Algunos en nuestro grupo se quedaron atorados en el elevador mientas Dan y yo, sentados en el vestíbulo, nos pusimos a ver la televisión, el programa de DALLAS en Francés. La voz profunda de JR fue doblada, y los comerciales se me hicieron geniales, pero no tan curiosos como en Londres.

Los atendientes de los hoteles por el escritorio de recepción no fueron amables, pero yo les sonreía a cada uno cada vez que les pedía, o les regresaba la llave. Estuve determinada de elicitar les una reacción de tal tipo. Conocía algunas palabras en Francés y pude conversar con un mesero en el patio de un café a cierto punto, y el fue muy amable hasta que mi vocabulario en Francés quedó exhausto. De inmediato cambió su actitud. Mientras salíamos del hotel, uno de los atendientes finalmente me sonrió de retorno. Saliendo de Francia, pasamos por Alsace-Lorraine, desde donde habían emigrado mis ancestros, los Bruenners y los Duvalls. Eran paisajes de labranza agrícolas hermosos, lujosos, llenos de hierbas.

En Suiza, vimos un show folklórica con gritos estilo yodeling, y luego Dan se puso a gritar yodeling en el camión de regreso al Hotel Central -- todos lo aplaudieron. Cuando arribamos a los albergues a las 23 horas con quince minutos, la mujer de setenta años en la excursión aun quería irse a la discoteca. Todos se burlaron.

El próximo día tomamos un funicular a la cima de Stansehor con sus vistas espectaculares de los Alpes. Tomé fotos con mi nueva Minolta, cuya cámara por casualidad resultó inútil. Ese rollo en particular se atoró en la cámara, después lo descubrí. En Lucerna, tuve una experiencia media curiosa. Por todo Europa, todos debían saber la palabra para "escusado" o tal vez "retrete." Es buena cosa, especialmente cuando tienes dolor de estómago. Me dirigieron al elevador de una tienda de departamento, y cuando salí, había una laberinto de maniquís, y otras cosas almacenadas en el mismo piso donde se encontraba el baño. ¡Finalmente, relevo! Traté de encontrar el jaleador, pero no se encontraba ni por arriba, al lado, abajo, ni en el piso. Nadie estuvo presente para preguntarles, así es que me fui sin jalar el agua después de diez minutos, porque Dan se quedó esperándome.

Habían asistentes del baño en la mayoría de los aseos de Europa, y esa fue una de las ocasiones cuando mas necesitaba uno. Algunos de los atendientes fueron muy limpios, y agradables, pero otros se volvían locos si una turista se negaba a darles propina. Uno de los asistentes tocó todas las puertas mientras que estaba sobre el retrete porque uno de los entrantes se negó a dar le propina. Otros se dignaban a limpiar las ruedas de los inodoros para todos, y otros aplicaban ambientador. Nunca supe que esperar de ellos.

Los paisajes fueron impresionantes, pasando los lagos y montañas en ruta a Verona, Italia. Isabelle tocó rollos de canciones de amor encantadoras Franceses e Italianos mientras viajábamos, y a veces cantamos en acompañamiento. Los hogares cercos de Bologna fueron inusual, casas de estuco o de ladrillos con graneros pegados directamente. Pasamos viñas de uva, árboles de palma, lindas azaleas, geranios, y varias flores y árboles. El Periférico del Sol, en las montañas Appeninas, tuvieron cuarenta y siete puentes, y treinta túneles, y treinta viaductos para cruzar hasta que entramos a Toscana, la parte mas hermosa de Italia con sus cipreses y aceitunas, y viñedos.

Nos quedamos en el Hotel Globus en Roma, cuyo tenía cuartos mas grandes y dos inodoros en el baño. La cena fue divertida en Magnani's, como habíamos sentadonos con nuestros amigos favoritos en la excursión, Casey y Olivia, desde Sidney, Australia. Mientras tanto entramos al restaurante, los meseros pellizcaron algunas de las mujeres en las nalgas. Nos causaron que brincáramos, y parecían desaparecerse cuando volteamos a ver. Nos dieron diferentes clases de rosas multicolores cuando nos sentaron a las mesas.

Llamé a Aimee desde el hotel. Por lo tanto, me tomó un rato para comunicarme con ella como tuve problema comprendiendo la operadora y vice versa. Me alivié al saber que ella y el bebé estaban bién.

Oscar manejó el camión pasando el Foro, el Coliseo, cual lo estuvieron renovando. Paramos por la fuente Trevi y luego a San Pedro donde pude haberme quedado por varios días. Asistí a la Misa y luego la confesión. El sacerdote me sugirió que tratara de influenciar a otros Americanos que vayan a la confesión con mas frecuencia. Compré un rosario azul luminoso para Diane e hice para que lo bendicieran.

Antes de la cena ese día, fuimos a los jardines de Tivoli.

Tivoli tenía muchas fuentes, árboles y estatuas. La estatua de la Diana, diosa de la fertilidad, tenía quince tetillas. Todos los hombres comentaron sobre eso.

El próximo día vimos el Vaticano y la capilla Sistina. Que maestría tan elaborada pintó el Michelangelo, y quedé tan atemorizada del techo y las tapizas. Dan y yo estuvimos siempre a tiempo para regresar al camión, en hecho, fuimos los primeros a bordear (y los últimos en bajarse). Habíamos tenido que esperar a veces por dos jóvenes adolescentes desde California. Cuando un vez no aparecieron, el Oscar decidió enseñarles una lección. El camión se fue sin ellos, pero Oscar rodeo en un círculo y finalmente los alcanzó. Mientras tanto, la madre de ellos quedó muy alterada porque ella dijo que ellos no tenían dinero para tomar un taxi al hotel.

Dos otros incidentes así ocurrieron en Roma. Oscar manejó en la otra dirección por una calle con solo una dirección mientras Dan y yo ocupábamos las sillas de frente. Todos tomamos turnos en rotación de los asientos. Afortunadamente, no hubo accidente, pero manejando dentro de Roma era horrendo. Un operador Italiano nos corto, pero casi chocábamos. Isabelle bajó del camión para revisar si todos habían quedado bién. Eso se convirtió en una guerra de palabras Italianas, con el operador llamándole nombres a la Isabelle. Como Dan sabía un poco de Italiano, el se bajó para defender a Isabelle, y llamó al operador algunos nombres inmencionables. Mejor se fue cuando se fijó en la estatura de Dan.

Saliendo de Roma, manejamos rumbo a Florencia. En el camino, nos paramos en una ciudad chica con artistas y fuentes. Dan le preguntó a Isabelle si existían baños por allí. Ella contestó que el podía relevarse bajo una lona si no podía encontrar un inodoro. Dan no quería hacer eso, entonces mejor caminó como una milla hasta que encontró una cantina que contenía un inodoro. Esa fue la única excepción cuando no pudo ser el primero al regresar al camión.

En Florencia, nos retrataron en grupo, y luego caminamos al Sagrado Corazón y la iglesia de la Anunciación, donde prendí velas para Aimee. Mientras caminamos por la ciudad, nos encontramos mujeres jóvenes limosneando por dinero. Sentía lástima por ellas, pero nos habían avisado que sus situaciones difíciles no siempre eran legítimos. Sin embargo, les di algunas monedas a ciertas de ellas.

Venice fue tan romántico. Cruzamos por las islas, paramos en la isla Ruono cual fue única con sus diferentes casas de estuco con muchos colores -- azul, verde, rojo, etc. Los habitantes cuelgan sus lavados afuera de sus ventanas, cuya costumbre es muy común en Europa. También paramos en la isla de Lido donde festivales del Cine se celebran cada año. El lonche lo tuvimos en un café por fuera. Ordené un plato de pescado, y para mi sorpresa, aprendí que había tragado calamares, muslos, camarones, y otras delicadezas, las cuales nunca había probado.

Comimos lonche y la cena con varios pares. Durante unos de los lonches, nos quedamos discutiendo sobre nuestras familias. Cuando Dan comentó que ni uno de nuestros hijos había tenido líos o problemas serios, uno de los pares se negó a creernos. Los suyos hijos se habían quedado en la cárcel por ofensas menores. Dan y yo los dos les dijimos que era cierto, y luego dejamos de discutir el tema. El par se rieron y nos preguntaron si éramos los Brady Bunch. Tal vez fuimos un poco como ellos, pero creo que probablemente no existen verdaderos Brady's.

La plaza de San Marco fue algo único. Las tiendas vendían ropa infantil linda de encaje, y hermosos objetos de vidrio. Después de recorrer la fábrica de vidrio, Dan y yo fuimos de excursión por los canales de Venecia en una góndola. La música de acordeones y canciones Italianas fueron tan encantadores parecía como si estuviéramos en nuestra segunda luna de miel.

Pasando Verona, Italia, el próximo día, tomamos fotos de la estatua de Julieta y de la Arena Romana. Aunque las fotos de Venecia salieron, estos otros no salieron. Nos quedamos en Innsbruck, Austria y vimos un show folklórico.

Antes de cruzar la frontera por Alemania, pasamos montañas cubiertas de nieve. Algunos Sud-Africanos y Australianos nunca habían visto la nieve, y quedaron asombrados. También pasamos áreas donde habían existido campos de concentración, y Bonn, la capital temporal de Alemania. Nos dijeron que Berlín volvería ser la capital en el futuro. Alemania, después de la guerra, fue unos de los mas exitosos países industrializados en el mundo. Nos manejarcn pasando el Bosque Negro. Uno de los pasajeros estuvo enfermo y tuvimos que parar en varias ocasiones durante el camino hacia Munich. Finalmente le ofrecí un poco de Kaopectate y eso le ayudó. En Munich, estuvimos parados en la lluvia para ver el reloj Glockenspiel en la plaza, y compramos unas copas Alemanas para la cerveza en un almacén de departamento moderno.

El próximo día fuimos por el Danubio viajando al norte hacia St. Goar, donde bordeamos un barco para navegar sobre el Río Rhine. Pasamos algunas ciudades y castillos y luego paramos en Cologne. donde el Oscar nos esperaba para llevarnos a los Países Bajos. Amsterdam siguió en nuestro itinerario, y fue una de las ciudades mas fascinantes de nuestra excursión Quedá trece pies bajo el nivel del mar y solamente los diques los salvaban de que se inundaran. Tienen un ministerio especial de Agua para ese propósito. Los Holandeses dicen, "Dios hizo el resto del mundo, pero los Holandeses hicieron los Países Bajos."

Estuvo lloviendo y frío cuando anduvimos en el crucero por los canales, pero eso no disminuyó la excitación de ver Holanda. La arquitectura Gótica era interesante, y los edificios y las casas por lo largo de los esclusas eran muy angostos. Muebles se tenían que levantar y meterlos por las ventanas porque las escaleras no eran lo suficiente anchas. Después de bajarnos del barco, Dan y yo caminamos para buscar un baño. Entramos en una cantina donde el camarero nos señaló un cuarto pequeño en donde no existía un inodoro, solamente un hoyo en el suelo. No había ni papel para el retrete, tampoco, y ahora el papel del retrete suave que me parecía como papel de lija, me parecía genial. El próximo día, aun, descubrimos un baño servicial medio moderno en otra cantina. Una cosa que lo hizo facil en Amsterdam era que ellos hablaban el Ingles.

Estuvimos en la liga final de nuestro viaje mientras pasamos Rotterdam, canales, molinos, y tulipanes durante nuestro camino hacía Bélgica. Mientras caminamos por Antwerp, Oscar nos señaló su hogar.

Cuando partimos del camión en Brugge, le dimos una propina generosa al Oscar. El no solamente fue un operador de camiones cauteloso, pero fue una persona muy cortés. Algunos de nuestro grupo tuvimos lágrimas en nuestros ojos. En Brugge, bordeamos el barco para Dover, y luego el camión para Londres. Tuvimos un nuevo operador, un Inglés divertido.

Después de dejar algunos pasajeros, quedamos atrapados en un callejón detrás de un hotel porque había un carro estacionado bloqueando la salida. Dan, junto con Roy, quien también era un hombre grande y fuerte, levantaron y movieron el carro para que pudiéramos pasar. Les aventamos besos a nuestros amigos de la excursión, especialmente a Teddy y Beth Anne, niños tan bién comportados. Isabelle nos dijo a todos que fuimos unos de los mas agradables grupos que jamás había guiado.

Arribamos en Kensington Close Hotel para encontrar que habían dadoles a otros nuestro cuarto reservado. Nos pagaron el taxi para el Hotel Royal Kensington. Era la una de la mañana antes de que nos estacionamos. Los colchones fueron duros como piedras, y no pudimos dormir bién. La mañana siguiente, Domingo, Dan y yo caminamos a la Catedral de Westminster para escuchar la Misa de las 10:45 A.M. y luego para Piccadilly Circus y Green Park, donde estaban celebrando un show de artistas. Después de comer en un Kentucky Fried Chicken, bordeamos un camión con dos niveles de regreso al hotel, donde dormimos profundamente sobre esas camas como si no pasara nada.

La última mañana, tomamos un taxi para la estación Victoria donde bordeamos el tren de expreso para el aeropuerto. Sigo maravillando con la arquitectura sorprendente de las chimeneas en Londres mientras pasábamos por el corazón de la ciudad. Obtuvimos carruajes en el aeropuerto y esperamos en la sección de espera para que llamaran nuestros nombres. Fue un avión repleto, y de primero iban a sentarnos en asientos diferentes, pero de alguna manera nos cambiaron a la sección de primera clase, donde recibimos tratamiento regio. Desde DFW, volamos rumbo a Chicago O'Hare, y últimamente a Cleveland, arribando a las 20 horas con diez minutos. Steve nos recogió, y, aunque habíamos pasado el mejor tiempo de nuestras vidas, era también bueno volver a nuestra casa. ¡De veras es cierto -- no existe lugar como el hogar de uno!

Capítulo 32

Cuando Aimee estuvo ocho meses preñada, ella y Alex retornaron a Akron desde Carolina del Norte. Ella manejo lo largo del camino, mientras Alex dormía durante parte de la tormenta de nieve. *Medianoche*, el nombre de su gigante pero negro Labrador, los acompañó en el asiento trasero. Quedamos de acuerdo que podían vivir con nosotros hasta que se establecieran en Akron.

Alex pudo conseguir empleo con mejor sueldo como electricista. Me gustaba ayudarlos y prepararles las comidas. Me quedé contentísima que al fin iba tener un nieto allí por la casa.

Dos semanas antes de que naciera su bebé, Danny y Candace habían tenido otro niño el 18 de Febrero de 1985. Nació muy saludable y guapo, y lo nombraron Justin.

Mandy Marie Collier nació el 3 de Marzo, 1985, en el City Hospital, nuestra primera nieta. Ella siempre fue especial para mi, la gemela quien, por la gracia de Dios, sobrevivió por toda la trauma. Ayudé a Aimee cuidarla, bañar la, y arrullar la, y alimentar la, y la gocé los tres meses que vivieron con nosotros. Era una niña sonriente, feliz, y bella.

Le di a Aimee y Alex nuestra recámara, y Dan y yo dormimos arriba en el segundo piso, y Steve se quedó durmiendo en la otra recámara del segundo piso. Mandy durmió abajo, al otro lado del corredor de sus padres. Una noche cuando Mandy tenia como un mes de edad, la oí llorando. Aimee quedó exhausta ese día, por eso empecé bajándome de la cama para ayudar la. Mientras me ponía la bata, los llantos pararon, pues asumí que Aimee se había levantado para arrullar la. Escuché el ruido que hace la mecedora sobre el piso de madera dura sin carpeta. Dan y Alex durmieron toda la noche y no escucharon la bebé o la mecedora meciendo, pero Steve lo escuchó.

La próxima mañana mientras preparaba el desayuno, Aimee dijo:

"Gracias, Madre, por cuidar a mi Mandy anoche."

Le contesté, "Yo no me paré, Aimee, porque yo pensaba que tu la estabas meciendo."

Las dos creímos que Steve ha de haberse preocupado por cuidar a Mandy. El quiso mucho a Aimee y Mandy y siempre estuvo dispuesto para ayudarles. Cuando Aimee le dio las gracias, el dijo que el no se había levantado para cuidar la tampoco. Nunca pudimos explicar quien se había llevado a Mandy a la mecedora, y quedamos asombrados con este fenómeno. No hay explicación, excepto maravillarse si fue mi madre o un ángel desde arriba. Han pasado muchas ocurrencias en mi vida, por eso cualquier cosa es posible.

Aimee, Alex y Mandy se mudaron a un apartamento en Cuyahoga Falls, donde vivieron hasta que pudieron comprar una casa por la Avenida Zeller. El hermano de Mandy, Bruce, nació el 26 de Junio, 1987. Bruce lloraba mucho el primer año, pero luego se hizo un niño muy deleitoso.

Steve se casó con Felicity Logan de Bloomington, Indiana, el 5 de Julio, 1986, y vivieron en Bloomingdale, Ohio, donde Steve fue gerente de Fernwood Forest hasta que lo cerraron después de que el Gobernador Voinovich tomó posesión de oficina. Tuvieron un hijo bien parecido, Timothy, el 21 de Mayo, 1988. Timothy fue saludable hasta que cumplió los tres años, cuando comenzó a tener ataques provocados por la fiebre.

Diane y Rex tuvieron una niña, Allison Kay, el 28 de Noviembre, 1988. Diane había tenido un aborto espontáneo tres años antes, y quedamos tan felices cuando Allison nació con buena salud. Diane tuvo problemas cargándola, y tuvo que dejar su empleo como secretaria de Keith Murphy, un vicepresidente de Goodrich. Yo la ayudé con llevarle sus alimentos, haciéndole sus compras y algo de sus limpiaduras. Fue estupendo tener una segunda nieta, una dulce y bonita niñita.

Varios años antepasados, cuando Diane estuvo preñada por la primera vez, las dos soñamos un sueño idéntico: que ella había perdido la niñita, cuya las dos vimos en el ataúd. No nos mencionamos el sueño una a la otra. Después del aborto espontáneo, las dos lloramos cuando hablábamos del sueño. Yo jamás había tenido muchas pesadillas, y el hecho que las dos habíamos soñado el mismo sueño fue asombroso. Ahora, gracias al Señor, tuvieron a la pequeña Allison, quien fue una bebé tan buena y dormilona.

Steve y Felicity también tuvieron una niña, Holly Grace, el 16 de Junio, 1996, quien salió saludable y bonita también. Nos sentimos afortunados con tener nueve nietos, seis niños y tres niñas, y ellos son la luz de nuestras vidas.

*Cuento en El Poder de Milagros, por Joan Wester Anderson, Página 139, Toques desde Arriba.

Capítulo 33

Yo siento, también, que no puedo acompletar este libro sin mencionar lo que pasó a todos los individuales. El deceso de Francisco fue doloroso, pero ni uno de nos sabe lo que nos espera, especialmente ellos en nuestros años setentas y ochentas, cuando cualquier cosa puede pasar y usualmente llegan a pasar. Dan y yo seguimos colgándole, parece que de buena salud para nuestra edad. Yo se que hiendo por hacer ejercicios de agua tres veces por semana, caminando y haciendo senderismo me ha ayudado de muchas maneras. También cuidando contra el contenido de grasa por el alto colesterol es probablemente útil. La madre de Dan vivió hasta los noventa y un años, y su abuela vivió hasta los ochenta y nueve años.

Nuestros hijos siguen casados con sus esposo/as, excepto la Jill. Ella y Gabe estuvieron casados por diez y ocho años. El divorcio fue difícil para Jill, Nicholas y Jason de primero, pero ahora quedaron bién. Nicholas, veinte y uno, esta en su tercer año en la Universidad de Kansas estudiando la psicología. Jason, diez y ocho, se va graduar de la preparatoria temprana-mente, pero recibió su diploma en Mayo de 2000 mientras asistía al colegio. Jason planifica trabajar en el campo de medicina. Son buenos estudiantes y han trabajado desde que tenían los catorce años. Yo creo que serán muy exitosos en el futuro. Jill enseña el quinto grado, y es una maestra excelente. Preguntar le a cualquier de sus estudiantes. Ella es la epitome de lo que cualquier maestra debe de ser, tan amable, cariñosa y bondadosa. Tiene una mirada de ángel con su pelo rubio y ojos azules grandes, está noviando un hombre bueno, maravilloso, y espero que se casen en los próximos pocos años.

Steve todavía trabaja en la silvicultura con Ohio Power. El y su familia viven en Massillon, Ohio. El camina como diez millas por día decidiendo cuales árboles se deben cortar. Felicity, su esposa, trabaja como cajera. Steve es tan bueno, y siempre ha ayudado a Felicity con el mantenimiento de los niños. Timothy, once años, es un estudiante de perfectas calificaciones. Pequeña Holly, a los tres años, es una encantadora con sus rizos rubios largos.

Danny es vice-presidente de compras en Brinker International en Dallas, Texas. Brinker es dueño de restaurantes Chili's y Macaroni's por todos los Estados Unidos, y muchos otros restaurantes por todo el Sur Oeste. El y su esposa, Candace, e hijos Nicholas y Justin viven en una casa nueva hermosa en Keller, Texas. También tienen una casa por el lago. Nicholas ahora maneja y trabaja en KayBee Toys, y a los dos les gusta jugar del golf. Justin es miembro del equipo de golf en su escuela. Nicholas y Justin reciben calificaciones excelentes en la escuela. A Nicholas le gusta ayudar a la gente, y Justin planifica jugar el golf profesionalmente. Danny fue exitoso y tiene mucha carisma, y Candace es muy artística.

Diane, Rex y Allison vivían en Cuyahoga Falls, Ohio, en una casa linda. Rex es un capataz en Modern Builders y Diane trabaja por RPS Recursos Humanos. Ella sabe tipear 100 palabras por minuto. Allison, once, una prodigiosa con el piano, juega todos los deportes, y es una porrista y Exploradora de Campo. Encima de eso, recibe las mejores calificaciones en todas sus temas. Ella es tan especial, como son nuestros hijos y nietos. Diane me recuerda de mi madre de muchas maneras. Ella tiene pelo oscuro y grandes ojos hermosos.

Aimee y Alex, Mandy y Bruce, viven en Tallmadge, Ohio, también un suburbio de Akron. Alex sigue como electricista y Aimee es una gerente de oficina por Prestige Delivery Systems. Mandy, catorce, esta en su primer año de la preparatoria, y es una nueva aventura para ella. Ella siempre ha sido una de las mejores estudiantes, llegando a la lista de Honra cada ves, juega de todos los deportes con facilidad, y le encanta ayudar a la gente. Bruce, doce, nació como atleta y juega del fútbol Americano, y de todos los deportes. Sus calificaciones en la escuela oscilan, pero recibe principalmente A's y B's, llegando a la lista de mérito, y a veces la lista de Honor. Bruce es muy amable, y nada le afecta. Todos parecen querer a Bruce, y el tiene muchos amigos.

Zach vive en San Diego, y se jubiló como maestro del octavo año. El y Emily se divorciaron hace varios años, pero el me dijo aquel entonces que ella era la mujer mas dulce que jamás a conocido. El corría motocicletas por años, ganando muchas competiciones. Zach está noviando una mujer Coreana nombrada Mia, y sintiendose muy bién para su edad. El fue inducido en la Sala de Fama de Fútbol Americano en Cuyahoga Falls hace algunos años como deportista de Fútbol sobresaliente.

Marty está feliz siendo soltero y viviendo solo. Se jubiló del Condado cuando tenía cincuenta y cinco años. El quiere a sus hijos y los ayuda cuando puede. Su hija, Robin, descubrió hace cinco años que sufre de esclerosis múltiple. Ella y sus marido, Derek, tienen tres hijas bién parecidas en el colegio, Amber, Danielle, y Carli. El hijo de Marty, Jeremy, es un policía. El y su esposa, Marilyn, una trabajadora social, tienen dos hijos, Taylor y Charmaine. Charmaine es nuestra ahijada. Paige, la hija menor de Marty, ahora esta casada con Brandon Braxton. Ellos tuvieron una boda que costó $30,000 y recientemente compraron una casa en Fairlawn, Ohio, otro suburbio de Akron. Paige es una licenciada de la Universidad del Estado de Ohio, y es adepta con los idiomas y en las ventas.

Dan se jubiló en 1987, después de cuarenta y cinco años de servicio con B. F. Goodrich Company. El está contento con leer tres periódicos cada día, fumar sus cigarros puros en el garaje mientras escucha música, y se pone a ver juegos de deportes en la televisión. Dan puede nombrar la mayoría de conductores de conjuntos y cantantes con solo escuchar los. Aunque el no asiste mucho a la iglesia, el es una persona muy buena, y nunca realmente hemos tenido problema con la religión.

Cuando tenía yo sesenta y ocho años, me inspiré en la iglesia con la homilía de nuestro pastor sobre tres parroquianos quienes conocí que fallecieron dentro de dos meses. El mencionó que son las vidas de los parientes que se quedan que sufrieron ruptura. Durante ese momento, mi primera poema publicada, *El Amor Nunca Muere,* literalmente apareció en mi cabeza. Ganó el premio de Elección del Editor después de que lo había incluido en una competencia, y desde entonces se ha usado para prestarles confort a otros que tienen dolor por la muerte de un ser querido. Lo que ha ayudado a la gente me mantiene escribiendo la poesía.

A la misma vez mas o menos, Jill, quien era maestra del quinto año en Kansas, me pidió que escribiera un libro para niños sobre la Gran Depresión. Ella supo que yo había escrito mi autobiografía hace varios años antepasados para pasárselos a las generaciones del futuro, y cuando no pudo encontrar un libro adecuado sobre esa era cual incluyera precios, historia, y un buen cuento, ella me pidió que escribiera *SMALL CHANGE {Cambio Pequeño}.* Después que les lee el cuento a su clase cada año, los estudiantes me escriben cartas proclamando que el libro los ayuda apreciar lo que tienen, lo cual es muy gratificante. Quisiera pensar que este libro ayudará muchos niños en el futuro, y que yo he dado alguna contribución al mejoramiento del mundo.

Toda nuestra familia trata de hacer lo mejor que podemos hacer con lo que la vida nos ha dejado, de ser los mas honestos, mas bondadosos, servicial, personas respetables que lo podemos ser.

¡Completamente lo opuesto de Francisco! Nadie de nos salimos a el. Cuando digo *Yo amo a Dios*, yo lo digo a propósito y trato de practicar mi fe cada día por medio de mis tratos con otros. Soy muy lejos de ser perfecta, pero siempre trato de hacer lo mejor que pueda con tratar a la gente como quisiera que otros me trataran a mi. Gozo de la vida, nuestros hijos, sus esposos/as, nuestros nietos, familia y amigos. De veras cosecho mucho conocimiento con asistir a reuniones de un grupo de estudio de la Biblia, y con leer las Escrituras en la iglesia.

Asistiendo a reuniones de familia en Pittsburgh es un evento anual placentero. Danny tiene una convención en Ligonier, Pensilvana cada Agosto, y nos encontramos en Chili's, luego paramos en la casa de tía Grace y tió Sean. Tío Art falleció antes de la Navidad el año pasado y lo extrañamos. Tía Loretta tiene ochenta y cinco años y se ve estupenda. Tía Grace tiene ochenta años y sigue bella de todas maneras. Su hija, Julie, quien antes fue una presentadora de noticias, tiene tres hijos muy listos. Todos los primos Bruenner son tan amigables.

Mis primos por el lado de mi padre son maravillosos también. May y Barbara y sus esposos y familias son muy hospitalarios. May vive cerca de mi tía Grace.

Visitando Jill en Kansas en el Verano es un escape estupendo para mi. Nos divertimos tanto estando juntas. Sin embargo, no me gusta permanecer lejos de mi casa por mucho tiempo, porque siento que me necesitan allí.

La vida es tan divertida, especialmente observando nuestros nietos jugar y pasando el tiempo con ellos. Me encanta leer y disfruto de películas sanas, ejercicios de agua, el senderismo, estando con familia y amistades, y asistiendo a la iglesia. Hay una paz especial que me rodea cuando estoy con Dios, y le doy gracias a El cada día por la buena salud y otras bendiciones.

Dan y yo celebramos nuestro quincuagésimo aniversario el 31 de Diciembre, 1999. Los hijos rentaron un salón y tuvieron una recepción para nosotros, donde fuimos rodeados por nuestra familia y amistades. Nuestros hijos tuvieron un video-tape hecho para nosotros completo con fotos y música del tiempo cuando Dan y yo nos conocimos hasta el presente tiempo. Todos nos ponemos tan lagrimosos cuando nos ponemos a ver lo. ¿Como pudieron haberse pasado los años tan pronto?

Estoy determinada de vivir cada día de cabo a rabo, como si fuera mi último. Quiero aprender algo cada día. Espero que este libro pueda ayudar gente comprender que no es lo que pasó en su niñez que define lo que eres, pero como vives el presente. Tomar el tiempo para reconocer la belleza alrededor de ti ahora y aquí.

Uno de los aspectos bellos de mi vida es el escribir. Mi última poema es un cierre apropiado para este libro:

CONTINUIDAD
Repanchigado sobre el piso de la sala de esta,
Hijos seis pies cinco y seis pies cuatro,
Cojines doblados bajo sus barbillas
La noche de camaradería comienza.
Tres hijas relajándose sobre el sofá
la madre con su bolsa de costura
Todos intentos en el show de televisión,
Entretenimiento sano, comedia que conocer,
Una hora repetida cada noche
Un memoria de familia permanece, tan verdadero,

Una intimidad jamás otra vez obtenida
Cuando todos se casaron, solo nosotros quedamos.
Veo el pasado
Para razonar y rimar
Armonía y la tranquilidad que combinan
Y pienso en sus hijos
No haciendo nada sobre la sofá o silla del cuarto de recreación
Intentos con las memorias ellos compartirán
Cuando las generaciones continúan --
Los días del tiempo lejanamente pasado que nunca se fueron.

Floriana Hall

Epílogo

NOS CONOCIMOS EN BORDERS

Fue una de las conversaciones mas informativas de mi vida. No es que lo haya cambiado drásticamente, pero este encuentro llenó algunas de las piezas del rompe-cabezas que faltaban. Como ven, yo supe y tuve bastantes medio-hermanos y hermanas por allá, pero nunca me sentí que era oportuno comunicarme con ellos bajo las circunstancias. Mi vida fue cumplida suficientemente sin tener mas responsabilidades. Mi marido y yo tuvimos cinco hijos maravillosos y nueve nietos/as para llenar nuestras vidas. Yo estuve escribiendo libros y poesía también.

Mientras me sentaba en una tienda de libros Border's, firmando mi tercer libro, DADDY WAS A BAD BOY {PAPI FUE UN NIÑO MALO}, una mujer bién parecida, pelirroja se me acercó diciendo:

"Quisiera comprar le dos libros, uno para mi y otra para mi madre."

Mi respuesta fue, "¿Quiere que se los autografíe?"

Ella contestó,"Si. Firme el mio 'a Carmen', y el de mi madre 'para Señora Ellen Hanocek."

"Estaría contenta de hacerlo," le contesté. ¿Sabía usted que mi apellido de soltera es 'Hanocek'?

Ella respondió, "¿De veras lo es? Tal vez seamos relacionadas."

"¿Que era el nombre de su padre?" Le pregunté.

"Fue Francisco Hanocek."

"Oh, ese fue el nombre de mi padre, también."

Carmen mencionó, "Tendremos que reunirnos algún día

282

durante el lonche para hablar."

"Si, eso me gustaría." Le contesté.

Durante el lonche, descubrí que Carmen y yo teníamos mucho en común. Hablamos de nuestras vidas como niñas. Descubrí que la vida de Carmen con mi padre fue mas disfuncional que la mía. Ella me dijo que el fue extremadamente duro con algunos de sus diez hijos, pero que ella siempre lo desafió.

Porque Carmen me dijo que le encantaba la poesía, la invité al Rincón de Poetas, un grupo local de poetas el cual yo había fundado.

Nos hicimos buenas amigas. Por ella conocí la mayoría de mis medios-hermanos/as.

Desafortunadamente, Carmen se mudo para Washington, D.C. dos años mas tarde.

Quedé feliz que unas de mis media-hermanas y hermanos entraron en mi vida. Todos viven en otros estados ahora, excepto uno. Todos son educados, ciudadanos exitosos, ni uno de ellos como nuestro padre.

Fue por medio de Carmen que supe de todas las mentiras horribles que mi padre les contó ha algunos de sus hijos sobre mi. Como yo lo había perdonado, aunque no sabía del alcance de sus engaños aquel entonces, ahora lo he perdonado de nuevo.

Floriana Hall

Algunas de mis filosofías favoritas de la vida que trato lo mejor de vivir :

Con Dios, todas cosas son posibles - Matteo 19 -26.

Todas cosas trabajan juntas por el bién para ellos quienes aman a Dios - Romanos 8 - 28.

Dios, donar me la Serenidad para aceptar las cosas los cuales no puedo cambiar, el Coraje para cambiar las cosas los cuales puedo, y la Sabiduría para reconocer la diferencia.

Se siembra su propio jardín y decora su propia alma en lugar de esperar alguien que le traiga flores, y aprende usted que de veras puede soportar, que usted de veras es fuerte, y usted de veras tiene valor.

El secreto de la vida es el no tomarlo personalmente.

Si de primero no le surte efecto, lucha, y lucha de nuevo.

George Eliot's SOBRE LA AMISTAD: Oh, el confort, el inexpresable confort de sentirse seguro con una persona; teniendo ni que pesar los pensamientos ni medir palabras, pero echarlos todos para fuera, tal como estén juntos la paja con el grano, sabiendo que una mano fiel los recogerá y los tamizará, dejando lo que vale dejar, y luego, con el suspiro de la bondad, soplar los restos al viento.

Biografía

Floriana Hall, b. 10/2/27, Pgh Pa., licenciada y Distinguida Alumna de preparatoria Cuyahoga Falls High School, Cuyahoga Falls, Ohio, asistió Akron University, se caso con Robert Hall 59 años, cinco hijos, nueve nietos/as, autora/editora de nueve libros non-ficción inspiradores. SMALL CHANGE {Cambio Pequeño, solo-publicada; LAS AVENTURAS DE FLOSSIE, ROBBIE, AND JUNEY Durante la Gran Depresión (2006), publicado por www.Booksurge.com; LAS ARENAS DEL RIMAR, solo-publicada, PAPI FUE UN MAL NIÑO, publicada por www.SterlingHousePublisher.com (CeShore); FUERA DE LO ORDINARIO CUENTOS PEQUEÑOS, publicado por www.Authorhouse.com; CORAZONES EN RECUPERACIÓN (2006), publicado por www.PublishAmerica.com.

Fundadora/coordinador de el Nudo de Poetas en Cuyahoga Falls Biblioteca, Editora de *The Poet's Nook*'s tres libros, POR NUESTROS OJOS, POEMAS DE OHIO HERMOSO DEL NORESTE, POPURÍ DEL NUDO DE POETAS, y TOCANDO LOS CORAZÓNES DE LAS GENERACIONES. Ganadora de muchas competencias de poetas en los Estados Unidos, Inglaterra, Francia e India maestra de la Poesía, TU, YO, Y LA POESÍA, por www.LssWritingSchool.com

QUIEN ES QUIEN EN NOSOTROS LOS ESCRITORES, EDITORES Y POETAS, QUIEN ES QUIEN EN POESÍA INTERNACIONAL, MARQUIS QUIEN ES QUIEN EN AMÉRICA. Obras comparadas a Poe y Hawthorne y sus estilos por la Revista Taj Mahal.

Contacto Floriana: HAFLORIA@sbcglobal.net

Sito de la Red Mundial:

http://www.alongstoryshort.net/FlorianaHall.html

www.ingramcontent.com/pod-product-compliance
Lightning Source LLC
Chambersburg PA
CBHW032037080426
42733CB00006B/109